AF275846

COLEX

Disfrute gratuitamente **DURANTE UN AÑO** de los eBook y audiolibros de las obras de Editorial Colex*

- ⊗ Acceda a la página web de la editorial **www.colex.es**

- ⊗ Identifíquese con su usuario y contraseña. En caso de no disponer de una cuenta regístrese.

- ⊗ Acceda en el menú de usuario a la pestaña «Mis códigos» e introduzca el que aparece a continuación:

RASCAR PARA VISUALIZAR EL CÓDIGO

Arrendamientos urbanos y turísticos. Paso a Paso

- ⊗ Una vez se valide el código, aparecerá una ventana de confirmación y su eBook y/o audiolibro estará disponible **durante 1 año desde su activación** en la pestaña «Mis libros» en el menú de usuario.

---

* Los audiolibros están disponibles en las ediciones más recientes de nuestras obras. Se excluyen expresamente las colecciones «Códigos comentados», «Biblioteca digital» y los productos de www.vademecumlegal.es.

¡Gracias por confiar en nosotros!

La obra que acaba de adquirir incluye de forma gratuita la versión electrónica. Acceda a nuestra página web para aprovechar todas las funcionalidades de las que dispone en nuestro lector.

Funcionalidades eBook

Acceso desde cualquier dispositivo con conexión a internet

Idéntica visualización a la edición de papel

Navegación intuitiva

Tamaño del texto adaptable

Síguenos en:

ARRENDAMIENTOS URBANOS Y TURÍSTICOS

Guía práctica sobre alquileres urbanos, con especial atención a la reforma operada por la Ley por el derecho a la vivienda

ARRENDAMIENTOS URBANOS Y TURÍSTICOS

Guía práctica sobre alquileres urbanos, con especial atención a la reforma operada por la Ley por el derecho a la vivienda

4.ª EDICIÓN 2024

Obra realizada por el Departamento de Documentación de Iberley

Coordinador
Alejandro Fuentes-Lojo Rius

COLEX 2024

© Editorial Colex, S.L.
Calle Costa Rica, número 5, 3.º B (local comercial)
A Coruña, 15004, A Coruña (Galicia)
info@colex.es
www.colex.es

I.S.B.N.: 978-84-1194-717-6
Depósito legal: C 1636-2024

SUMARIO

0.
INTRODUCCIÓN

La regulación de los arrendamientos urbanos ha sufrido una evolución hasta llegar a la vigente Ley 29/1994, de 24 de noviembre, de Arrendamientos Urbanos.

En primer lugar, hay que mencionar el Real Decreto de 21 de junio de 1920, el cual trataba de proteger a los sectores menos favorecidos mediante una prórroga obligatoria, el no incremento de la renta y la subrogación *post mortem* de los arrendamientos de fincas urbanas.

En segundo lugar, nos encontramos con la Ley de 31 de diciembre de 1946, la cual evolucionó hasta llegar al Decreto 4104/1964, de 24 de diciembre, más conocida como la LAU 1964. Dicho texto legal no respondía adecuadamente a los problemas que exigían las circunstancias sociales y económicas, con lo cual fue retocada y complementada. En cuanto a la misma, es interesante destacar alguno de sus elementos principales, como la prórroga forzosa, la subrogación *mortis causa*, la cesión *inter vivos*, o la enervación de la acción de desahucio, entre otros.

En tercer lugar, se encuentra el Real Decreto-ley 2/1985, de 30 de abril, más conocido como *«Ley o Decreto Boyer»*, el cual suprimió la prórroga forzosa para aquellos contratos celebrados a partir de su entrada en vigor. Aun así, sentencias como la del Tribunal Constitucional n.º 89/1994, de 17 de marzo, todavía declararon que no era inconstitucional la mencionada prórroga forzosa del contrato de arrendamiento.

Finalmente, al no surtir el efecto deseado las medidas contempladas en la LAU 1964, se redactó la Ley 29/1994, de 24 de noviembre, de Arrendamientos Urbanos, vigente en la actualidad. Con la entrada en vigor de esta ley, aplicable desde el 1 de enero de 1995, se terminó de manera definitiva con el modelo de contratos de arrendamientos indefinidos, estableciéndose una prórroga forzosa limitada a 5 años y una prórroga legal tácita de 3 años.

En esta guía paso a paso, el lector podrá conocer las diferentes reformas que ha sufrido la LAU de 1994, que son cuatro.

La primera de las reformas fue operada por la Ley 4/2013, de 4 de junio, en vigor a partir del 6 de junio de 2013, que introdujo medidas como la reducción de la prórroga obligatoria a 3 años y la prórroga tácita a un año, la posibilidad de que el arrendatario desistiese una vez transcurridos 6 meses de contrato, con un preaviso de 30 días, con la opción de pactar una indemnización limitada legalmente, o bien un mayor protagonismo de la voluntad de las partes al contratar, así como la posibilidad de someter las controversias a mediación o arbitraje y la ausencia de efectos frente a terceros de los arrendamientos urbanos no inscritos ni siquiera por el plazo de duración mínimo.

La segunda reforma fue introducida por el Real Decreto-ley 21/2018, de 14 de diciembre, en vigor desde el 19 de diciembre de 2018 hasta el 24 de enero de 2019 (no convalidado), el cual estableció una prórroga obligatoria de 5 años, o 7 si el arrendador era una persona jurídica, y una prórroga tácita de 3 años, así como garantías complementarias a la fianza arrendaticia máximas de 2 meses de renta. Es por ello por lo que los contratos firmados durante ese periodo se regulan conforme a lo establecido en el RD-ley 21/2018, y los celebrados con posterioridad a esa fecha y hasta la entrada en vigor del RD-ley 7/2019, están sujetos a la regulación de la anteriormente mencionada Ley 4/2013, de 4 de junio.

La tercera reforma se operó mediante el Real Decreto-ley 7/2019, de 1 de marzo, vigente a partir del 6 de marzo de 2019, que retoma las medidas que había establecido el RD-ley 21/2018, e introduce otras nuevas como:

- Prórroga obligatoria de 5 años (7 años si el arrendador es persona jurídica), prórroga tácita de 3 años.
- Garantías complementarias a la fianza arrendaticia máximas de 2 meses de renta.
- Aumento del plazo de preaviso para que no opere la prórroga legal tácita (4 meses el arrendador, 2 meses el inquilino).
- Protección legal del contrato frente a terceros por el plazo de la duración mínima de los 5 o 7 años, según la condición del arrendador.

En último lugar, la Ley de Arrendamientos Urbanos de 1994 se vio reformada por la Ley 12/2023, de 24 de mayo, por el derecho a la vivienda, lo que supuso una modificación de los artículos 10, 17 y 20 de la misma, así como la creación de la disposición adicional 11ª y la disposición transitoria 7ª. Ello supuso:

- La posibilidad de acudir a dos prórrogas extraordinarias en casos de situación de vulnerabilidad social y económica (plazo máximo de un año) o de zonas de mercado residencial tensionado (plazos anuales con un máximo de 3 años).
- El pago de la renta habrá de hacerse a través de medios electrónicos, manteniéndose solo de forma excepcional el pago en metálico en la vivienda arrendada.
- El establecimiento de reglas específicas para la fijación de la renta en zonas de mercado residencial tensionado según se trate de gran tenedor o no.
- La atribución al arrendador en todo caso de los gastos de gestión inmobiliaria y de formalización del contrato de arrendamiento de vivienda.

- En cuanto a la actualización de la renta, la fijación del índice de referencia antes del 31/12/2024 por el Instituto Nacional de Estadística. En este sentido, hay que tener en cuenta la modificación que la citada Ley 12/2023, de 24 de mayo, introduce en el artículo 46 del Real Decreto-ley 6/2022, de 29 de marzo, en cuanto a la limitación extraordinaria de la actualización anual de la renta de los contratos de arrendamiento de vivienda que supone topes al alquiler del 2 % o del 3 %, según la fecha del contrato como se verá en el tema correspondiente.

A lo largo de esta obra, se desarrolla pormenorizadamente lo que respecta a la regulación del contrato de arrendamiento de vivienda en la actual Ley de Arrendamientos Urbanos, analizando el régimen jurídico del mismo, el concepto, el régimen aplicable o la posibilidad de cesión del contrato y el subarriendo.

¿Qué entendemos por contrato de arrendamiento de vivienda? Pues bien, es el artículo 2 de la LAU el que establece que se considerará arrendamiento de vivienda *«aquel arrendamiento que recae sobre una edificación habitable cuyo destino primordial sea satisfacer la necesidad permanente de vivienda del arrendatario»*.

En cuanto a esta definición, cabe hacer especial referencia al concepto de habitabilidad, en este sentido la sentencia de la Audiencia Provincial de Madrid n.º 97/2018, de 15 de marzo, señala:

> «Su naturaleza consiste en la transferencia temporalmente limitada de la posesión inmediata de un bien inmueble, y de todas las condiciones de uso del mismo, a cambio de un precio cierto.
>
> Si se trata de un contrato para usos de vivienda, parece que habrá que insistir en las características de la vivienda, como lugar cerrado y físicamente delimitado en la superficie de un inmueble, que constituye la sede permanente y estable de la persona, donde se satisfacen las necesidades primarias de la convivencia del ser humano.
>
> (...)
>
> En este sentido es luminoso el concepto de habitabilidad del Art.2 L.A.U. de 1994 que nos dice: 1. Se considera arrendamiento de vivienda aquel arrendamiento que recae sobre una edificación habitable, cuyo destino primordial sea satisfacer la necesidad permanente de vivienda del arrendatario.
>
> Noción legal que da pie a reiterada doctrina jurisprudencial, que caracteriza el núcleo esencial del contrato en el hecho de que el inmueble arrendado sea adecuado para satisfacer las necesidades de morada o residencia, donde la persona o la familia desarrollan la intimidad de su existencia, constituyendo su hogar o sede de la vida doméstica (...)».

Los arrendamientos regulados en la LAU se someterán de forma imperativa a lo dispuesto en los títulos I y IV y, en los apartados 2 a 6 del artículo 4 de la citada norma. Se excluyen de lo así regulado, los arrendamientos siguientes:

- Los arrendamientos de viviendas cuya superficie sea superior a 300 metros cuadrados.

- Aquellos en los que la renta inicial en cómputo anual exceda de 5,5 veces el salario mínimo interprofesional en cómputo anual y el arrendamiento corresponda a la totalidad de la vivienda.

- Los arrendamientos anteriores se regirán por la voluntad de las partes, en su defecto, por lo dispuesto en el título II de la LAU y, supletoriamente, por las disposiciones del Código Civil.

El lector a lo largo de esta guía podrá conocer de la existencia del contrato de arrendamiento de vivienda para aquellos supuestos en los que la vivienda sea compartida, o el contrato se lleve a cabo por habitaciones. Además, también se desarrollará lo relativo al arrendamiento para uso distinto de vivienda o el contrato de arrendamiento para uso turístico, incidiendo en las posibles prohibiciones en las comunidades de propietarios, así como la fiscalidad de los arrendamientos de uso de vivienda turística.

Asimismo, esta obra ofrece un amplio análisis jurisprudencial del Tribunal Supremo, así como de las audiencias provinciales sobre lo que concierne a los derechos de adquisición preferente en el contrato de arrendamiento de vivienda, que permitirá responder a cuestiones tales como si el arrendatario puede renunciar al derecho de adquisición preferente o en qué situaciones no han lugar los derechos de tanteo y retracto.

Todas estas cuestiones, y muchas más, se desarrollan en esta 4.ª edición de la guía paso a paso sobre arrendamientos urbanos y turísticos, incluyendo una amplia variedad de esquemas, casos prácticos y formularios que permiten al lector tener una visión más práctica de la materia, todo ello actualizado a las últimas reformas legislativas.

1.
LOS ARRENDAMIENTOS URBANOS EN LA LAU: EVOLUCIÓN LEGISLATIVA

El Real Decreto de 21 de junio de 1920

El antecedente normativo más antiguo de la ley que nos ocupa trataba de proteger a los sectores menos favorecidos a través de la prórroga obligatoria, el no incremento de la renta y la subrogación *post mortem* de los arrendamientos de fincas urbanas.

La Ley de Arrendamientos Urbanos de 1964

La Ley de 31 de diciembre de 1946 evolucionó hasta llegar al Decreto 4104/1964, de 24 de diciembre, más conocida como LAU 1964, que enseguida fue retocada y complementada, al no responder adecuadamente a los problemas que las circunstancias sociales y económicas exigían, siendo sus elementos principales:

1. Prórroga forzosa.
2. Subrogación *mortis causa*.
3. Cesión *inter vivos*.
4. Enervación de la acción de desahucio.
5. Incremento de las rentas no proporcional al aumento de los gastos del propietario.
6. Jurisprudencia tendente a beneficiar a los arrendatarios.

Real Decreto-ley 2/1985, de 30 de abril o Ley o Decreto Boyer

Ya proclamada la Constitución española de 1978 que recogía la protección a la propiedad privada y con voces cada vez más contrarias al mantenimiento de la prórroga forzosa, se dictó la referida norma que la suprimió para los contratos celebrados a partir de su entrada en vigor. Aun así, **sentencias como la del Tribunal Constitucional n.º 89/1994, de 17 de marzo, ECLI:ES:TC:1994:89**, todavía declararon que no era inconstitucional la prórroga forzosa del contrato de arrendamiento.

Ley 29/1994, de 24 de noviembre, de Arrendamientos Urbanos

Como las medidas sobre la LAU 1964 no surtieron el efecto deseado, se dictó la vigente Ley de Arrendamientos Urbanos, aplicable desde el 1 de enero de 1995, que terminó definitivamente con el modelo de contratos de arrendamiento indefinidos estableciendo una prórroga forzosa limitada a 5 años y una prórroga legal tácita de 3 años.

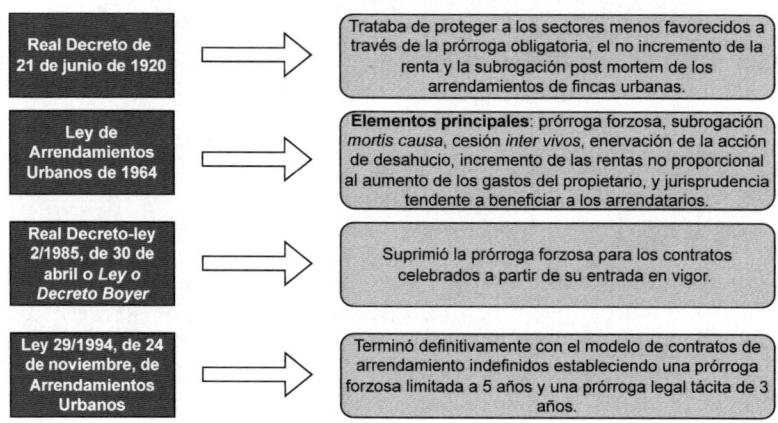

EVOLUCIÓN LEGISLATIVA DE LOS ARRENDAMIENTOS URBANOS

Real Decreto de 21 de junio de 1920	Trataba de proteger a los sectores menos favorecidos a través de la prórroga obligatoria, el no incremento de la renta y la subrogación post mortem de los arrendamientos de fincas urbanas.
Ley de Arrendamientos Urbanos de 1964	**Elementos principales**: prórroga forzosa, subrogación *mortis causa*, cesión *inter vivos*, enervación de la acción de desahucio, incremento de las rentas no proporcional al aumento de los gastos del propietario, y jurisprudencia tendente a beneficiar a los arrendatarios.
Real Decreto-ley 2/1985, de 30 de abril o *Ley o Decreto Boyer*	Suprimió la prórroga forzosa para los contratos celebrados a partir de su entrada en vigor.
Ley 29/1994, de 24 de noviembre, de Arrendamientos Urbanos	Terminó definitivamente con el modelo de contratos de arrendamiento indefinidos estableciendo una prórroga forzosa limitada a 5 años y una prórroga legal tácita de 3 años.

No obstante, la LAU de 1994 ha sufrido cuatro importantes reformas:

1. Ley 4/2013, de 4 de junio, vigente a partir del 6 de junio de 2013, que introdujo las siguientes medidas:

- Reducción de la prórroga obligatoria a 3 años y la prórroga tácita a un año.

- Posibilidad de que el arrendatario desistiese una vez transcurridos 6 meses de contrato, con un preaviso de 30 días, con la opción de pactar una indemnización limitada legalmente.

- Más protagonismo de la voluntad de las partes al contratar, posibilidad de someter las controversias a mediación o arbitraje y ausencia de efectos frente a terceros de los arrendamientos urbanos no inscritos ni siquiera por el plazo de duración mínimo.

2. El Real Decreto-ley 21/2018, de 14 de diciembre, vigente desde el 19 de diciembre de 2018 hasta el 24 de enero de 2019 (no convalidado por resolución de 22 de enero de 2019), que estableció:

- Prórroga obligatoria de 5 años (7 años si el arrendador es persona jurídica), prórroga tácita de 3 años.
- Garantías complementarias a la fianza arrendaticia máximas de 2 meses de renta.

> **A TENER EN CUENTA.** Al no convalidarse esta reforma, los contratos firmados durante ese exiguo periodo quedan regulados conforme a lo establecido por el Real Decreto-ley 21/2018, mientras que, los celebrados con posterioridad a esa fecha y hasta la entrada en vigor del Real Decreto-ley 7/2019 (esto es, del 25-01-2019 al 05-03-2019, ambos inclusive) están sujetos a la regulación establecida en el apartado anterior de la Ley 4/2013.

3. El Real Decreto-ley 7/2019, de 1 de marzo, vigente a partir del 6 de marzo de 2019, que retoma básicamente las medidas establecidas por el Real Decreto-ley 21/2018 y añade otras:

- Prórroga obligatoria de 5 años (7 años si el arrendador es persona jurídica), prórroga tácita de 3 años.
- Garantías complementarias a la fianza arrendaticia máximas de 2 meses de renta.
- Aumento del plazo de preaviso para que no opere la prórroga legal tácita (4 meses el arrendador, 2 meses el inquilino).
- Protección legal del contrato frente a terceros por el plazo de la duración mínima de los 5 o 7 años, según la condición del arrendador.

4. La Ley 12/2023, de 24 de mayo, por el derecho a la vivienda, que modifica los artículos 10, 17 y 20 de la LAU y añade la D.A. 11.ª y la D.T. 7.ª y supone:

- Posibilidad de acudir a dos prórrogas extraordinarias en casos de situación de vulnerabilidad social y económica (plazo máximo de un año) o de zonas de mercado residencial tensionado (plazos anuales con un máximo de 3 años).
- El pago de la renta habrá de hacerse a través de medios electrónicos, manteniéndose solo de forma excepcional el pago en metálico en la vivienda arrendada.
- Establecimiento de reglas específicas para la fijación de la renta en zonas de mercado residencial tensionado según se trate de gran tenedor o no.
- Atribución al arrendador en todo caso de los gastos de gestión inmobiliaria y de formalización del contrato de arrendamiento de vivienda.
- En cuanto a la actualización de la renta, fijación del índice de referencia antes del 31/12/2024 por el Instituto Nacional de Estadística. En este sentido, tener en cuenta la modificación que la citada Ley

12/2023, de 24 de mayo, introduce en el artículo 46 del Real Decreto-ley 6/2022, de 29 de marzo, en cuanto a la limitación extraordinaria de la actualización anual de la renta de los contratos de arrendamiento de vivienda que supone topes al alquiler del 2 % o del 3 %, según la fecha del contrato como se verá en el tema correspondiente.

LAS CUATRO REFORMAS DE LA LEY 29/1994, DE 24 DE NOVIEMBRE, DE ARRENDAMIENTOS URBANOS	
Ley 4/2013, de 4 de junio, de medidas de flexibilización y fomento del mercado del alquiler de viviendas	Reducción de la prórroga obligatoria a 3 años y la prórroga tácita a un año.
	Posibilidad de que el arrendatario desistiese una vez transcurridos 6 meses de contrato, con un preaviso de 30 días, con la opción de pactar una indemnización limitada legalmente.
	Más protagonismo de la voluntad de las partes al contratar, posibilidad de someter las controversias a mediación o arbitraje y ausencia de efectos frente a terceros de los arrendamientos urbanos no inscritos ni siquiera por el plazo de duración mínimo.
Real Decreto-ley 21/2018, de 14 de diciembre, vigente desde el 19 de diciembre de 2018 hasta el 24 de enero de 2019 (no convalidado)	Prórroga obligatoria de 5 años (7 años si el arrendador es persona jurídica), prórroga tácita de 3 años.
	Garantías complementarias a la fianza arrendaticia máximas de 2 meses de renta.
	Por lo que los contratos firmados durante ese exiguo periodo se regulan conforme a lo establecido por el Real Decreto-ley 21/2018, y los celebrados con posterioridad a esa fecha y hasta la entrada en vigor del Real Decreto-ley 7/2019 están sujetos a la regulación establecida en la Ley 4/2013.
Real Decreto-ley 7/2019, de 1 de marzo, de medidas urgentes en materia de vivienda y alquiler	Prórroga obligatoria de 5 años (7 años si el arrendador es persona jurídica), prórroga tácita de 3 años.
	Garantías complementarias a la fianza arrendaticia máximas de 2 meses de renta.
	Aumento del plazo de preaviso para que no opere la prórroga legal tácita (4 meses el arrendador, 2 meses el inquilino).
	Protección legal del contrato frente a terceros por el plazo de la duración mínima de los 5 o 7 años, según la condición del arrendador.
Ley 12/2023, de 24 de mayo, por el derecho a la vivienda	Posibilidad de acudir a dos prórrogas extraordinarias en casos de situación de vulnerabilidad social y económica (plazo máximo de un año) o de zonas de mercado residencial tensionado (plazos anuales con un máximo de 3 años).
	El pago de la renta habrá de hacerse a través de medios electrónicos, manteniéndose solo de forma excepcional el pago en metálico en la vivienda arrendada.
	Establecimiento de reglas específicas para la fijación de la renta en zonas de mercado residencial tensionado según se trate de gran tenedor o no.
	Atribución al arrendador en todo caso de los gastos de gestión inmobiliaria y de formalización del contrato de arrendamiento de vivienda.
	Fijación del índice de referencia antes del 31/12/2024 por el Instituto Nacional de Estadística. Tener en cuenta la modificación que la citada Ley 12/2023, de 24 de mayo, introduce en el artículo 46 del Real Decreto-ley 6/2022, de 29 de marzo, en cuanto a la limitación extraordinaria de la actualización anual de la renta de los contratos de arrendamiento de vivienda que supone topes al alquiler del 2 % o del 3 %, según la fecha del contrato como se verá en el tema correspondiente.

1.1. Régimen transitorio

Contratos celebrados con anterioridad al 9 de mayo de 1985 (contratos de renta antigua)

Se refiere a los contratos de arrendamientos urbanos, tanto de vivienda como de local de negocio, celebrados antes del 9 de mayo de 1985, fecha en que entró en vigor el RD-ley 2/1985, comúnmente llamado «*Decreto Boyer*» que, como hemos indicado al inicio, modificó la LAU 1964 de forma importante, principalmente en lo referente a la supresión de la figura legal de la prórroga forzosa para los contratos celebrados a partir de su entrada en vigor, y marcó un punto de inflexión en los contratos de arrendamientos urbanos.

Ahora bien, los contratos anteriores al citado Real Decreto-ley mantuvieron —y mantienen— su propia regulación, salvo por lo que respecta a su extinción y algunas cuestiones más.

¿Qué régimen jurídico se aplica a los contratos de arrendamientos celebrados con anterioridad al 9 de mayo de 1985?

La LAU 1994 establece el régimen de transitoriedad específico para estos contratos, en su disposición transitoria 2.ª en cuanto a los arrendamientos de vivienda, y en su disposición transitoria 3.ª en cuanto a los arrendamientos de local de negocio, concretamente:

- Los contratos de arrendamiento de vivienda continuarán rigiéndose por lo establecido en la LAU 1964, salvo en cuanto a:

    - Extinción y subrogación.

    - Desistimiento y vencimiento en caso de matrimonio o convivencia del arrendatario.

    - Separación, divorcio o nulidad del matrimonio del arrendatario.

    - Arrendatarios con discapacidad.

    - Subrogación voluntaria del cónyuge, ascendientes, descendientes y hermanos convivientes (art. 24.1 de la LAU 1964).

    - Derechos de tanteo y retracto del cap. VI de la LAU 1964 en caso de adjudicación de vivienda por división de cosa común, cuando el contrato de arrendamiento sea posterior a la constitución de la comunidad sobre la cosa.

- Los contratos de arrendamiento de local de negocio igualmente continuarán rigiéndose por la LAU 1964, salvo en lo que se indica a continuación:

    - Extinción y subrogación.

    - Actualización de la renta.

- Otros derechos del arrendador.
- Otros derechos del arrendatario.

• Y la disposición transitoria 4.ª regula el régimen jurídico aplicable a los contratos de arrendamientos asimilados a los de inquilinato.

En el caso específico de arrendamientos de local de negocio para oficinas de farmacia, ese régimen jurídico se aplica para aquellos celebrados antes del 9 de mayo de 1985 que subsistan el 31 de diciembre de 1999.

RESOLUCIÓN RELEVANTE

Sentencia de la Audiencia Provincial de Barcelona n.º 729/2020, de 30 de septiembre, ECLI:ES:APB:2020:8456

«La causa de resolución esgrimida y apreciada es la prevista en el art.114.5º LAU 1964, aplicable en virtud de la Disposición Transitoria Primera LAU 1994, relativa a los contratos celebrados a partir del 9 de mayo de 1985, ya que el contrato de arrendamiento data de 1986. Establece lo siguiente:

'1. Los contratos de arrendamiento de vivienda celebrados a partir del 9 de mayo de 1985 que subsistan a la fecha de entrada en vigor de la presente ley, continuarán rigiéndose por lo dispuesto en el artículo 9.º del Real Decreto-ley 2/1985, de 30 de abril, sobre medidas de política económica, y por lo dispuesto para el contrato de inquilinato en el texto refundido de la Ley de Arrendamientos Urbanos, aprobado por Decreto 4104/1964, de 24 de diciembre.

Será aplicable a estos contratos lo dispuesto en los apartados 2 y 3 de la disposición transitoria segunda (...).'

En concreto, la Disposición Transitoria Segunda LAU 1994, relativa a los contratos de arrendamiento de vivienda celebrados con anterioridad al 9 de mayo de 1985, establece:

'A) Régimen normativo aplicable.

1. Los contratos de arrendamiento de vivienda celebrados antes del 9 de mayo de 1985 que subsistan en la fecha de entrada en vigor de la presente ley, continuarán rigiéndose por las normas relativas al contrato de inquilinato del texto refundido de la Ley de Arrendamientos Urbanos de 1964, salvo las modificaciones contenidas en los apartados siguientes de esta disposición transitoria.

2. Será aplicable a estos contratos lo dispuesto en los artículos 12, 15 y 24 de la presente ley.

3. Dejará de ser aplicable lo dispuesto en el apartado 1 del artículo 24 del texto refundido de la Ley de Arrendamientos Urbanos de 1964 (...)'.

El art.114.5ª LAU 1964 dispone que 'El contrato de arrendamiento urbano, lo sea de vivienda o de local de negocio, podrá resolverse a instancia del arrendador por alguna de las causas siguientes: (...) 5ª. La cesión de vivienda o el traspaso de local de negocio realizado de modo distinto del autorizado en el capítulo cuarto de esta Ley'.

Puesto que debe ser aplicada la LAU de 1964, tenemos que el art.23 LAU 1964 dispone que '1. Queda prohibido el contrato de cesión de vivienda a título oneroso, aunque en él se comprenda mobiliario o cualquier otro bien o derecho. 2. La cesión gratuita no surtirá efectos frente al arrendador sin el consentimiento expreso del mismo.'

El art.24 LAU 1964 dispone que '1. No obstante lo dispuesto en el artículo anterior, el inquilino que hubiere celebrado el contrato de arrendamiento podrá subrogar en los derechos y obligaciones propios del mismo a su cónyuge, así como a sus ascendientes,

---

descendientes, hermanos legítimos o naturales e hijos adoptivos menores de 18 años al tiempo de la adopción que con el convivan habitualmente en la vivienda arrendada con dos años de antelación, o de cinco años cuando de hermanos se trata. La convivencia por estos plazos no se exigirá cuando se trate del cónyuge. 2. Esta cesión deberá ser notificada de modo fehaciente al arrendador, para su eficacia, dentro de los dos meses de realizada (...)'.

Sin embargo, según lo anteriormente expuesto, debe estarse a lo previsto en la Disposición Transitoria Segunda LAU 1994 - a la cual se remite la Disposición Transitoria Primera LAU 1994- acerca de que '3. Dejará de ser aplicable lo dispuesto en el apartado 1 del artículo 24 del texto refundido de la Ley de Arrendamientos Urbanos de 1964'.

Y el art.25 LAU 1964 dispone que '1. La cesión de vivienda realizada por el inquilino dará derecho al arrendador que no la hubiere consentido expresamente para resolver el contrato de inquilinato; pero deberá también demandar al cesionario, quien podrá excepcionar aduciendo el consentimiento expreso del actor (...)'.

Sentado el anterior marco legal, un nuevo examen de las actuaciones en esta segunda instancia ex art.456.1 LEC conduce a este Tribunal a compartir los razonamientos de la resolución recurrida.

En Sentencia de esta Sección de la Audiencia de 2 de junio de 2020, como remisión a la Sentencia dictada el 12 de julio de 2013, señalamos lo siguiente:

'La introducción de un tercero en el vínculo arrendaticio, de faltar la autorización del arrendador, llámese cesión, traspaso o subarriendo, genera la causa resolutoria prevenida en la ley especial, como así ha venido reconociéndose por el Tribunal Supremo en reiteradas sentencias que constituyen doctrina bien consolidada, siendo irrelevante a estos efectos que la cesión haya sido onerosa o a título gratuito (S.T.S. 13-5-1.970, 19-10-1. 972 y 12-6-1.973, entre otras muchas)'».

¿Cómo se llevará a cabo la subrogación en los contratos de arrendamientos celebrados con anterioridad al 9 de mayo de 1985?

Arrendamientos de vivienda

La LAU 1964 estableció que cabían hasta dos subrogaciones al fallecimiento del inquilino titular del arrendamiento en favor de su cónyuge, descendientes, ascendientes y hermanos (estas dos últimas categorías, con el requisito de ser convivientes en los dos años anteriores).

La LAU 1994 prohibió la subrogación *inter vivos* y limitó el ámbito subjetivo de la subrogación *mortis causa* para los contratos de arrendamiento de vivienda anteriores al 9 de mayo de 1985 que subsistieron al 1 de enero de 1995, de la siguiente forma:

- En principio, solo cabía a partir de entonces (1 de enero de 1995) una subrogación a favor del cónyuge no separado legalmente o pareja de hecho conviviente (por tiempo de 2 años, o mera convivencia si hubiere descendencia común), o en su defecto, de los hijos convivientes durante los 2 años anteriores al fallecimiento (en este segundo caso, limitado a 2 años o cuando el hijo cumpla 25 años). En defecto de los anteriores, a favor de los ascendientes a su cargo y convivientes durante los 3 años anteriores.

- Ahora bien, si el subrogado fuese el cónyuge o pareja de hecho conviviente que al fallecimiento tuviese hijos del arrendatario convivientes, podrá haber una segunda subrogación, si bien limitada a 2 años o cuando el hijo cumpla 25 años, o hasta su fallecimiento si tiene una minusvalía igual o superior al 65 %.

- Salvo que fallezca una persona ya subrogada antes del 1 de enero de 1995, en cuyo caso solo cabe una subrogación a favor de su cónyuge no separado legalmente o de hecho o pareja de hecho conviviente (por tiempo de 2 años, o mera convivencia si hubiere descendencia común), y, en su defecto, de los hijos convivientes durante los 2 años anteriores al fallecimiento.

- Salvo que fallezca una persona ya subrogada por segunda vez antes de 1 de enero de 1995, en cuyo caso no cabrán más subrogaciones.

| Arrendamientos de local de negocio

Los contratos que subsistan a 1 de enero de 1995 se extinguirán por los siguientes motivos y plazos:

a) Si el arrendatario fuera persona física, se extinguirán por su jubilación o fallecimiento, salvo que se subrogue el cónyuge supérstite que continúe la actividad en el local, en cuyo caso el contrato durará hasta la jubilación o fallecimiento de este último.

En defecto de cónyuge supérstite, podrá subrogarse un descendiente que continúe la actividad, siempre que no hubieran transcurrido 20 años desde la aprobación de la ley, hasta completar 20 años desde la entrada en vigor de la ley. Es decir, esta posibilidad ya no es posible y para las subrogaciones que se produjeron en su día ya ha vencido el plazo de duración previsto.

Esa primera subrogación no podrá tener lugar cuando ya se hubieran producido dos subrogaciones, e incluso la segunda tampoco cuando ya se hubiera producido una por fallecimiento.

El arrendatario actual y su cónyuge, si se hubiera subrogado, podrán traspasar el local de negocio, lo que permitirá continuar en el arrendamiento por el mayor de estos dos plazos: 20 años contados desde 24 de noviembre de 1994, o diez años contados desde la realización del traspaso.

La fecha de traspaso a estos efectos es la de escritura pública en la que se formalice.

b) Si el arrendatario fuera persona jurídica se extinguirán en 20 años si en el local se desarrollan actividades comerciales, habiendo vencido hoy en día estos contratos.

Excepción: si la superficie es superior a 2.500 m², se extinguirán en 5 años.

c) Si en el local se desarrollan otras actividades, la referencia es la cuantía del IAE (corresponde al arrendatario la prueba de la actividad), con un máximo de 20 años, por lo que sobrevivieron hasta el 1 de enero de 2015 en el mejor de los casos.

Esos plazos se incrementarán en 5 años si el traspaso se hubiera realizado en los 10 años antes a 1 de enero de 1995, tomando como fecha de traspaso la de escritura pública en la que se formalice.

- Los contratos en los que, a 1 de enero de 1995, no haya transcurrido aún el plazo pactado en el contrato, durarán el tiempo que reste para que se cumpla o plazo superior conforme a las reglas indicadas.

- La tácita reconducción se regirá por lo dispuesto en el artículo 1566 del Código Civil.

¿Cómo se regulan las obras en los contratos de arrendamientos celebrados con anterioridad al 9 de mayo de 1985?

Las obras en los arrendamientos de vivienda y de local de negocio anteriores a 9 de mayo de 1985 que subsistieron a 1 de enero de 1995 se regulan conforme a lo siguiente:

- Siempre que se hubiere pactado de forma expresa en el contrato o este sea de fecha anterior a la entrada en vigor de la LAU 64, el arrendador podrá repercutir al arrendatario el importe de las obras de reparación necesarias para mantener la vivienda en estado de servir para el uso convenido:

  - Repercutiendo en aquel anualmente y de forma indefinida el 12 % de su coste, con el límite del 50 % de la renta anual (art. 108 de la LAU 1964) siempre que el contrato fuera de fecha anterior a 1 de enero de 1965, siendo de fecha posterior, se hubiera pactado dicha repercusión de forma expresa en el contrato.

  - Repercutiendo anualmente el 10 % del coste hasta alcanzar el 100 %, de forma proporcional a la superficie de la finca, con el límite de 5 veces la renta o el SMI anuales (la cantidad menor de las dos), siempre que haya sido el arrendatario, o la mayoría de ellos, quien solicite la obra, o haya sido acordada por resolución judicial o administrativa firme.

El importe a tener en cuenta será el coste menos las ayudas públicas percibidas, más el interés legal del dinero para 5 años.

- Igualmente podrá repercutir en el arrendatario el importe de los servicios y suministros que se produzcan a partir del 1 de enero de 1995.

¿Qué derechos tienen el arrendador y arrendatario en los contratos de arrendamientos celebrados con anterioridad al 9 de mayo de 1985?

Las disposiciones transitorias 2.ª y 3.ª de la LAU 1994 establecen otros derechos de arrendador y arrendatario en aquellos contratos anteriores al 9 de mayo de 1985 que subsistieron al 1 de enero de 1995. En los arrendamientos de vivienda y de local de negocio, el arrendador gozará de los siguientes derechos:

- El valor del inmueble a efectos del Impuesto sobre el Patrimonio será del 4 % de la renta.

- Podrá exigir al arrendatario la repercusión del importe del IBI.

- En los arrendamientos de local de negocio, el arrendatario tendrá los siguientes derechos:

- Una indemnización de 18 mensualidades de la renta vigente o derecho preferente para continuar en el local (tanteo y retracto), cuando se extinga el contrato y antes de transcurrido un año otra persona comience a ejercer en el local la misma o afín actividad. Se considerarán afines las actividades aptas de beneficiarse de la clientela captada.

¿Cómo se llevará a cabo el tanteo y retracto en los contratos de arrendamientos celebrados con anterioridad al 9 de mayo de 1985?

Para favorecer la continuidad de los arrendatarios de local de negocio de contrato celebrado con anterioridad a 9 de mayo de 1985, la ley regula una figura de nueva creación que es el derecho de arrendamiento preferente, que concede al arrendatario un derecho preferente a continuar en el uso del local arrendado al tiempo de la extinción del contrato, frente a cualquier tercero en condiciones de mercado. En estos casos, el arrendatario tendrá derecho preferente para continuar en el arrendamiento en caso de que el arrendador pretenda celebrar un nuevo contrato con otro arrendatario antes de haber transcurrido un año a contar desde la extinción legal del contrato.

La extinción del contrato debe haber tenido lugar conforme a lo dispuesto en la D.T. 3.ª de la LAU 1994. No operará, por tanto, este requisito si el contrato se extinguió:

- Por voluntad de las partes.

- Por haberse resuelto por una causa de las previstas en los artículos 114 y 118 de la LAU 64.

En esos casos, el arrendador deberá notificar fehacientemente al arrendatario:

- Su propósito de celebrar un nuevo contrato de arrendamiento.

- Renta ofrecida.

- Condiciones esenciales del contrato.

- Nombre, domicilio y circunstancias del nuevo arrendatario.

Y el arrendatario podrá ejercitar su derecho preferente a continuar en el local arrendado, conforme a las condiciones ofrecidas, en el plazo de 30 días naturales a contar desde el siguiente al de la notificación, procediendo en este plazo a la firma del contrato.

Si el arrendatario no firma el nuevo contrato en plazo, el arrendador deberá formalizar el nuevo contrato de arrendamiento en el plazo de 120 días naturales a contar desde la notificación al arrendatario cuyo contrato se extinguió.

Por su parte, el arrendador está obligado a remitir al arrendatario cuyo contrato se hubiera extinguido, copia del nuevo contrato celebrado dentro del año siguiente a la extinción, en el plazo de 15 días desde su celebración.

El arrendatario cuyo contrato se ha extinguido tendrá derecho a subrogarse en el nuevo contrato de arrendamiento, cuando:

- El arrendador no hubiese realizado la notificación o hubiese notificado con omisión de alguno de los requisitos exigidos.

- Resultaran diferentes la renta pactada, la persona del nuevo arrendatario o las restantes condiciones esenciales del contrato.

Para ello, tendrá un plazo de 60 días naturales desde que el arrendador le remitiese fehacientemente copia legalizada del nuevo contrato celebrado, estando legitimado para ejercitar la acción de desahucio por el procedimiento establecido para el ejercicio de la acción de retracto.

El ejercicio de este derecho preferente será incompatible con la percepción de la indemnización por clientela, pudiendo el arrendatario optar entre uno y otro.

¿Cómo se llevará a cabo la actualización de la renta en los contratos de arrendamientos celebrados con anterioridad al 9 de mayo de 1985?

Para los arrendamientos de vivienda se previó en la disposición transitoria segunda de la LAU 94 la regulación de un mecanismo de actualización de la renta, que permitía aplicar a la renta inicialmente pactada la variación del IPC entre la fecha del contrato y la fecha en la que se realizara la actualización. La actualización se estableció con una aplicación gradual diferida en el tiempo de hasta un máximo de diez anos, según los casos.

A la renta totalmente actualizada se le podrá seguir aplicando cada año la variación de IPC. La nueva renta será exigible al mes siguiente de su notificación. Sin embargo, hay dos supuestos en los que la renta no se podrá actualizar:

1. Cuando el arrendatario se oponga a ello de forma expresa, en un plazo de 30 días desde el requerimiento efectuado por el arrendador. En ese caso, el contrato quedará extinguido en un plazo de ocho años, durante los cuales sólo será posible actualizar cada año el IPC correspondiente a ese período.

2. Cuando el nivel total de ingresos del arrendatario y las personas que con él convivan no superen varios límites legalmente establecidos. Si conviven una o dos personas, no deberán superar dos veces y media el salario mínimo interprofesional (SMI). Si conviven tres o cuatro personas, el límite se establece en tres veces dicho importe. Y si los convivientes son más de cuatro, el límite se establece en tres veces y medio dicho parámetro. Para todo ello deberán tenerse en cuenta los ingresos correspondientes al ejercicio impositivo anterior al que el arrendador proceda a efectuar la actualización. El arrendatario deberá acreditar cualquiera de dichas situaciones; de no hacerlo se entenderá que la actualización sí procede.

Este mecanismo de actualización ya ha sido aplicado a la mayoría de los contratos de renta antigua, debido al tiempo transcurrido desde la publicación de la LAU 94.

De todos modos, y como efecto de haber iniciado el arrendador la actualización en un momento muy posterior, existen casos en que ello no ha sido así, o que todavía están en fase de actualización.

En cuanto a los arrendamientos de local de negocio, la disposición transitoria tercera de la LAU prevé que la renta de estos contratos se podrá actualizar en la fecha en que se cumpla cada año de vigencia del contrato, circunstancia que el arrendador deberá notificar al arrendatario de forma fehaciente.

La renta inicial deberá mantener con la actualizada la proporción del IPC, tomando como referencia el mes anterior a la fecha del contrato y el anterior al momento de la actualización. Los porcentajes y plazos difieren en función de si el arrendatario es persona física o jurídica, y una vez la renta esté totalmente revalorizada, ya se le podrá aplicar cada año la revisión según el IPC.

Si recibida la notificación, o a iniciativa propia, el arrendatario admite una regularización total en la primera renta, podrá alargar cinco años los plazos de duración del contrato establecidos en el régimen transitorio. Si, por el contrario, se opone a dicha regularización, el contrato se podrá extinguir en cinco años.

El arrendatario también tendrá derecho a la ampliación del plazo de los cinco años en el supuesto de que la renta que se estuviera pagando en el momento de la entrada en vigor de la ley fuera mayor que la resultante de la regularización descrita.

Contratos celebrados entre 9 de mayo de 1985 y 1 de enero de 1995 (contratos del «Decreto Boyer»)

El RD-ley 2/1985, de 30 de abril —«Decreto Boyer»—, modificó la LAU 1964 en un punto fundamental: **eliminó la prórroga forzosa** de la LAU 1964 para los contratos celebrados a partir de su entrada en vigor.

La LAU 1994 estableció una regulación específica para aquellos contratos celebrados durante su vigencia.

¿Cuál será el régimen jurídico de los contratos celebrados entre el 9 de mayo de 1985 y 1 de enero de 1995?

La disposición transitoria 1.ª de la LAU 1994 regula el régimen jurídico de los contratos celebrados a partir del 9 de mayo de 1985 y subsistentes al 1 de enero de 1995 que, en todo caso, continuarán rigiéndose por la LAU 1964 y la supresión de la prórroga forzosa introducida por el artículo 9 del RD-ley 2/1985, de 30 de abril.

En lo que respecta a los contratos de arrendamiento de vivienda:

- Se aplicará la LAU 1994 en cuanto a:
  - Desistimiento y vencimiento en caso de matrimonio o convivencia del arrendatario.
  - Separación, divorcio o nulidad del matrimonio del arrendatario.
  - Arrendatarios con discapacidad.

- Se elimina la facultad de subrogación *inter vivos* del cónyuge, ascendientes, descendientes y hermanos convivientes (art. 24.1 LAU 1964).

- No procederán los derechos de tanteo y retracto del cap. VI de la LAU 1964 en caso de adjudicación de vivienda por división de cosa común cuando el contrato de arrendamiento haya sido otorgado con posterioridad a la constitución de la comunidad.

A estos contratos les será aplicable la tácita reconducción «sui generis» de la disposición transitoria 1.ª de la LAU 94. De este modo, si llegado el plazo fijado en el contrato el inquilino sigue ocupando el inmueble durante 15 días con la conformidad del arrendador (que no le ha notificado su voluntad de darlo por finalizado), el contrato se renovará por un plazo de otros tres años, sin perjuicio de la facultad del arrendatario de extinguir el contrato anualmente mediante preaviso de un mínimo de 30 días de antelación a la fecha de terminación de cualquiera de sus prórrogas.

Mayores dudas plantea la cuestión relativa al régimen jurídico aplicable tras los 3 años de esta tácita reconducción legal. Algunos tribunales han considerado que es aplicable el artículo 10 de la LAU 94, por lo que, tras el transcurso del plazo de los 3 años, el contrato se renovará por un año más salvo que alguna de las partes notifique a la otra su voluntad de no renovarlo con al menos 30 días de preaviso a aquella fecha. En cambio, otra parte de la jurisprudencia entiende que, una vez transcurridos los tres años, se aplica la tácita reconducción del art. 1566 y 1581 del Código Civil, por lo que el contrato se renueva anualmente, mensualmente o diariamente (en función de cómo se haya pactado la renta) si finalizado el plazo de los tres años el inquilino sigue ocupando el inmueble durante 15 días con la conformidad del arrendador (que no le ha notificado su voluntad de darlo por finalizado).

Esta cuestión no sólo es relevante para determinar el nuevo plazo: si se entiende que lo que existe es una prórroga, el plazo del requerimiento para que dicha prórroga no se produzca es de un mes antes de la fecha de expiración de los tres años. Mientras que, si estamos ante una tácita reconducción, el arrendador puede realizar el requerimiento hasta 15 días después de la extinción de dicho plazo.

El arrendamiento renovado se regirá por lo dispuesto en la LAU 1994.

En cuanto a los contratos de arrendamiento de local de negocio, el arrendamiento renovado por tácita reconducción se regulará conforme a la LAU 1994 para arrendamientos para uso distinto del de vivienda.

En algunos **contratos de arrendamiento de local de negocio posteriores al 9 de mayo de 1985**, las partes pactaron expresamente que al contrato se le aplicase la prórroga forzosa. Pues bien, los tribunales han establecido que *«los contratos de arrendamiento de local de negocio celebrados antes de la entrada en vigor de la LAU 1994 pero celebrados a partir del 9 de mayo de 1985 y sujetos a prórroga forzosa se rigen, en cuanto a su duración, por la disposición transitoria 3.ª de dicha Ley»*. Es decir, se les aplica, en cuanto a la duración, la disposición transitoria tercera de la LAU, que se refiere a los contratos de arrendamiento de local de negocio celebrados antes del 9 de mayo de 1985.

Para apoyar esta conclusión el Tribunal Supremo ha argumentado que *«si el legislador previó un fin para los contratos de arrendamiento de local de negocio que legalmente debían estar sometidos a la prórroga forzosa, por razones de política legislativa, aún más debe estar previsto en los que se fijó convencionalmente, so pena de eliminar la esencia del arrendamiento».*

En conclusión, el régimen de duración y extinción de los contratos previsto en la disposición transitoria tercera (cuyo apartado 3 afecta a los arrendamientos en los que el arrendatario es persona física y su apartado 4 a los arrendatarios persona jurídica) se aplica también, según el Tribunal Supremo, a las mismas categorías de arrendatarios existentes en los contratos de arrendamiento con prórroga forzosa firmados entre el 9 de mayo de 1985 y el 1 de enero de 1995.

En algunos contratos de arrendamiento de local de negocio posteriores al 9 de mayo de 1985, las partes pactaron expresamente que al contrato se le aplicase la prórroga forzosa. Pues bien, el Tribunal Supremo (sentencia de 17 de noviembre de 2011 y sentencia de 12 de marzo de 2015) ha establecido como doctrina que *«los contratos de arrendamiento de local de negocio celebrados antes de la entrada en vigor de la LAU 1994 pero celebrados a partir del 9 de mayo de 1985 y sujetos a prórroga forzosa se rigen, en cuanto a su duración, por la disposición transitoria 3.ª de dicha Ley».* Es decir, se les aplica, en cuanto a la duración, la disposición transitoria tercera de la LAU, que se refiere a los contratos de arrendamiento de local de negocio celebrados antes del 9 de mayo de 1985.

Para apoyar esta conclusión el Tribunal Supremo ha argumentado que *«si el legislador previó un fin para los contratos de arrendamiento de local de negocio que legalmente debían estar sometidos a la prórroga forzosa, por razones de política legislativa, aún más debe estar previsto en los que se fijó convencionalmente, so pena de eliminar la esencia del arrendamiento».*

En conclusión, el régimen de duración y extinción de los contratos previsto en la disposición transitoria tercera (cuyo apartado 3 afecta a los arrendamientos en los que el arrendatario es persona física y su apartado 4 a los arrendatarios persona jurídica) se aplica también, según el Tribunal Supremo, a las mismas categorías de arrendatarios existentes en los contratos de arrendamiento con prórroga forzosa firmados entre el 9 de mayo de 1985 y el 1 de enero de 1995.

JURISPRUDENCIA

Sentencia del Tribunal Supremo n.º 831/2011, de 17 de noviembre, ECLI:ES:TS:2011:8076

«El análisis conjunto y sistemático de la DT Primera, apartado 2 y de la DT Tercera de LAU 1994, permiten declarar que el régimen fijado por esta última resulta igualmente aplicable a los contratos celebrados tras la entrada en vigor del RDL 2/1985, cuando las partes hubieran establecido la prórroga forzosa, pues si el legislador previó un fin para los contratos de arrendamiento de local de negocio que legalmente debían estar sometidos a la prórroga forzosa, por razones de política legislativa, aún más debe estar previsto en los que se fijó convencionalmente, so pena de eliminar la esencia del arrendamiento.

En definitiva, la DT Primera LAU 1994, remite expresamente al RDL 2/1985 y a la LAU 1964 para la regulación de los arrendamientos de local de negocio, por lo que se debe entender que la alusión a la tácita reconducción está únicamente prevista para aquellos contratos de arrendamiento de local de negocio que se celebraron al amparo del RDL 2/1985 sin incluirse referencia alguna a una prórroga forzosa en cuanto a su duración.

Para el resto, esto es, para los arrendamientos de locales de negocio respecto a los que sí se estableció de modo voluntario un sistema de prórroga forzosa, les resulta aplicable la LAU 1964, y consecuentemente en materia de finalización de la situación de prórroga, la DT Tercera LAU 1994.

Estas razones impiden la estimación del recurso de casación, pues el criterio expuesto coincide plenamente con el reflejado en la sentencia que se recurre, y del que resulta que en aplicación del apartado cuarto de la DT Tercera LAU 1994, tras la entrada en vigor de la LAU 1994, el contrato que vinculaba a los litigantes se prorrogó hasta el año 2000, fecha a partir de la cual el arrendamiento entró en periodo de tácita reconducción anual, conforme a lo establecido en el artículo 1566 CC, por lo que la arrendadora podía, como así hizo, comunicar al arrendatario, a partir de esa fecha, su deseo de poner fin al contrato de arrendamiento al término de la anualidad».

Sentencia del Tribunal Supremo n.º 137/2015, de 12 de marzo, ECLI:ES:TS:2015:2043

«El fundamento de derecho cuarto de la STS 17-11-2011 contiene, en su apartado C), el siguiente razonamiento:

"El legislador de 1994, no olvidó la gran cantidad de arrendamientos de local de negocio que, en el momento de su entrada en vigor, estaban sometidos a un régimen de prórroga forzosa, por lo que dedicó la DT Tercera a establecer una normativa que permitiría en estos contratos fijar una fecha de finalización. Y es que, tal y como declaró la sentencia de pleno de esta Sala de 9 de septiembre de 2009 [RC n.º 1071/2005], al analizar un contrato de arrendamiento para uso distinto de vivienda celebrado bajo la vigencia de la LAU 1994 que incluía entre sus cláusulas un sometimiento al régimen de prórroga forzosa, '[h]a de afirmarse que una cosa es que el legislador pueda imponer, por razones de política legislativa, la prórroga forzosa para el arrendador, como efectivamente mantuvo para los arrendamientos urbanos desde el año 1920 hasta el año 1985, y otra muy distinta que las partes puedan hacerlo válidamente por la vía del artículo 4.º de la LAU 1994 y el 1255 del Código Civil, sin alterar por ello la propia esencia y naturaleza del contrato que de por sí ha de ser de duración determinada —o, al menos, determinable— y sin que deba aceptarse que una duración fijada de un año prorrogable indefinidamente a voluntad del arrendatario por años sucesivos, suponga realmente la fijación de una duración en la forma exigida por la ley'. En definitiva, no resulta aceptable que la mera voluntad de las partes permita eliminar la esencia del contrato de arrendamiento, una de cuyas características es la temporalidad.

'El análisis conjunto y sistemático de la DT Primera, apartado 2 y de la DT Tercera de LAU 1994, permiten declarar que el régimen fijado por esta última resulta igualmente aplicable a los contratos celebrados tras la entrada en vigor del RDL 2/1985, cuando las partes hubieran establecido la prórroga forzosa, pues si el legislador previó un fin para los contratos de arrendamiento de local de negocio que legalmente debían estar sometidos a la prórroga forzosa, por razones de política legislativa, aún más debe estar previsto en los que se fijó convencionalmente, so pena de eliminar la esencia del arrendamiento'.

'En definitiva, la DT Primera LAU 1994, remite expresamente al RDL 2/1985 y a la LAU 1964 para la regulación de los arrendamientos de local de negocio, por lo que se debe entender que la alusión a la tácita reconducción está únicamente prevista para

aquellos contratos de arrendamiento de local de negocio que se celebraron al amparo del RDL 2/1985 sin incluirse referencia alguna a una prórroga forzosa en cuanto a su duración. Para el resto, esto es, para los arrendamientos de locales de negocio respecto a los que sí se estableció de modo voluntario un sistema de prórroga forzosa, les resulta aplicable la LAU 1964, y consecuentemente en materia de finalización de la situación de prórroga, la DT Tercera LAU 1994'.

Pues bien, esta Sala, reunida en pleno, ha decidido reiterar dicho criterio, asumiendo íntegramente el razonamiento anteriormente transcrito, y fijar como doctrina jurisprudencial la aplicabilidad de la d.t. 3.ª LAU 1994 a los contratos de arrendamiento de local de negocio celebrados a partir del 9 de mayo de 1985 y anteriores a la entrada en vigor de LAU 1994 pero sujetos por voluntad expresa de las partes a la prórroga forzosa de la LAU 1964, ya que además, por un lado, no sería coherente con el espíritu y finalidad del Real Decreto-Ley 2/1985, de 30 de abril, sobre Medidas de Política Económica, que la supresión del carácter forzoso del régimen de prórroga del art. 57 LAU se tradujese para el arrendador que lo pactara expresamente en un régimen de duración más desfavorable que el de la propia LAU 1964 y, por otro, el criterio favorable a la duración indefinida de estos arrendamientos que podría deducirse de la STS 31-10-2008, citada en uno de los escritos de oposición al recurso, debe entenderse modificado por la STS 9-9-2009, referida a unos contratos posteriores a la LAU 1994 pero que traían causa de los celebrados bajo la vigencia del citado Real Decreto-Ley 2/1985"».

Contratos de arrendamiento celebrados con anterioridad a la entrada en vigor del Real Decreto-ley 7/2019 de 1 de marzo, de medidas urgentes en materia de vivienda y alquiler

De acuerdo con la disposición transitoria primera del Real Decreto-ley 7/2019 de 1 de marzo, de medidas urgentes en materia de vivienda y alquiler, los contratos de arrendamiento sometidos a la Ley 29/1994, de 24 de noviembre, de Arrendamientos Urbanos, celebrados con anterioridad al 6 de marzo de 2019 continuarán rigiéndose por lo establecido en el régimen jurídico que les era de aplicación.

Si bien, cuando las partes lo acuerden y no resulte contrario a las previsiones legales, los contratos preexistentes podrán adaptarse al régimen jurídico establecido en este real decreto-ley.

Contratos de arrendamiento celebrados con anterioridad a la entrada en vigor de la Ley 12/2023, de 24 de mayo, por el derecho a la vivienda

La disposición transitoria cuarta de la Ley 12/2023, de 24 de mayo, por el derecho a la vivienda, hace referencia al régimen aplicable a los contratos de arrendamiento que se hubiera celebrado con anterioridad a la entrada en vigor de dicha norma, esto es, anteriores al 26 de mayo de 2023. Así, dichos contratos **continuarán rigiéndose por el régimen jurídico que les era aplicable**. Esto, no obstante, cuando las partes lo **acuerden y no resulte contrario** a las previsiones legales, los contratos preexistentes podrán adaptarse al régimen jurídico previsto en la nueva Ley 12/2023, de 24 de mayo.

A TENER EN CUENTA. La regulación introducida en la Ley 12/2023, de 24 de mayo, por el derecho a la vivienda, no afectará a las diferentes medidas de aplicación extraordinaria a los contratos vigentes de arrendamiento de vivienda y, en particular, la recogida en el artículo 46 del Real Decreto-ley 6/2022, de 29 de marzo, por el que se adoptan medidas urgentes en el marco del Plan Nacional de respuesta a las consecuencias económicas y sociales de la guerra en Ucrania, que resultarán de aplicación en los términos en los que se encuentren reguladas.

2.
EL ARRENDAMIENTO SEGÚN EL CÓDIGO CIVIL

El contrato de arrendamiento se regula en el título VI del libro IV del Código Civil, en concreto, en sus artículos 1542 a 1603, pudiendo ser el arrendamiento de cosas o de obras o servicios.

El capítulo I, que abarca los artículos 1542 a 1545 del CC, hace referencia a unas disposiciones generales del contrato de arrendamiento, ocupándose los capítulos II y III de los arrendamientos de fincas rústicas y urbanas y de obras y servicios, respectivamente.

> **A TENER EN CUENTA.** Conforme al artículo 1545 del CC, se excluyen del contrato de arrendamiento aquellos bienes fungibles que se consumen con el uso.

Así, el artículo 1542 del CC establece que el arrendamiento puede ser de cosas o bien de obras o servicios.

El arrendamiento de cosas

Para hablar de **arrendamiento de cosas** hay que mencionar el artículo 1543 del Código Civil, que establece que, en el arrendamiento de cosas, *«una de las partes se obliga a dar a la otra el goce o uso de una cosa por tiempo determinado y precio cierto»*.

Así las cosas, deben tenerse en cuenta las normas generales que prevén los artículos 1546 a 1574 del CC, así como las disposiciones especiales para los arrendamientos de predios rústicos —reguladas en los artículos 1575 a 1579 del CC—, y para el arrendamiento de predios urbanos —artículos 1580 a 1582 del CC—.

Ahora bien **¿cuáles son los elementos personales del contrato de arrendamiento?** Estos son **el arrendador y el arrendatario.** Conforme al artículo 1546 del CC:

- Se llama **arrendador** al que se obliga a ceder el uso de la cosa, ejecutar la obra o prestar el servicio.

- Se llama arrendatario al que adquiere el uso de la cosa o el derecho a la obra o servicio y que se obliga a pagar.

> **A TENER EN CUENTA.** Establece el artículo 1574 del Código Civil que si no se hubiese pactado nada sobre el lugar y tiempo del pago del arrendamiento, se estará, en cuanto al lugar, a lo dispuesto en el artículo 1171 del Código Civil y, por lo que respecta al tiempo, a la costumbre de la tierra. En este sentido, el tenor literal del citado art. 1171 del CC es el siguiente:
>
> «El pago deberá ejecutarse en el lugar que hubiese designado la obligación.
> No habiéndose expresado y tratándose de entregar una cosa determinada, deberá hacerse el pago donde ésta existía en el momento de constituirse la obligación.
> En cualquier otro caso, el lugar del pago será el del domicilio del deudor».

¿Cuáles son las obligaciones del arrendador? Conforme al artículo 1554 del CC, está obligado a:

- A entregar al arrendatario la cosa objeto del contrato.

- A hacer en ella durante el arrendamiento todas las reparaciones necesarias a fin de conservarla en estado de servir para el uso a que ha sido destinada.

- A mantener al arrendatario en el goce pacífico del arrendamiento por todo el tiempo del contrato.

RESOLUCIÓN RELEVANTE

Sentencia de la Audiencia Provincial de Tarragona n.º 372/2021, de 22 de julio, ECLI:ES:APT:2021:1100

> « ...sin desconocer la obligación del arrendador de mantener al arrendatario en el uso de la cosa arrendada y de sufragar las obras necesarias, descarta la indemnización cuando en la conducta omisiva de los demandados, propietarios del inmueble, no cabe apreciar factores dolosos o negligentes en orden a una directa y substancial producción de la ruina del mismo, viendo a sostener, con cita de distintas sentencias de esta Sala (7 de noviembre de 1961; 27 de mayo de 1980; 11 de noviembre de 1993, entre otras) que 'no se especifica ni se prueba cuándo fueron apareciendo deterioros que fueran reparables según el artículo 1554 del Código Civil y el artículo 107 de la Ley de Arrendamientos Urbanos de 1964, debiéndose tener en cuenta que no son tales aquellos que exceden de la mera corrección de deterioros y lleven a la reconstrucción de edificios en manifiesta ruina...' y que 'ningún hecho atribuye al propietario la ruina del vetusto inmueble, se ignora si fue el transcurso del tiempo o la conducta omisiva de los propietarios arrendadores la causa que condujo a la ruina económica del edificio, y, en definitiva, falta, porque no se ha demostrado, la plataforma inexcusable de estar incursa la propiedad en una acción u omisión reprochable originadora de los perjuicios reclamados.'».

CUESTIÓN

¿Puede el arrendador hacer variaciones en la cosa arrendada?

No, en base al artículo 1557 del CC se prohíbe al arrendador variar la forma de la cosa arrendada.

RESOLUCIÓN RELEVANTE

Sentencia de la Audiencia Provincial de Madrid n.º 652/2019, de 7 de noviembre, ECLI:ES:APM:2019:18139

«El pago parcial de las cantidades debidas incluso el pago extemporáneo integran el tipo delictivo bastando así el retraso injustificado o malicioso, no pudiendo obviarse que el pago o cumplimiento ha de realizarse en la forma establecida en el acto constitutivo de la obligación, a ello se refiere el artículo 1557 del Código Civil cuando establece que no se entenderá pagada una deuda, sino cuando completamente subiese entregado la cosa o hecho la prestación en que la obligación consistía, integridad de la prestación que aglutina los tres requisitos que la conforman, es decir la identidad, la integridad propiamente dicha en indivisibilidad, en cuyo seno el acreedor al menos que lo autorice no puede ser compelido a recibir parcialmente a la prestación la prestación solutoria, no pudiendo estimarse, como declara la sentencia del Alto Tribunal Sala primera de 25 de septiembre de 1986, hecho el pago hasta que no se ha ingresado la totalidad del precio en el patrimonio del acreedor o se le ha proporcionado el equivalente económico o dicho en otros términos (vid sentencia de 2 de junio de 1981 o 20 de febrero de 1986) el pago de una deuda es liberatorio cuando la cantidad pagada se incorpora efectivamente al patrimonio del acreedor o se pone oficialmente a su disposición si se hubiera denegado a recibirlas».

Y ¿a qué se obliga el arrendatario? Pues señala el artículo 1555 del CC las siguientes obligaciones:

- A pagar el precio del arrendamiento en los términos convenidos.
- A usar de la cosa arrendada como un diligente padre de familia, destinándola al uso pactado; y, en defecto de pacto, al que se infiera de la naturaleza de la cosa arrendada según la costumbre de la tierra.
- A pagar los gastos que ocasione la escritura del contrato.

No obstante, si el arrendador o el arrendatario no cumplieren las obligaciones anteriores, señala el artículo 1556 del CC que podrán pedir la rescisión del contrato y la indemnización de daños y perjuicios, o solo esto último, dejando el contrato subsistente.

Además de las anteriores, cabe referirse a **otras obligaciones del arrendatario**, que son:

- Tolerar las obras que se realicen en la cosa arrendada
- Obligación de informar al propietario
- Devolución de la finca
- Responsabilidad del arrendatario

|| Tolerar las obras que se realicen en la cosa arrendada

Según lo dispuesto en el artículo 1558 del CC, si es necesario realizar alguna reparación urgente en la cosa arrendada que no pueda retrasarse hasta la finalización del arriendo, tiene el arrendatario la obligación de tolerar la obra, aunque sea molesta y le prive, durante la misma, de una parte de la finca.

No obstante, si la reparación dura más de 40 días tiene que disminuirse la renta en proporción a las siguientes dos cuestiones:

- Al tiempo de duración.
- A la parte de la finca de la que sea privado el arrendatario.

Ahora bien, el arrendatario tendrá derecho a rescindir el contrato si la obra hace inhabitable la parte donde habitan él y su familia.

Como ejemplo de lo anterior, en un supuesto de obras de conservación realizadas en la cocina de una vivienda, la Audiencia Provincial de Burgos en su sentencia n.º 109/2019, de 29 de marzo, ECLI:ES:APBU:2019:359, declara que.

> «Dada la importancia en una vivienda de la cocina, procede evaluar el perjuicio en una tercera parte del importe de la renta mensual pactada.
>
> El artículo 21 de la Ley de Arrendamientos Urbanos determina la disminución de la renta en proporción a la parte de la vivienda de la que el arrendatario se vea privado por razón de las obras de conservación que no pueden dilatarse hasta la conclusión del arriendo. Si la obra es de tal naturaleza que hace inhabitable la vivienda el arrendatario puede rescindir el contrato (...)».

A TENER EN CUENTA. Como se verá en el punto correspondiente el **plazo de 40 días previsto en el CC** para la duración de la obra a los efectos de disminución de la renta, no coincide con el previsto específicamente en el artículo 21 de la Ley 29/1994, de 24 de noviembre, de Arrendamientos Urbanos, en cuyo caso, será de **20 días.**

RESOLUCIÓN RELEVANTE

Sentencia de la Audiencia Provincial de Madrid n.º 443/2019, de 5 de diciembre, ECLI:ES:APM:2019:16893

«En efecto, aun siendo cierto que pudiera haberse producido una afectación posesoria, y que como consecuencia de las obras llevadas acaba por la propiedad del inmueble en la totalidad del edificio, ello pudiera haber repercutido en el negocio que estaba instalado de tal manera que pudiera haberse originado una baja en la facturación, debido precisamente a la existencia de dichas obras que de alguna manera podrían afectar el normal desarrollo de la actividad desarrollada en el local, sin embargo lo cierto y verdad es que en supuestos análogos al presente entre otras la SAP de Barcelona de fecha 9 de julio de 2018 viene a aplicar a estos supuestos el artículo 1558 el código civil que establece que: Si durante el arrendamiento es necesario hacer alguna reparación urgente en la cosa arrendada que no pueda diferirse hasta la conclusión del arriendo, tiene el arrendatario obligación de tolerar la obra, aunque le sea muy molesta, y aunque durante ella se vea privado de una parte de la finca.

Si la reparación dura más de cuarenta días, debe disminuirse el precio del arriendo a proporción del tiempo y de la parte de la finca de que el arrendatario se vea privado.

Si la obra es de tal naturaleza que hace inhabitable la parte que el arrendatario y su familia necesitan para su habitación, puede éste rescindir el contrato.

Pues bien, lo cierto y verdad es que aun contando que pudiera producirse una afectación a los derechos posesorios del recurrente, y aun contando que efectivamente la existencia de tales obras generales en el edificio pudieran haber repercutido en la facturación del negocio instalado y pudieran haber repercutido en el normal funcionamiento del mismo, la solución, evidentemente, no es dejar de abonar la renta como ha hecho el demandado, sino, antes al contrario, ponerse en contacto con la propiedad a fin de ofrecer alguna solución, y hacer siquiera un ofrecimiento de reducción de rentas en tanto se continúan las obras de reparación en el inmueble. Lo que no es admisible es que ante un posible fenómeno de alteración posesoria, que tampoco es atribuible a la voluntad del arrendador, el arrendatario simplemente deje de abonar las rentas, por cierto apenas tres meses después de la concertación del contrato, y se haya mantenido en una actitud renuente al pago de las mismas hasta la fecha presente, no constando haber abonado ni las rentas en cuya inefectividad se pretende al desahucio, ni las devengadas durante el procedimiento de primera instancia, ni tampoco ha hecho ni consignación en esta alzada ni acreditada en forma alguna haber abonado la rentas directamente la propiedad».

Sentencia de la Audiencia Provincial de Asturias n.º 526/2018, de 31 de octubre, ECLI:ES:APO:2018:3327

«(...) nuestro Tribunal tiene declarado a este respecto que 'El artículo 1554 CC, en sus números 2 y 3, con carácter general, así como el artículo 21 LAU de 1994, de forma más específica, obligan al arrendador, por el tiempo del contrato, a hacer en la cosa objeto del contrato todas las reparaciones a fin de conservarla en estado de servir para el uso a que ha sido destinada, y a mantener al arrendatario en el goce pacífico del arrendamiento, para lo cual el artículo 1559.2 exige al arrendatario poner en conocimiento del dueño, con la misma urgencia, la necesidad de todas las reparaciones comprendidas en el número 2° artículo 1.554, señalando el artículo 1556 que si el arrendador o el arrendatario no cumplieren las obligaciones expresadas en los artículos anteriores, podrán pedir la rescisión del contrato y la indemnización de daños y perjuicios, o solo esto último, dejando el contrato subsistente (STS de 26 de noviembre de 2008 [RC n.º 2417/2003])' (STS 29 febrero 2012)».

|| Obligación de informar al propietario

En base al artículo 1559 del Código Civil, el arrendatario está obligado a poner en conocimiento del propietario, a la mayor brevedad posible:

- Toda usurpación o novedad dañosa que otro haya realizado o abiertamente prepare en la cosa arrendada.
- La necesidad de todas las reparaciones imprescindibles para la conservación de la cosa en estado de servir al uso a que se destina.

En ambos casos será responsable el arrendatario de los daños y perjuicios que por su negligencia se ocasionaren al propietario.

|| Devolución de la finca

En cuanto a la devolución de la finca, establece el artículo 1561 del Código Civil que, una vez que finalice el arriendo, el arrendatario debe devolver la finca tal y como la recibió, salvo lo que hubiese perecido o se hubiera menoscabado por el tiempo o por causa inevitable.

> **A TENER EN CUENTA.** Salvo prueba en contrario, a falta de expresión del estado de la finca al tiempo de arrendarla, la ley presume que el arrendatario la recibió en buen estado (art. 1562 del CC).

En este sentido se ha pronunciado la **Audiencia Provincial de Valencia en su sentencia n.º 225/2019, de 29 de mayo, ECLI:ES:APV:2019:3816**:

> «En lo relativo a la obligación del arrendatario de devolver la cosa al térmno del arrendamiento, **es obligación esencial del arrendatario la de restituir al arrendador dicha vivienda o local arrendados al concluir el arriendo, 'tal como la recibió '**, salvo lo que hubiere perecido o se hubiere menoscabado por el tiempo o por causa inevitable (arts. 1561, completado con los arts. 1562, 1563 y 1564 CC). Precisando la jurisprudencia que todo ello es sin perjuicio de los términos del contrato, en los que puede regularse tal obligación».

RESOLUCIÓN RELEVANTE

Sentencia de la Audiencia Provincial de Málaga n.º 773/2021, de 30 de diciembre, ECLI:ES:APMA:2021:5223

«Por otro lado, es lo cierto que, imponiendo el artículo 1561 del Código Civil al arrendatario la obligación de devolver la finca al concluir el arriendo, significa que las obligaciones propias del contrato subsisten en tanto el arrendatario no desista de la ocupación, mediante un acto devolutivo de la posesión al arrendador, sin que baste con la mera manifestación de voluntad de resolver el contrato, o con el mero desalojo, devolución que únicamente se entiende producida cuando la finca es puesta de nuevo en poder y posesión del arrendador, normalmente mediante la devolución de las llaves u otro acto de tradición ficticia, en aplicación de la doctrina de los artículos 1462 y 1463 del Código Civil, entrega que lo mismo puede hacerse al arrendador o a persona por él autorizada, en aplicación de las normas sobre el cumplimiento de las obligaciones de los artículos 1162 y 1163, párrafo segundo, del Código Civil».

‖ Responsabilidad del arrendatario

El arrendatario debe responder de:

- El deterioro o pérdida que tuviere la cosa arrendada, a no ser que pruebe haberse ocasionado sin culpa suya (art. 1563 del CC).
- El deterioro causado por las personas de su casa (art. 1564 del CC).

La **sentencia de la AP de A Coruña n.º 201/2019, de 23 de mayo, ECLI:ES:APC:2019:1229**, señala: *«(...) tratándose de daños que exceden del desgaste propio de las cosas en una utilización normal de una vivienda, rige la norma de asignación de responsabilidad del artículo 1563 del CC, amparada en este caso por la presunción, no desvirtuada, del artículo 1562 del CC».*

En cuanto al concepto «personas de su casa», la **STS n.º 744/2002, de 15 de julio, ECLI:ES:TS:2002:5305**, establece que comprende a *«(...) la familia del arrendatario y las por él destinadas a llevar el cuidado y la conservación de la cosa arrendada (sentencia de 12 de enero de 1928), y asimismo han de entenderse comprendidas las que están realizando trabajos bajo su dirección o dependencia (...)».*

CUESTIONES

1. ¿Debe responder el arrendador de la perturbación de mero hecho en el uso de la finca arrendada?

Conforme al artículo 1560 del CC, el arrendador no está obligado a responder de la referida perturbación de mero hecho que un tercero cause en el uso de la finca arrendada, si bien el arrendatario tendrá acción directa contra el perturbador.

No obstante, no existe perturbación de hecho cuando el tercero, ya sea la Administración, ya un particular, ha obrado en virtud de un derecho que le corresponde.

2. ¿Cuándo concluye el arrendamiento?

A tenor de lo dispuesto en el artículo 1565 del Código Civil, el arrendamiento concluye el día prefijado sin necesidad de requerimiento, si se ha hecho por tiempo determinado.

Ahora bien, si al finalizar el contrato, permanece el arrendatario disfrutando quince días de la cosa arrendada con aquiescencia del arrendador, se entiende que hay tácita reconducción por el tiempo que establecen los artículos 1577 y 1581 del CC, a menos que haya precedido requerimiento.

En caso de tácita reconducción, cesan las obligaciones otorgadas por un tercero para la seguridad del contrato principal.

Asimismo, cabe hacer referencia a la posibilidad de que el arrendador desahucie judicialmente al arrendatario. **¿Cuáles son las causas?** Conforme al artículo 1569 del CC será alguna de las siguientes:

- Haber expirado el término convencional o el que se fija para la duración de los arrendamientos en los artículos 1577 y 1581 del CC.

- Falta de pago en el precio convenido.

- Infracción de cualquiera de las condiciones establecidas en el contrato.

- Destinar la cosa arrendada a usos o servicios no pactados que la hagan desmerecer, o no sujetarse en su uso a lo que se ordena en el artículo 1555.2.° del CC.

No obstante, fuera de dichos casos, el arrendatario tendrá derecho a aprovechar los términos establecidos en los artículos 1577 y 1581 del CC.

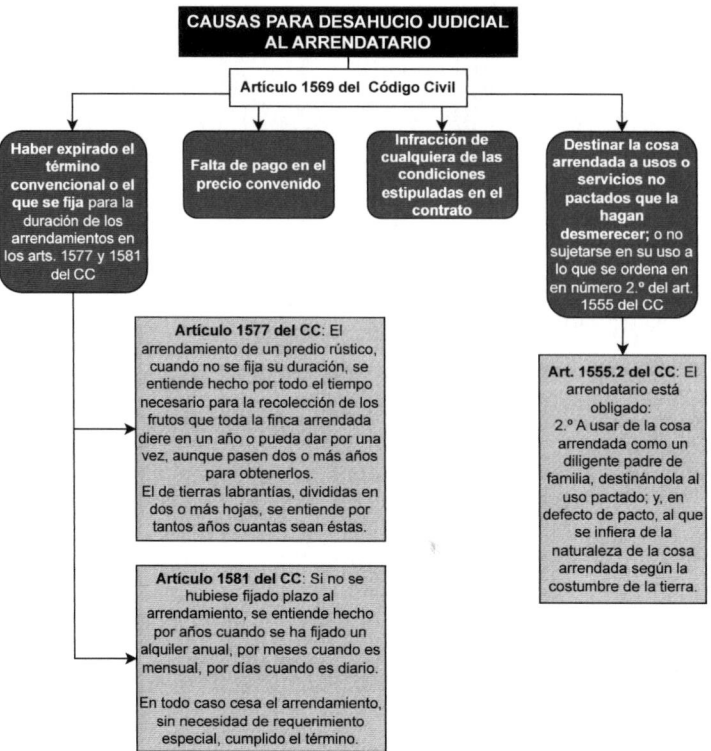

JURISPRUDENCIA

Sentencia del Tribunal Supremo n.º 153/2009, de 18 de marzo, ECLI:ES:TS:2009:1179

Los arrendamientos de industria se rigen por el CC.

«La doctrina jurisprudencial ha proclamado que los arriendos de locales para negocio se diferencian de los de industria en que, respecto a los primeros, lo que se cede es el elemento inmobiliario, en cambio, en los segundos, el objeto contractual está determinado por una doble composición integradora; por un lado, el local, como soporte material; y, por otro, el negocio o empresa instalada y que se desarrolla en el mismo, con los elementos necesarios para su explotación, que conforman un todo patrimonial autónomo, sin que sea preciso que el arrendador facilite necesariamente todos los medios para la comercialización de la actividad negocial a desarrollar, que pueden ser ampliados o mejorados con los que aporte el arrendatario, incluso sustituidos, sin que ello afecte a la calificación y naturaleza del contrato como de locación industrial; además, dicho contrato queda extinguido cuando expira el término convencional, como dispone el artículo 1569.1 del Código Civil (...).

(...)

(...) procede declarar, como doctrina jurisprudencial, que los arrendamientos de industria no están sometidos a la normativa de la ley últimamente citada, y el ordenamiento de aplicación es el del Código Civil, (...)».

Sentencia del Tribunal Supremo n.º 631/2009, de 16 de octubre, ECLI:ES:TS:2009:7109

Cesión del derecho arrendaticio.

«La cesión del derecho arrendaticio supone el cambio de la persona del arrendatario y la consiguiente exclusión del cedente en la relación arrendaticia mediante la entrega del goce o uso de la cosa arrendada al cesionario en cualesquiera de las formas de que sea susceptible, estableciéndose una relación de servicios entre la cosa y el sujeto, cual sugiere el art. 1543 del Código Civil al describir la obligación del arrendador de dar al arrendatario el goce o uso de una cosa, que es lo que constituye la esencia del arriendo, y lo que la ley sanciona con la resolución del contrato es esa transmisión real y efectiva del uso o goce de la cosa arrendada hecha por el arrendatario a un tercero sin cumplir las formalidades legales exigidas para su validez, lo cual resulta coherente con la naturaleza jurídica del contrato de arrendamiento (...)

(...)

(...) declarando como doctrina jurisprudencial la de que no se considera como causa resolutoria del contrato de arrendamiento por cesión de una vivienda la mera designación en la vivienda de un domicilio social, sin ocupación o aprovechamiento real».

El arrendamiento de obras o servicios

Se regula el arrendamiento de obras o servicios en los artículos 1583 a 1603 del CC y se define el mismo en el artículo 1544 del CC conforme al cual:

«En el arrendamiento de obras o servicios, una de las partes se obliga a ejecutar una obra o a prestar a la otra un servicio por precio cierto».

A estos efectos, se regulan en el Código Civil los siguientes supuestos:

El servicio de criados y trabajadores asalariados (artículos 1583 a 1587 del CC)

El servicio de criados y trabajadores asalariados pueden contratarse de la siguiente manera:

- Sin tiempo fijo.
- Por cierto tiempo.
- Para una obra determinada.

> **A TENER EN CUENTA.** En estos casos, el arrendamiento hecho por toda la vida será nulo.

No obstante, la STS n.º 374/2009, de 5 de junio, ECLI:ES:TS:2009:3483, señala, respecto de estos preceptos, que:

«(...) en la actualidad, la aplicación de esta Sección en su conjunto resulta prácticamente nula, por el carácter desfasado y poco coherente de los artículos 1583 a 1587, a lo que se añade la singular razón concerniente a la derogación de estos preceptos por la legislación laboral aplicable al contrato de trabajo, ya sea el Estatuto de Trabajadores o la legislación complementaria.

No obstante, aunque el tenor literal del artículo 1583 se refiera a los servicios de "criados y trabajadores asalariados", las doctrinas científica y jurisprudencial amplian el espacio de aplicación del precepto a cualquier contrato de servicios, incluidos los prestados en el ejercicio de profesiones liberales, desde la perspectiva de la interpretación conjunta de esa norma y del artículo 1544 del Código Civil».

|| Las obras por ajuste o precio alzado (artículos 1588 a 1600 del CC)

Cabe la posibilidad de contratar la ejecución de una obra acordando que el que la ejecute únicamente ponga su trabajo o su industria o que también suministre el material.

Ahora bien, en relación con las anteriores posibilidades:

- El que se obligó a poner el material debe sufrir la pérdida en el supuesto de destruirse la obra antes de ser entregada, excepto si hubiese habido morosidad en recibirla.

- El que se obligó a poner solamente su trabajo o industria, no puede reclamar ningún estipendio si se destruye la obra antes de haber sido entregada, a no ser que haya habido morosidad para recibirla, o que la destrucción haya provenido de la mala calidad de los materiales, con tal que haya advertido oportunamente esta circunstancia al dueño.

En este sentido, **el la sentencia de la AP de Madrid n.º 310/2018, de 29 de junio, ECLI:ES:APM:2018:8511** aclara que «*(...) El contrato no deja de ser de ejecución de obra porque el contratista ponga también los materiales y emplee a otras personas -de las cuales según el artículo 1596 del CC se responsabiliza- cuando la finalidad primordial es efectivamente la realización de la obra comprometiendo su resultado y no la venta del material, y ello con independencia de que puedan ser aplicadas en lo menester, habida cuenta la escasa regulación legal del contrato de obra en el CC, algunas normas del contrato de compraventa salvo en lo relativo a los riesgos (art. 1589)*».

Por otro lado, en base a lo dispuesto en el artículo 1595 del Código Civil, cuando se haya encargado una determinada obra a una persona por sus cualidades personales, se rescindirá el contrato cuando el que hubiere contratado la obra no pudiere finalizarla por cualquier causa independiente a su voluntad o por la muerte de la misma; en dicho caso, el propietario tiene que abonar a los herederos del constructor, a proporción del precio convenido, el valor de la parte de obra ejecutada y de los materiales preparados, siempre que de estos materiales se reporte algún beneficio.

A tenor de lo anterior, en un supuesto en el que se produjo el fallecimiento del arquitecto que debía dirigir la obra, nuestro más Alto Tribunal en la **sentencia n.º 935/2011, de 14 de diciembre, ECLI:ES:TS:2011:8591**, entiende que:

«La valoración jurídica de estos hechos está en el propio fundamento del contrato de prestación de servicios suscrito entre ambas partes, como relación "intuitu personae", del artículo 1595 CC, por tratarse de una obligación personalísima de quien debió realizar el proyecto y la dirección de la obra en su condición de arquitecto y no pudo cumplirla en su integridad por su fallecimiento. En la medida en que este contrato está basado en la confianza entre las partes, se estableció la posibilidad de rescindirlo unilateralmente pactándose una indemnización, que es la que se reclama en la demanda. Ocurre, sin embargo, que el arquitecto falleció y que esta singular situación produjo la imposibilidad sobrevenida de cumplimentar la obligación a la que se había comprometido, lo que constituye una justa causa de resolución de la relación obligatoria sinalagmática, que impide la aplicación del artículo 1124 CC, pues tiene en cuenta un incumplimiento que no ha existido, desde el momento en que una parte no pudo cumplir aquello a lo que se comprometió y no puede imponerse a la otra —dueño de la obra— que tenga que soportar la continuidad de los trabajos a cargo de un profesional distinto perteneciente una la sociedad meramente instrumental cuando el contrato se formalizó en atención a la consideración profesional de (...) y el Derecho a desistir mediante el establecimiento de las consecuencias económicas correspondientes solo era efectivo en vida y no por su fallecimiento y posterior baja colegial».

CUESTIONES

1. ¿Qué sucede en el caso de vicios en la construcción de un edificio?

De acuerdo con lo dispuesto en el artículo 1591 del CC, si un edificio se arruinase por vicios de la construcción:

– El contratista responde de los daños y perjuicios si la ruina tuviere lugar dentro de diez años contados desde que concluyó la construcción.

– Igual responsabilidad, y por el mismo tiempo, tendrá el arquitecto que la dirigiere, si la ruina se debe a vicio del suelo o de la dirección.

Ahora bien, si la causa fuera la falta de las condiciones del contrato por parte del contratista, la acción de indemnización durará quince años.

Por otro lado, según la STS n.º 151/2011, de 16 de marzo, ECLI:ES:TS:2011:2494, el término «ruina» «(...) no debe quedar reducido al supuesto de derrumbamiento total o parcial de la obra, pues como determina la jurisprudencia, hay que extenderlo a aquellos defectos de construcción que, podrá exceder de las imperfecciones corrientes, configuran una violación del contrato donde radica sobre todo la responsabilidad contractual, sin olvidar, por último, que dentro del concepto de ruina se incluyen los graves defectos constructivos o sobrevenidos después de la construcción por la actuación de personas que hacen fracasar las legítimas expectativas del adquirente de un inmueble y que lo hacen inútil para su finalidad».

2. ¿Qué ocurre en las obras por piezas o por medida?

En estos supuestos, establece el artículo 1592 del CC que el que se obliga a hacer una obra por piezas o por medida puede exigir del dueño que la reciba por partes y que la pague en proporción; en cuyo caso se presumirá aprobada y recibida la parte satisfecha.

A estos efectos, la **Audiencia Provincial de Girona en su sentencia n.º 783/2019, de 4 de noviembre, ECLI:ES:APGI:2019:1653**, concreta que «cuando el precio de la obra se hubiere pactado por piezas o por medida (art. 1592 CC) se fija en función de módulos que podrán ser un tanto por unidad de medida, un tanto por pieza homogénea o un tanto por unidad de obra no homogénea, en principio, el precio fijado por cada pieza o medida es inalterable, aun cuando pueda variar el número de unidades ejecutadas. El error en la medición de obra a liquidar debe sufrirlo el contratista, pues es quien está en mejor posición para detectarlo, salvo que en el momento de la medición el comitente lo hubiera percibido y silenciado de mala fe».

3. ¿Qué sucede en el caso de construcción en vista de un plano y por un ajuste alzado?

Conforme al artículo 1593 del CC, el arquitecto o contratista encargado por un ajuste alzado de la construcción de un edificio u otra obra en vista de un plano convenido con el propietario del suelo, no puede pedir aumento de precio, aunque se haya incrementado el de los jornales o materiales.

Por el contrario, podrá hacerlo cuando se haya realizado algún cambio en el plano que produzca aumento de obra, siempre que el propietario lo hubiese autorizado.

Si bien, el Tribunal Supremo ha interpretado el precepto de referencia en la **STS n.º 456/2012, de 12 de julio, ECLI:ES:TS:2012:5051**, al establecer que «(...) de forma amplia y favorecedora de la menor rigidez en relación a obras no presupuestadas, ya que se ha entendido que el art. 1593 CC no es una norma de derecho necesario, sino interpretativa de la voluntad de las partes, no puede ampliarse dicha norma hasta el punto de introducir como obra no presupuestada aquello que ha sido excluido por la voluntad expresa de las partes y que así se ha manifestado en el contrato».

Por añadidura, estipula el artículo 1597 del Código Civil que los que ponen su trabajo y materiales en una obra ajustada alzadamente por el contratista, no tienen acción contra el dueño de ella sino hasta la cantidad que este adeude a aquel cuando se hace la reclamación.

La jurisprudencia ha interpretado el referido artículo «(...) en el sentido de concebirla como una acción directa, que se puede ejercer contra el comitente o contra el contratista o subcontratista anterior, o frente a todos ellos simultáneamente, al estar afectados y obligados en la relación contractual instaurada, que de esta manera se proyecta al comitente y, en tal caso, la responsabilidad de éste y del contratista es solidaria (...), señalando que no se trata de una acción sustitutiva, por lo que cabe ejercitarla sin reclamar previa o simultáneamente al contratista (...), al que basta con haber constituido en mora, sin necesidad de haber hecho excusión de sus bienes ni de haberle declarado en insolvencia (...)». STS n.º 449/2012, de 12 de julio, ECLI:ES:TS:2012:5747.

4. ¿Puede desistir el dueño de la construcción de la obra una vez empezada?

Sí, el dueño puede desistir, por su sola voluntad, de la construcción de la obra, aunque se haya empezado, si bien deberá indemnizar al contratista de todos sus gastos, trabajo y utilidad que pudiera obtener de ella.

En este sentido, el Tribunal Supremo en su **sentencia n.º 318/2012, de 24 de mayo, ECLI:ES:TS:2012:3444**, «(...) viene a admitir el nacimiento del deber de indemnizar por el simple incumplimiento en los supuestos en que este último determina por sí mismo un daño o perjuicio, una frustración en la economía de la parte, en su interés material o moral, lo que ocurre cuando su existencia se deduce necesariamente del incumplimiento o se trata de daños patentes; y añade, para resaltar su carácter excepcional, que «de esta jurisprudencia se deduce que el principio "res ipsa loquitur" [la cosa habla por sí misma] alegado por la parte recurrente y la consideración de un perjuicio "in re ipsa" [en la cosa misma] no son aplicables a todo incumplimiento, sino solamente a aquel que evidencia por sí mismo la existencia del daño».

En el caso de que el contratista ocupe a determinadas personas en la obra, será responsable del trabajo ejecutado por ellas (art. 1596 del CC).

Además, pactada la obra a satisfacción del propietario **¿qué ocurre en caso de que falte la conformidad?** Conforme al artículo 1598 del CC, se entenderá reservada la aprobación al juicio pericial correspondiente, si bien si el que ha de aprobar la obra es un tercero, se estará a lo que este decida.

¿Cuándo debe pagarse el precio de la obra? No habiendo pacto o costumbre en contrario, el pago deberá hacerse al tiempo de la entrega (art. 1599 del CC).

Por último, cabe destacar el derecho de retención previsto en el artículo 1600 del CC respecto de la ejecución de una obra en cosa mueble, en cuyo caso podrá retenerse en prenda hasta que se efectúe el pago.

En este sentido, señala la **STS n.º 343/2006, de 6 de abril, ECLI:ES:TS:2006:2283**, que *«(...) el "derecho de retención" o facultad de retener, ejercitado por los administradores en base al artículo 1600 del Código civil, que lo reconoce y ampara, no puede ser valorado como una negligencia, pues qui suo iure utitur neminem laedit, a menos que se trate de un ejercicio abusivo, (...)».*

No obstante lo anterior, se ha precisado en supuestos en los que se aporta trabajo y materiales a una obra, que *«(...) por la propia naturaleza y ejecución del contrato de obra en inmuebles, no cabe el derecho de retención, y por eso se le reconoce una acción directa cuya razón de ser no es tanto la relación entre sujetos como su aportación directa de trabajo y materiales a la obra»* (**STS, rec. 2340/2011, de 16 abril de 2014, ECLI:ES:TS:2014:2693**).

Los transportes por agua y tierra, tanto de personas como de cosas (artículos 1601 a 1603 del CC)

Los conductores de efectos por tierra o por agua están sometidos, en cuanto a la guarda y conservación de las cosas que se les confían, a las mismas obligaciones que respecto a los posaderos se determinan en los artículos 1783 y 1784 del CC.

Sin embargo, lo anterior se entiende sin perjuicio de lo que en relación a los transportes por mar y tierra dispone el Código de Comercio.

Igualmente, responden los conductores de la pérdida y de las averías de las cosas que reciben, a no ser que prueben que la pérdida o la avería ha provenido de:

- Caso fortuito.
- Fuerza mayor.

Para finalizar, lo establecido en los referidos artículos se entiende sin perjuicio de lo que prevengan las leyes y los reglamentos especiales.

3.
CONTRATO DE ARRENDAMIENTO DE VIVIENDA

La Ley 29/1994, de 24 de noviembre, de Arrendamientos Urbanos (LAU), consta de 5 títulos relativos, respectivamente, al ámbito de la ley, a los arrendamientos de vivienda, arrendamientos para uso distintos del de vivienda, unas disposiciones comunes y los procesos arrendaticios (título este sin contenido tras la Ley de Enjuiciamiento Civil).

Su ámbito de aplicación se concreta en el artículo 1 de la LAU cuando establece que *«la presente ley establece el régimen jurídico aplicable a los arrendamientos de fincas urbanas que se destinen a vivienda o a usos distintos del de vivienda».*

Se excluyen, no obstante, de su ámbito de aplicación conforme al artículo 5 de la LAU:

- El uso de las viviendas que los porteros, guardas, asalariados, empleados y funcionarios, tengan asignadas por razón del cargo que desempeñen o del servicio que presten.

- El uso de las viviendas militares, cualquiera que fuese su calificación y régimen, que se regirán por lo dispuesto en su legislación específica.

- Los contratos en que, arrendándose una finca con casa-habitación, sea el aprovechamiento agrícola, pecuario o forestal del predio la finalidad primordial del arrendamiento. Estos contratos se regirán por lo dispuesto en la legislación aplicable sobre arrendamientos rústicos.

- El uso de las viviendas universitarias, cuando estas hayan sido calificadas expresamente como tales por la propia universidad propietaria o responsable de las mismas, que sean asignadas a los alumnos matriculados en la correspondiente universidad y al personal docente y de administración y servicios dependiente de aquella, por razón del vínculo que se establezca entre cada uno de ellos y la universidad respectiva, a la que corresponderá en cada caso el establecimiento de las normas a que se someterá su uso.

- La cesión temporal de uso de la totalidad de una vivienda amueblada y equipada en condiciones de uso inmediato, comercializada o promocionada en canales de oferta turística o por cualquier otro modo de comercialización o promoción, y realizada con finalidad lucrativa, cuando esté sometida a un régimen específico, derivado de su normativa sectorial turística.

Concepto de arrendamiento de vivienda

El artículo 2 de la Ley de Arrendamientos Urbanos establece que se considerará arrendamiento de vivienda *«aquel arrendamiento que recae sobre una edificación habitable cuyo destino primordial sea satisfacer la necesidad permanente de vivienda del arrendatario».*

Asimismo, aquellas normas que regulen el arrendamiento de vivienda serán también de aplicación para el mobiliario, los trasteros, las plazas de garaje y cualesquiera otras dependencias, espacios arrendados o servicios que estén cedidos como accesorios de la finca por el mismo arrendador.

En cuanto a esta definición, cabe hacer especial referencia al **concepto de habitabilidad,** en este sentido la **sentencia de la Audiencia Provincial de Madrid n.º 97/2018, de 15 de marzo, ECLI:ES:APM:2018:5584,** señala:

> «Su naturaleza consiste en la transferencia temporalmente limitada de la posesión inmediata de un bien inmueble, y de todas las condiciones de uso del mismo, a cambio de un precio cierto.
>
> Si se trata de un contrato para usos de vivienda, parece que habrá que insistir en las características de la vivienda, como lugar cerrado y físicamente delimitado en la superficie de un inmueble, que constituye la sede permanente y estable de la persona, donde se satisfacen las necesidades primarias de la convivencia del ser humano.
>
> (...)
>
> En este sentido es luminoso el concepto de habitabilidad del Art.2 L.A.U. de 1994 que nos dice: 1. Se considera arrendamiento de vivienda aquel arrendamiento que recae sobre una edificación habitable, cuyo destino primordial sea satisfacer la necesidad permanente de vivienda del arrendatario.
>
> Noción legal que da pie a reiterada doctrina jurisprudencial, que caracteriza el núcleo esencial del contrato en el hecho de que el inmueble arrendado sea adecuado para satisfacer las necesidades de morada o residencia, donde la persona o la familia desarrollan la intimidad de su existencia, constituyendo su hogar o sede de la vida doméstica (...)».

¿Puede el arrendamiento de vivienda perder esta condición si el arrendatario no tiene en ella su vivienda permanente? Pues bien, a este respecto, el artículo 7 de la LAU señala que dicho arrendamiento de vivienda no va a perder esta condición aun cuando el arrendatario no tenga en la finca arrendada su vivienda permanente, siempre y cuando en ella habiten su cónyuge no separado legalmente o de hecho, o sus hijos dependientes.

En relación con lo anterior, en un caso de ocupación de la vivienda arrendada por la familia del arrendatario, la **Audiencia Provincial de Las Palmas n.º 327/2017, de 25 de septiembre, ECLI:ES:APGC:2017:1394**, declara que *«(...) tan solo cabe entender amparada por dicho contrato la ocupación de la vivienda arrendada por el cónyuge y los hijos dependientes del titular arrendaticio cuando éste no tenga en la finca arrendada su vivienda permanente, sin que quepa extender tal cobertura a los hijos no dependientes. Esto es, la continuidad en la vivienda por parte de hijos no dependientes de quien ha abandonado definitivamente la vivienda como residencia habitual ha de ser tenida por cesión (...)».*

Asimismo, también se aplicarán las **normas reguladoras del arrendamiento de vivienda a los siguientes elementos**, siempre que se arrienden de forma conjunta con la vivienda:

- El mobiliario.
- Los trasteros.
- Las plazas de garaje.
- Cualesquiera otras dependencias, espacios arrendados o servicios cedidos como accesorios de la finca por el mismo arrendador.

En este sentido, la **Audiencia Provincial de Madrid en su sentencia n.º 24/2012, de 27 de enero, ECLI:ES:APM:2012:1040**, dispone que *«"(...)* **las normas reguladoras del arrendamiento de vivienda se aplicarán también al mobiliario, los trasteros, las plazas de garaje y cualesquiera otras dependencias, espacios arrendados o servicios cedidos como accesorios de la finca por el mismo arrendador"**, de forma, que salvo pacto en contrario, deben entenderse como incluidos con el arrendamiento principal de la vivienda los referidos anejos o accesorios, que deberán regirse por las mismas normas que las del arrendamiento de vivienda. *En caso contrario no estaríamos ante un arrendamiento de vivienda sino ante un arrendamiento para uso distinto de la vivienda. Por ello desde el momento en el que el arrendatario demandante tomó posesión de la vivienda mediante la entrega de las llaves a la firma del contrato, debe entenderse que tomó también posesión de los anejos o accesorios a la vivienda tales como el trastero, la plaza de garaje y los espacios comunes en el que se haya ubicada la piscina, accesorios o anejos (...)».*

> **CUESTIÓN**
>
> **¿Cuáles son las diferencias entre un contrato de estacionamiento y un contrato de arrendamiento de una plaza de garaje en una vivienda?**
>
> A propósito de una acción de responsabilidad contractual por incumplimiento de las obligaciones del arrendador, la **Audiencia Provincial de Tenerife n.º 158/2019, de 28 de marzo, ECLI:ES:APTF:2019:466**, especifica que «(...) no nos encontramos ante un contrato de los que se han denominado de —estacionamiento—, de —parking— o de —garaje—, sino ante un **contrato de arrendamiento de vivienda que comprende como accesorio una plaza de garaje y un trastero**, en los términos que recoge el art. 2 de la LAU. Y esta diferencia es esencial porque el primero (si bien con matizaciones derivadas de cada caso concreto), se viene manteniendo que es un contrato especial, de carácter complejo, con elementos propios del contrato de

depósito y del arrendamiento, y en virtud del cual el arrendador se obliga a ceder el uso de un espacio físico apto para el estacionamiento del vehículo y a vigilar el elemento mueble depositado en el mismo durante el tiempo en el que el usuario lo deje a su cuidado, mediante la percepción de una contraprestación, generalmente por horas o días (STS de 22-10-96, entre otras). El segundo, por el contrario, es un contrato de arrendamiento de vivienda, cuyas normas reguladoras se aplican también a la plaza de garaje, esto es, debe estarse a lo dispuesto en la LAU, lo pactado por las partes, y, supletoriamente por el Código civil (art. 4 LAU)».

RESOLUCIÓN RELEVANTE

Arrendamiento de plazas de garaje.

Resolución de la DGRN (hoy, Dirección General de Seguridad Jurídica y Fe Pública) de 3 de marzo de 2004

«(...) el arrendamiento de plazas de garaje no está sometido a la Ley de Arrendamientos Urbanos, salvo en el caso de que el arrendamiento de la plaza sea accesorio del de la vivienda, y ello porque, a los efectos de la misma debe considerarse que tales plazas de garaje no constituyen edificación —ya que en ellas la edificación es algo accesorio, siendo lo esencial la posibilidad de guardar un vehículo; tales plazas de aparcamiento no se hallan enumeradas en los supuestos de arrendamiento para uso distinto de vivienda a que se refiere el artículo 3.2 de la Ley— siquiera esta enumeración sea ejemplificativa, ni en la Exposición de Motivos de la Ley cuando dice (apartado 3) que "la ley abandona la distinción tradicional entre arrendamientos de vivienda y arrendamientos de locales de negocio y asimilados para diferenciar entre arrendamientos de vivienda, que son aquellos dedicados a satisfacer la necesidad de vivienda permanente del arrendatario, su cónyuge o sus hijos dependientes, y arrendamientos para usos distintos al de vivienda, categoría ésta que engloba los arrendamientos de segunda residencia, los de temporada, los tradicionales de local de negocio y los asimilados a éstos"».

Régimen aplicable

Los **arrendamientos** regulados en la LAU se someterán de forma imperativa a lo dispuesto en los títulos I y IV y, en los apartados 2 a 6 del artículo 4 de la citada norma. Así, el tenor literal del artículo 4 de la Ley de Arrendamientos Urbanos es el que sigue:

«1. Los arrendamientos regulados en la presente Ley se someterán de forma imperativa a lo dispuesto en los títulos I y IV de la misma y a lo dispuesto en los apartados siguientes de este artículo.

2. Respetando lo establecido en el apartado anterior, los arrendamientos de vivienda se regirán por los pactos, cláusulas y condiciones determinados por la voluntad de las partes, en el marco de lo establecido en el título II de la presente ley y, supletoriamente, por lo dispuesto en el Código Civil.

Se exceptúan de lo así dispuesto los arrendamientos de viviendas cuya superficie sea superior a 300 metros cuadrados o en los que la renta inicial en cómputo anual exceda de 5,5 veces el salario mínimo interprofesional en cómputo anual y el arrendamiento corresponda a la totalidad de la vivienda. Estos arrendamientos se regirán por la voluntad de las partes, en su defecto, por lo dispuesto en el Título II de la presente ley y, supletoriamente, por las disposiciones del Código Civil.

3. Sin perjuicio de lo dispuesto en el apartado 1, los arrendamientos para uso distinto del de vivienda se rigen por la voluntad de las partes, en su defecto, por lo dispuesto en el título III de la presente ley y, supletoriamente, por lo dispuesto en el Código Civil.

4. La exclusión de la aplicación de los preceptos de esta ley, cuando ello sea posible, deberá hacerse de forma expresa respecto de cada uno de ellos.

5. Las partes podrán pactar la sumisión a mediación o arbitraje de aquéllas controversias que por su naturaleza puedan resolverse a través de estas formas de resolución de conflictos, de conformidad con lo establecido en la legislación reguladora de la mediación en asuntos civiles y mercantiles y del arbitraje.

6. Las partes podrán señalar una dirección electrónica a los efectos de realizar las notificaciones previstas en esta ley, siempre que se garantice la autenticidad de la comunicación y de su contenido y quede constancia fehaciente de la remisión y recepción íntegras y del momento en que se hicieron».

Así pues, a mayor abundamiento, se **excluyen** de lo así regulado, los arrendamientos siguientes:

- Los **arrendamientos de viviendas cuya superficie sea superior a 300 metros cuadrados.**

- Aquellos en los que la **renta inicial en cómputo anual exceda de 5,5 veces el salario mínimo interprofesional en cómputo anual y el arrendamiento corresponda a la totalidad de la vivienda.**

Los arrendamientos anteriores se regirán por la voluntad de las partes, en su defecto, por lo dispuesto en el título II de la LAU y, supletoriamente, por las disposiciones del Código Civil.

A TENER EN CUENTA. Las partes podrán pactar la sumisión a mediación o arbitraje de aquellas controversias que por su naturaleza puedan resolverse a través de estas formas de resolución de conflictos, de acuerdo con lo dispuesto en la legislación reguladora de la mediación en asuntos civiles y mercantiles y del arbitraje (artículo 4.5 de la LAU).

No obstante lo anterior, en aquellos casos en que sea posible excluir la aplicación de los preceptos de la LAU, señala el artículo 4.4 de la LAU que deberá hacerse la exclusión de forma expresa respecto de cada uno de ellos.

CUESTIONES

1. ¿Podrán las partes señalar una dirección electrónica para realizar las notificaciones reguladas en la LAU?

Sí, conforme al artículo 4.6 de la LAU. Las partes podrán determinar una dirección electrónica a los efectos de realizar las notificaciones previstas en el citado texto legal, siempre que:

- Se garantice la autenticidad de la comunicación y de su contenido.

- Quede constancia fehaciente de la remisión y recepción íntegras y del momento en que se hicieron.

2. ¿Podrán incluirse pactos que cambien, en perjuicio del arrendatario, las reglas del título II de la LAU?

Como regla general, no, así se infiere del artículo 6 de la LAU cuando dice que, salvo que la norma lo autorice expresamente, las estipulaciones que modifiquen en perjuicio del arrendatario o subarrendatario las normas del título II de la LAU son nulas y se tendrán por no puestas.

Cesión del contrato de arrendamiento y subarriendo (artículo 8 de la LAU)

Lo relativo a la cesión del contrato y subarriendo se regula en el artículo 8 de la Ley de Arrendamientos Urbanos. A tenor de lo dispuesto en el mencionado precepto, el contrato no se podrá **ceder** por el arrendatario sin el consentimiento escrito del arrendador, en dicho caso, el cesionario se subrogará en la posición del cedente frente al arrendador.

No obstante, la **Audiencia Provincial de Madrid en su sentencia n.º 233/2013, de 10 de mayo, ECLI:ES:APM:2013:11139**, aclara que *«por lo que al **consentimiento tácito** se refiere, es verdad que aunque el vigente art. 8 de la L.A.U del 94 (...), exige para la validez de la cesión el **consentimiento escrito del arrendador** en evitación de que el arrendador pueda promover la resolución del contrato con base en el art. 27.2 c), al igual que lo exigía el art. 23.2 de la aplicable L.A.U del 64 para evitar que el contrato pudiera resolverse a instancia del arrendador por cesión de la vivienda con base en el invocado art.114. 5ª de la referida L.A.U, la jurisprudencia del T.S. había matizado dicha exigencia formalista cuando la conformidad constara de forma indubitada, mediante actos claros, expresos y concluyentes, de forma que la sola ausencia de formalismo escrito no podía dar lugar en beneficio del arrendador a la resolución del contrato (...)».*

En palabras de la Audiencia Provincial de Cádiz en la sentencia n.º 70/2014, de 28 de marzo, ECLI:ES:APCA:2014:544, estaríamos ante un *«(...) contrato trilateral, en cuanto en que han de intervenir tres voluntades para formar el consentimiento, y mediante el que se sustituye una de las partes de un contrato con prestaciones recíprocas, que todavía no han sido cumplidas y existen al tiempo de realizarse la cesión. Todo ello queda bien resumido en la sentencia del Tribunal Supremo de 29/junio/2006, a cuyo tenor: "La cesión del contrato implica la transmisión de la relación contractual en su integridad, admitida en el ordenamiento a través de la doctrina jurisprudencial (sentencia de 7 de noviembre de 1998), que sin afectar a la vida y virtualidad del contrato que continúa en vigor, mantiene sus derechos y obligaciones con los que son continuadores de los contratantes (sentencia de 4 de abril de 1990) y la primitiva relación contractual se amplía a un tercero, pasando al cesionario sus efectos (sentencia de 4 de febrero de 1993). Su esencia es, pues, la sustitución de uno de los sujetos del contrato y la permanencia objetiva de la relación contractual (vid. también las sentencias de 19 de septiembre de 1998 y 27 de noviembre de 1998). Por lo cual, es evidente que requiere el consentimiento del contratante cedido; es, pues, necesaria la conjunción de tres voluntades contractuales (que destaca la sentencia de 5 de marzo de 1994)"».*

Con mayor razón, podemos mencionar la **sentencia de la Audiencia Provincial de Madrid n.º 382/2016, de 11 de octubre, ECLI:ES:APM:2016:15506**, en la que se establece la diferencia entre el abandono de la vivienda familiar alquilada por el cónyuge no arrendatario y el que se produce por parte del cónyuge arrendatario, de modo que «*(...) el abandono de la vivienda familiar alquilada por parte del cónyuge no arrendatario, la atribución del uso en proceso matrimonial al cónyuge arrendatario y el fallecimiento del cónyuge no arrendatario resultaría radicalmente intranscendente e irrelevante para la relación arrendaticia urbana de vivienda (no serían de aplicación los artículos 12, 15 y 16 de la Ley de Arrendamientos Urbanos). Por el contrario, el abandono de la vivienda familiar alquilada por parte del cónyuge arrendatario, la atribución del uso en proceso matrimonial al cónyuge no arrendatario y el fallecimiento del cónyuge arrendatario, continuando única y exclusivamente el cónyuge no arrendatario en el uso y disfrute de la vivienda familiar alquilada supondría una cesión de vivienda que, de no ser consentida por el arrendador, le facultaría para instar la resolución de la relación jurídico arrendaticia (letra c del número 2 del artículo 27 de la Ley de Arrendamientos Urbanos), lo que el legislador trata de evitar concediendo al cónyuge no arrendatario la posibilidad de una cesión legal a su favor que, aun no siendo consentida por el arrendador, este deba soportarla siempre que se cumplan los requisitos legales (...)*».

En cuanto al **subarriendo de la vivienda arrendada** solo podrá hacerse de forma parcial y previo consentimiento escrito del arrendador. Se regirá por lo previsto para el arrendamiento de vivienda en el título II de la LAU cuando la parte de la finca subarrendada se destine por el subarrendatario a satisfacer la necesidad permanente de vivienda, en caso contrario, se regirá por lo pactado entre las partes.

CUESTIONES

1. ¿Cuándo se extinguirá el derecho del subarrendatario?

El derecho del subarrendatario se extinguirá, en todo caso, cuando se extinga el del arrendatario que subarrendó (art. 8.2 de la LAU).

2. ¿Cuál será el precio del subarriendo?

Conforme al último párrafo del artículo 8.2 de la LAU, el precio del subarriendo no podrá exceder, en ningún caso, del que corresponda al arrendamiento.

RESOLUCIÓN RELEVANTE

Sentencia de la Audiencia Provincial de Murcia n.º 717/2020, de 3 de septiembre, ECLI:ES:APMU:2020:1587

«Por otro lado, constando como consta que, tras la suscripción del contrato que nos ocupa, la demandada entró en posesión de la vivienda objeto del mismo y ha estado poseyéndola y habitando en ella de forma pacífica y sin intromisión, interrupción ni perturbación alguna hasta el mes de agosto de 2018, pierde relevancia el hecho de que, con el escrito de demanda, no se hubiera justificado documentalmente la condición de arrendataria de la parte actora, (...). En todo caso, justifica documentalmente la actora, mediante aportación de documentos que, con carácter complementario, fueron admitidos en el acto de la vista oral, la existencia de un previo contrato de arrendamiento suscrito con la entidad propietaria del inmueble (contrato cuya fecha debe ser tenida como cierta al constar su declaración a efectos fiscales)".

> *"manifiesta la parte demandada que el contrato de subarrendamiento litigioso es nulo en aplicación de lo dispuesto en el art. 8.2 de la LAU conforme al cual 'la vivienda arrendada sólo se podrá subarrendar de forma parcial y previo consentimiento escrito del arrendador' tratándose, en este caso, de un subarrendamiento total.*
>
> *Pues bien, debe tenerse en cuenta que la infracción de lo dispuesto en dicho precepto - art. 8.2- no acarrea la nulidad del contrato de subarrendamiento pues dicha consecuencia sólo tiene lugar cuando la norma infringida sea de naturaleza imperativa (art. 6.3 del C.c.) y el art. 7 de la LAU que 'son nulas, y se tendrán por no puestas, las estipulaciones que modifiquen en perjuicio del arrendatario o subarrendatario las normas del presente Título, salvo los casos en que la propia norma expresamente lo autorice'. Por tanto, resulta extraño que, precisamente, sea la parte subarrendataria, que en virtud del contrato de subarrendamiento total entró en posesión de la vivienda y ha estado habitando en ella, invoque el art. 8.2 de la LAU como motivo para no pagar las rentas. En definitiva, si bien el subarrendamiento que nos ocupa, al ser total, es contrario al art. 8.2, ello no implica nulidad del contrato, por no afectar dicha infracción a los derechos del subarrendatario o en su perjuicio".*
>
> *Se desestima el anterior motivo, aceptándose a este fin íntegramente lo razonado en instancia, y antes referido, pues lo dispuesto en el artículo 8 LAU en modo alguno justifica la desestimación de la reclamación de rentas formulada con base en el contrato de subarrendamiento suscrito entre las partes, y ello una vez que la parte demandada y apelante entró en la posesión total de la vivienda y estuvo disfrutando la misma en su condición de subarrendataria, por lo que el subarriendo total de la vivienda no perjudicó los derechos de la misma, no estimándose, por tanto, infringido el artículo 6 LAU, de ahí que ninguna consecuencia se puede pretender con base en la cesión total del inmueble y ello, además, teniendo en consideración el hecho de que la sentencia recurrida rebajó el importe de las rentas reclamadas al fijado en el contrato de arrendamiento, con base en lo dispuesto en el artículo 8 in fine de la LAU».*

3.1. Duración y prórroga del contrato de arrendamiento de vivienda

A la duración del contrato de arrendamiento de vivienda se refiere el capítulo II, título II, artículos 9 a 16 de la Ley de Arrendamientos Urbanos.

Plazo mínimo de duración del contrato de arrendamiento de vivienda (artículo 9 de la LAU)

El artículo 9 de la Ley de Arrendamientos Urbanos establece que la duración del arrendamiento será pactada de manera libre por las partes. Sin perjuicio de esta regla general, se prevé la **prórroga obligatoria del arrendamiento** hasta que se alcance la duración mínima prevista legalmente. **¿En qué consiste dicha prórroga obligatoria?** Pues bien, tendrá lugar la prórroga obligatoria en el caso de que la duración pactada del arrendamiento fuera inferior a 5 años —a 7 años en caso de arrendador persona jurídica—, y la misma será por plazos anuales hasta alcanzar los 5 o, en su caso, los 7 años referidos.

¿Existe alguna excepción a esta prórroga obligatoria? Sí, el caso de que el arrendatario manifieste al arrendador, con un mínimo de 30 días de antelación a la fecha de terminación del contrato o de cualquiera de las prórrogas, su voluntad de no renovarlo.

CUESTIONES

1. ¿Cuándo comenzará a contarse el plazo de duración del contrato?

El plazo comenzará a contarse desde:

– La fecha del contrato.

– Desde la puesta del inmueble a disposición del arrendatario si fuese posterior, correspondiéndole a este probar la fecha de puesta a disposición.

2. ¿Qué sucede con los arrendamientos sin plazo o con plazo indeterminado?

Cuando se trate de arrendamientos para los que no se haya estipulado plazo de duración alguno o, cuando habiéndose fijado, el mismo sea indeterminado, señala el artículo 9.2 de la LAU que se entenderán aquellos celebrados por un año, esto se entiende, sin perjuicio del derecho de prórroga anual obligatoria del arrendatario en los términos expuestos.

A este respecto, la **Audiencia Provincial de Madrid en su sentencia n.º 391/2019, de 19 de julio, ECLI:ES:APM:2019:7037,** expone que «**a falta de pacto sobre el plazo del contrato ha de partirse de la reiterada afirmación jurisprudencial de que el contrato de arrendamiento y, en consecuencia, el vínculo de tal naturaleza, es incompatible con la intemporalidad,** como claramente se deduce del art. 1.543 del CC, en cuanto desnaturalizaría la esencia y naturaleza del tal vínculo jurídico, lo **que claramente conduce a la ineficacia de aquellas cláusulas contractuales que confiere la facultad de prórroga a instancia del arrendatario, o sea, por su propia y exclusiva voluntad, sin limitación alguna, pues ello supone una manifestación temporal de duración indefinida, inoperante en el arrendamiento** (...)».

Por su parte, el apartado tercero del artículo 9 de la LAU contempla un supuesto en que, dadas determinadas condiciones, tampoco se da la prórroga obligatoria del contrato a pesar de que no se haya alcanzado la duración legalmente prevista, así establece:

«Una vez transcurrido el primer año de duración del contrato y siempre que el arrendador sea persona física, no procederá la prórroga obligatoria del contrato cuando, al tiempo de su celebración, se hubiese hecho constar en el mismo, de forma expresa, la necesidad para el arrendador de ocupar la vivienda arrendada antes del transcurso de cinco años para destinarla a vivienda permanente para sí o sus familiares en primer grado de consanguinidad o por adopción o para su cónyuge en los supuestos de sentencia firme de separación, divorcio o nulidad matrimonial.

Para ejercer esta potestad de recuperar la vivienda, el arrendador deberá comunicar al arrendatario que tiene necesidad de la vivienda arrendada, especificando la causa o causas entre las previstas en el párrafo anterior, al menos con dos meses de antelación a la fecha en la que la vivienda se vaya a necesitar y el arrendatario estará obligado a entregar la finca arrendada en dicho plazo si las partes no llegan a un acuerdo distinto.

Si transcurridos tres meses a contar de la extinción del contrato o, en su caso, del efectivo desalojo de la vivienda, no hubieran procedido el arrendador o sus familiares en primer grado de consanguinidad o por adopción o su cónyuge en los supuestos de sentencia firme de separación, divorcio o nulidad matrimonial a ocupar esta por sí, según los casos, el arrendatario podrá optar, en el plazo de treinta días, entre ser repuesto en el uso y disfrute de la vivienda arrendada por un nuevo período de hasta cinco años, respetando, en lo demás, las condiciones contractuales existentes al tiempo de la extinción, con indemnización de los gastos que el desalojo de la vivienda le hubiera supuesto hasta el momento de la reocupación, o ser indemnizado por una cantidad equivalente a una mensualidad por cada año que quedara por cumplir hasta completar cinco años, salvo que la ocupación no hubiera tenido lugar por causa de fuerza mayor, entendiéndose por tal, el impedimento provocado por aquellos sucesos expresamente mencionados en norma de rango de Ley a los que se atribuya el carácter de fuerza mayor, u otros que no hubieran podido preverse, o que, previstos, fueran inevitables».

En resumen, los requisitos para que no proceda la prórroga obligatoria en el caso anterior son:

- Haya transcurrido el **primer año** de duración del contrato.
- El arrendador sea **persona física**.
- Al tiempo de celebrar el contrato, se haya hecho constar en él, de **forma expresa, la necesidad del arrendador** de ocupar la vivienda arrendada antes del transcurso de 5 años para destinarla a vivienda permanente para sí o sus familiares en primer grado de consanguinidad o por adopción o para su cónyuge en los supuestos de sentencia firme de separación, divorcio o nulidad matrimonial.
- **Preaviso**: el arrendador tendrá que comunicar al arrendatario que tiene necesidad de la vivienda arrendada, especificando la causa o causas al menos con 2 meses de antelación a la fecha en la que la vivienda se necesite. El arrendatario estará obligado a entregar la finca arrendada en dicho plazo si las partes no llegan a un acuerdo distinto.

¿Qué sucederá en caso de que no se ocupe la vivienda? Transcurridos 3 meses desde la extinción de contrato o desde el desalojo de la vivienda, en su caso, sin que se ocupe la misma por el arrendador, familiares o cónyuge, según corresponda, el arrendatario podrá optar, en el plazo de 30 días, entre:

- Ser repuesto en el uso y disfrute de la vivienda arrendada por un nuevo período de hasta cinco años, respetando, en lo demás, las condiciones contractuales existentes al tiempo de la extinción, con indemnización de los gastos que el desalojo de la vivienda le hubiera supuesto hasta el momento de la reocupación.
- Ser indemnizado por una cantidad equivalente a una mensualidad por cada año que quedara por cumplir hasta completar cinco años.

Se exceptúa de lo anterior el caso en que la ocupación no hubiera tenido lugar por causa de fuerza mayor, entendiéndose por tal, el impedimento provocado por aquellos sucesos expresamente mencionados en norma de rango de ley a los que se atribuya el carácter de fuerza mayor, u otros que no hubieran podido preverse, o que, previstos, fueran inevitables.

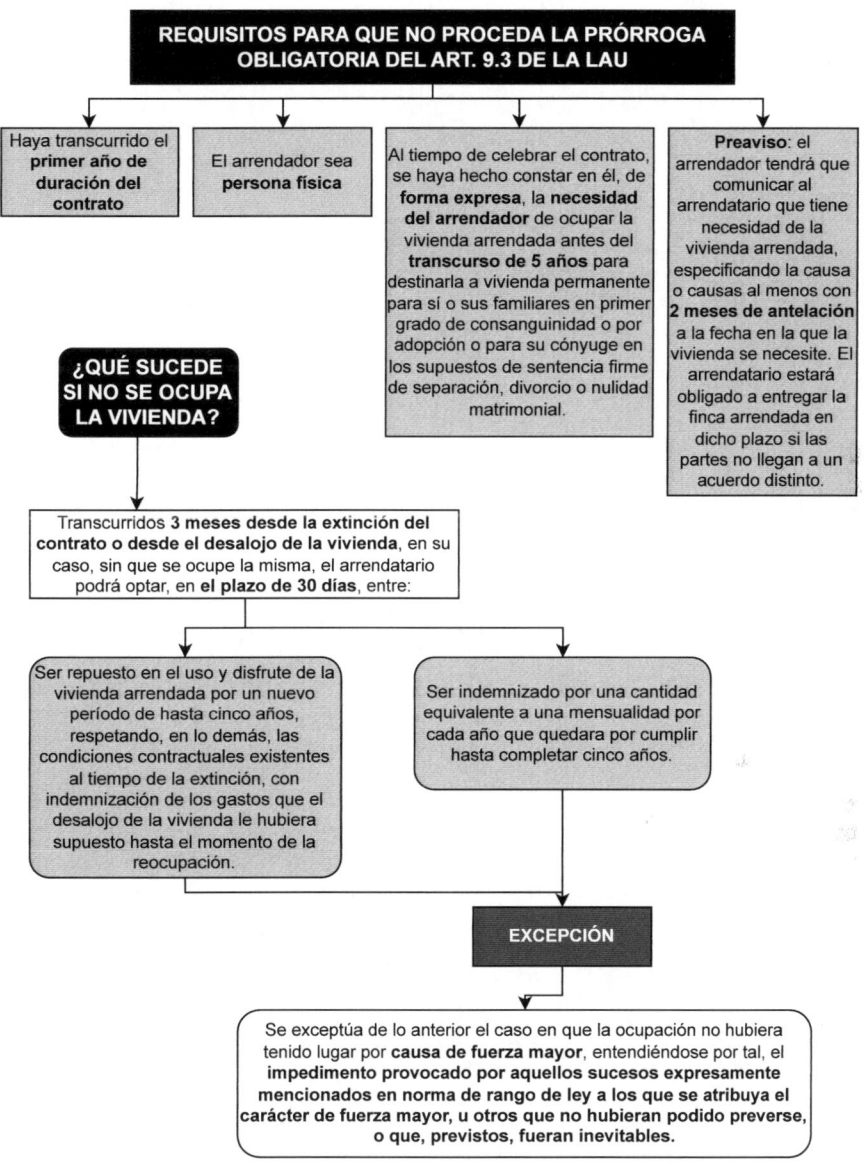

REQUISITOS PARA QUE NO PROCEDA LA PRÓRROGA OBLIGATORIA DEL ART. 9.3 DE LA LAU

Haya transcurrido el **primer año de duración del contrato**

El arrendador sea **persona física**

Al tiempo de celebrar el contrato, se haya hecho constar en él, de **forma expresa**, la **necesidad del arrendador** de ocupar la vivienda arrendada antes del **transcurso de 5 años** para destinarla a vivienda permanente para sí o sus familiares en primer grado de consanguinidad o por adopción o para su cónyuge en los supuestos de sentencia firme de separación, divorcio o nulidad matrimonial.

Preaviso: el arrendador tendrá que comunicar al arrendatario que tiene necesidad de la vivienda arrendada, especificando la causa o causas al menos con **2 meses de antelación** a la fecha en la que la vivienda se necesite. El arrendatario estará obligado a entregar la finca arrendada en dicho plazo si las partes no llegan a un acuerdo distinto.

¿QUÉ SUCEDE SI NO SE OCUPA LA VIVIENDA?

Transcurridos **3 meses desde la extinción del contrato o desde el desalojo de la vivienda**, en su caso, sin que se ocupe la misma, el arrendatario podrá optar, en **el plazo de 30 días**, entre:

Ser repuesto en el uso y disfrute de la vivienda arrendada por un nuevo período de hasta cinco años, respetando, en lo demás, las condiciones contractuales existentes al tiempo de la extinción, con indemnización de los gastos que el desalojo de la vivienda le hubiera supuesto hasta el momento de la reocupación.

Ser indemnizado por una cantidad equivalente a una mensualidad por cada año que quedara por cumplir hasta completar cinco años.

EXCEPCIÓN

Se exceptúa de lo anterior el caso en que la ocupación no hubiera tenido lugar por **causa de fuerza mayor**, entendiéndose por tal, el **impedimento provocado por aquellos sucesos expresamente mencionados en norma de rango de ley a los que se atribuya el carácter de fuerza mayor**, u otros que no hubieran podido preverse, o que, previstos, fueran inevitables.

57

En relación con la posibilidad del artículo 9.3 de la LAU resulta interesante traer a colación su evolución atendiendo a las distintas modificaciones de las que ha sido objeto. Así, cabe destacar la **sentencia de la Audiencia Provincial de Barcelona n.º 197/2022, de 22 de abril, ECLI:ES:APB:2022:4363**, que señala:

> «De la comparación de las distintas redacciones, podemos extraer las siguientes **conclusiones**:
>
> * Para los **contratos suscritos entre 6-6-2013 y 5-3-2019**, la facultad de denegar de prórroga la tiene cualquier tipo de arrendador, persona física o jurídica y puede ejercitarla con independencia de que se hubiera reflejado o no en el contrato. Asimismo, no es preciso que, al denegarla, el arrendador especifique la causa concreta por la que lo hace. Sólo debe indicar al arrendatario que tiene necesidad de la vivienda arrendada para destinarla a vivienda permanente para sí o sus familiares en primer grado de consanguinidad o por adopción o para su cónyuge en los supuestos de sentencia firme de separación, divorcio o nulidad matrimonial.
>
> * Dentro de este periodo, para los **contratos firmados entre 19-12-2018 y 23-1-2019**, vigente la reforma de la LAU art.9.3 llevada a cabo por el RDL 21/2018, se introduce la novedad del concepto de fuerza mayor, que ahora reproduce la norma vigente y la adecuación de los plazos de reocupación y cálculo de indemnizaciones, en caso de no ocupar la vivienda el arrendador que denegó la prórroga, a los establecidos en ese momento como plazo mínimo legal del contrato (5 o 7 años).
>
> * Con efectos para los **contratos suscritos a partir de 6-3-2019**, la denegación requiere:
>
> Que el arrendador sea una persona física. No existe, por tanto, la posibilidad de denegar la prórroga cuando el arrendador es una persona jurídica.
>
> Que se hubiera hecho constar expresamente en el contrato la necesidad de ocupar la vivienda, antes de que transcurra el mínimo de cinco años, para destinarla a vivienda permanente del arrendador o sus familiares.
>
> Que, de forma expresa, el arrendador especifique la causa por la que necesita recuperar la vivienda (para su propia residencia, de sus familiares...).
>
> El arrendador debe comunicar esta circunstancia al arrendatario con una antelación mínima de dos meses a la fecha en la que la vivienda se vaya a necesitar.
>
> Si las partes no llegan a otro acuerdo, el arrendatario está obligado a entregar la vivienda arrendada en ese plazo de 2 meses.
>
> Por su parte, el arrendador o sus familiares deben ocupar la vivienda en el plazo de tres meses desde la extinción del contrato, de no hacerlo así, el arrendatario tiene las siguientes opciones:
>
> - ser repuesto en el uso y disfrute de la vivienda arrendada por un nuevo período de hasta cinco años, respetando, en lo demás, las condiciones contractuales existentes al tiempo de la extinción, con indemnización de los gastos que el desalojo de la vivienda le hubiera supuesto hasta el momento de la reocupación; o
>
> - ser indemnizado por una cantidad equivalente a una mensualidad de renta por cada año que quede por cumplir hasta completar los cinco años».

Prórroga del contrato de arrendamiento de vivienda

La prórroga del contrato se regula en el artículo 10 de la Ley de Arrendamientos Urbanos, el cual establece lo siguiente:

«1. Si llegada la fecha de vencimiento del contrato, o de cualquiera de sus prórrogas, una vez transcurridos como mínimo cinco años de duración de aquel, o siete años si el arrendador fuese persona jurídica, ninguna de las partes hubiese notificado a la otra, al menos con cuatro meses de antelación a aquella fecha en el caso del arrendador y al menos con dos meses de antelación en el caso del arrendatario, su voluntad de no renovarlo, el contrato se prorrogará obligatoriamente por plazos anuales hasta un máximo de tres años más, salvo que el arrendatario manifieste al arrendador con un mes de antelación a la fecha de terminación de cualquiera de las anualidades, su voluntad de no renovar el contrato.

2. En los contratos de arrendamiento de vivienda habitual sujetos a la presente ley en los que finalice el periodo de prórroga obligatoria previsto en el artículo 9.1, o el periodo de prórroga tácita previsto en el artículo 10.1, podrá aplicarse, previa solicitud del arrendatario, una prórroga extraordinaria del plazo del contrato de arrendamiento por un periodo máximo de un año, durante el cual se seguirá aplicando los términos y condiciones establecidos para el contrato en vigor. Esta solicitud de prórroga extraordinaria requerirá la acreditación por parte del arrendatario de una situación de vulnerabilidad social y económica sobre la base de un informe o certificado emitido en el último año por los servicios sociales de ámbito municipal o autonómico y deberá ser aceptada obligatoriamente por el arrendador cuando este sea un gran tenedor de vivienda de acuerdo con la definición establecida en la Ley 12/2023, de 24 de mayo, por el derecho a la vivienda, salvo que se hubiese suscrito entre las partes un nuevo contrato de arrendamiento.

3. En los contratos de arrendamiento de vivienda habitual sujetos a la presente ley, en los que el inmueble se ubique en una zona de mercado residencial tensionado y dentro del periodo de vigencia de la declaración de la referida zona en los términos dispuestos en la legislación estatal en materia de vivienda, finalice el periodo de prórroga obligatoria previsto en el artículo 9.1 de esta ley o el periodo de prórroga tácita previsto en el apartado anterior, previa solicitud del arrendatario, podrá prorrogarse de manera extraordinaria el contrato de arrendamiento por plazos anuales, por un periodo máximo de tres años, durante los cuales se seguirán aplicando los términos y condiciones establecidos para el contrato en vigor. Esta solicitud de prórroga extraordinaria deberá ser aceptada obligatoriamente por el arrendador, salvo que se hayan fijado otros términos o condiciones por acuerdo entre las partes, se haya suscrito un nuevo contrato de arrendamiento con las limitaciones en la renta que en su caso procedan por aplicación de lo dispuesto en los apartados 6 y 7 del artículo 17 de esta ley, o en el caso de que el arrendador haya comunicado en los plazos y condiciones establecidos en el artículo 9.3 de esta ley, la necesidad de ocupar la vivienda arrendada para destinarla a vivienda permanente para sí

o sus familiares en primer grado de consanguinidad o por adopción o para su cónyuge en los supuestos de sentencia firme de separación, divorcio o nulidad matrimonial.

4. Al contrato prorrogado, le seguirá siendo de aplicación el régimen legal y convencional al que estuviera sometido».

Así pues, se diferencia entre prórroga tácita y prórrogas extraordinarias.

RESOLUCIÓN RELEVANTE

Sentencia de la Audiencia Provincial de Málaga n.º 645/2021, de 28 de octubre, ECLI:ES:APMA:2021:5215

«Las partes celebraron un primer contrato en fecha 1 de julio de 2012 estando vigente el artículo 9º de la LAU. La parte actora señala que se celebraron sucesivos contratos de arrendamiento, hasta el de abril de 2017, y que antes de la expiración del plazo de este último, en abril de 2018, se comunicó con tres meses de preaviso la voluntad de no prorrogarlo. Primeramente, ha de tenerse en consideración que, dada la normativa vigente a la fecha de celebración del primer contrato del año 2012, conforme los preceptos citados, el contrato al ser la duración estipulada inferior a 5 años, llegado el día del vencimiento, esto es, en julio de 2013, el contrato habría de prorrogarse automáticamente de forma obligatoria para el arrendador hasta que completasen cinco años, esto es, en julio de 2017. A partir de dicha fecha y conforme al artículo 10 de la LAU, si ninguna de las partes hubiera notificado a la otra su voluntad de no renovar el contrato con al menos un mes de antelación, el contrato se prorrogaría automáticamente por otros tres años más de forma obligatoria para el arrendador. En este caso consta que en abril de 2017, por tanto antes de la finalización de dicho periodo mínimo de 5 años, se celebró nuevo contrato en el que se estipulaba en cuanto a la duración, la vigencia del contrato será de doce meses a contar desde la fecha de este documento. Llegada la fecha de vencimiento del contrato, esto es, el 1 de abril de 2018, la arrendataria tendrá la obligación de abandonar el inmueble y dejarlo en la misma situación que se encontraba (...). Entiende el Juez de la lectura de la cláusula completa que, cuando finalizó el periodo de prórrogas obligatorias legales de 5 años (mes de julio de 2017), según el art. 9º LAU, ya constaba (desde el anterior mes de abril) una voluntad de la arrendadora de renovar el contrato únicamente por un plazo anual adicional, esto es, hasta abril de 2018 pero se prevé igualmente que llegado dicho vencimiento con antelación de 30 días la arrendadora deberá comunicar a la arrendataria el desalojo para la fecha de expiración del contrato o bien podrá también acordarse la nueva prórroga del contrato por otro periodo adicional de 12 meses, esto es, hasta abril de 2019. En dicha fecha de abril de 2019, esto es, con la nueva y única prórroga pactada en el contrato, ya no será preciso preaviso para la expiración del contrato. Sentado lo anterior, en este caso no consta documentalmente requerimiento alguno a la arrendataria para la expiración del contrato. Compareció como testigo el hijo la demandante quien reconoció que se reunió con la arrendataria y que acordaron una prórroga del contrato último, el firmado en abril de 2017, pactando una subida de renta, pero que, como no pagaba, optaron por demandarla porque no les era rentable el contrato. Dicha prueba testifical permite concluir que en la fecha de presentación de la demanda, agosto de 2018, estaba vigente la prórroga del contrato de abril de 2017, esto es, finalizada la duración pactada del mismo en abril de 2018 las partes acordaron en dicha fecha (conforme permitía la propia dicción del contrato) la prórroga por un año más con subida de renta (según dijo el hijo de la arrendadora en el juicio), esto es, hasta abril de 2019, resultando que antes se interpuso la demanda, sin que conste nueva comunicación a la arrendataria, alegando el propio testigo que se presentó la demanda porque ya no pagaba la renta y no era rentable el alquiler (sin embargo la demanda no se interpone por falta de pago sino por expiración del plazo)».

|| **Prórroga tácita del contrato (artículo 10.1 de la LAU)**

Para que el **contrato de arrendamiento de vivienda se prorrogue tácitamente**, una vez llegada la fecha de vencimiento del mismo, conforme al artículo 10.1 de la LAU, han de darse los siguientes **requisitos**:

- Haber transcurrido la duración mínima del contrato de arrendamiento —5 años o 7 años, en caso de arrendador persona jurídica—.

- Ninguna de las partes haya notificado a la otra la voluntad de no renovarlo:
  - Arrendador: al menos con 4 meses de antelación a la fecha de vencimiento.
  - Arrendatario: al menos con 2 meses de antelación a la fecha de vencimiento.

Cumplidos estos requisitos **¿qué sucederá?** Pues que el contrato se prorrogará automáticamente por plazos anuales hasta un máximo de 3 años más. **¿Existe alguna excepción?** Sí, que el arrendatario manifieste al arrendador con un mes de antelación a la fecha de terminación de cualquiera de las anualidades, su voluntad de no renovar el contrato.

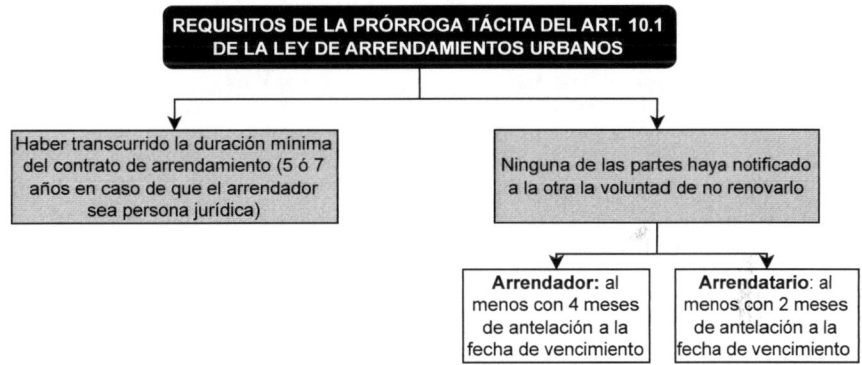

|| **Prórrogas extraordinarias (artículo 10.2 y 3 de la LAU)**

La nueva Ley 12/2023, de 24 de mayo, por el derecho a la vivienda, recoge dos prórrogas extraordinarias del contrato de arrendamiento de vivienda habitual.

En primer lugar, una **prórroga legal extraordinaria del plazo por un periodo máximo de 1 año**:

- Finalizado el periodo de prórroga obligatoria del artículo 9.1 de la LAU o la prórroga tácita del artículo 10.1 de la LAU, en su caso.

- Previa solicitud del arrendatario.

- Requerirá la acreditación por el arrendatario de una **situación de vulnerabilidad social y económica** sobre la base de un informe o certificado emitido en el último año por los servicios sociales de ámbito municipal o autonómico.

- Deberá ser aceptada obligatoriamente por el arrendador cuando este sea un gran tenedor de vivienda, salvo que se hubiese suscrito entre las partes un nuevo contrato de arrendamiento.

Durante esta prórroga se seguirá aplicando los términos y condiciones establecidos para el contrato en vigor.

CUESTIÓN

¿Qué se entiende por gran tenedor según la Ley 12/2023, de 24 de mayo, por el derecho a la vivienda?

Conforme al artículo 3, letra k, de la Ley 12/2023, de 24 de mayo, es la persona física o jurídica que sea titular de más de diez inmuebles urbanos de uso residencial o una superficie construida de más de 1.500 m^2 de uso residencial, excluyendo en todo caso garajes y trasteros. Esta definición podrá ser particularizada en la declaración de entornos de mercado residencial tensionado hasta aquellos titulares de cinco o más inmuebles urbanos de uso residencial ubicados en dicho ámbito, cuando así sea motivado por la comunidad autónoma en la correspondiente memoria justificativa.

En segundo lugar, una **prórroga legal extraordinaria por plazos anuales, por un periodo máximo de 3 años**:

- Se trate de arrendamiento de vivienda habitual en los que el **inmueble se ubique en una zona de mercado residencial tensionado** durante el periodo de vigencia de la declaración.

- Finalizado el periodo de prórroga obligatoria o prórroga tácita, en su caso.

- Previa solicitud del arrendatario.

- Deberá ser aceptada obligatoriamente por el arrendador (sea gran tenedor o no), salvo que:

  - Se hayan fijado otros términos o condiciones por acuerdo entre las partes.

  - Se haya suscrito un nuevo contrato de arrendamiento con las limitaciones en la fijación de la renta que en su caso procedan conforme al artículo 17, apartados 6 y 7, de la LAU.

  - En el caso de que el arrendador haya comunicado en los plazos y condiciones establecidos en el artículo 9.3 de la LAU, la necesidad de ocupar la vivienda arrendada para destinarla a vivienda permanente para sí o sus familiares en primer grado de consanguinidad o por adopción o para su cónyuge en los supuestos de sentencia firme de separación, divorcio o nulidad matrimonial.

También durante esta prórroga se seguirá aplicando los términos y condiciones establecidos para el contrato en vigor.

CUESTIÓN

¿Qué se entiende por zona de mercado residencial tensionado según la Ley 12/2023, de 24 de mayo, por el derecho a la vivienda?

A estos efectos cabe traer a colación el artículo 18 de la Ley 12/2023, de 24 de mayo, por el derecho a la vivienda, en el que se regula lo relativo a la declaración de las zonas de mercado residencial tensionado, en este sentido, prevé que las Administraciones competentes en materia de vivienda puedan declarar, de acuerdo con los criterios y procedimientos establecidos en su normativa reguladora y en el ámbito de sus respectivas competencias, zonas de mercado residencial tensionado a los efectos de orientar las actuaciones públicas en materia de vivienda en aquellos ámbitos territoriales en los que exista un especial riesgo de oferta insuficiente de vivienda para la población, en condiciones que la hagan asequible para su acceso en el mercado, de acuerdo con las diferentes necesidades territoriales.

RESOLUCIONES RELEVANTES

Negativa del arrendatario a recibir la notificación de «no prórroga» del arrendamiento.

Sentencia de la Audiencia Provincial de Toledo n.º 309/2018, de 25 de octubre, ECLI:ES:APTO:2018:995

«Llegados a este punto conviene poner de manifiesto que ha quedado acreditada la voluntad inequívoca de no prorrogar por parte del arrendador y que la notificación intentada surte efectos de notificación pues para que esta resulte efectiva se exige una colaboración de la persona a quien va dirigida y su falta de colaboración no puede equivaler a "no notificación" como amparo legal a la no concurrencia de causa de extinción. El hecho de que la notificación no haya podido llegar de modo efectivo a su destinatario no es óbice para que se tenga por cumplido el requisito legal, puesto que consta en los burofax citados que la comunicación no pudo ser entregada en dos ocasiones por encontrarse ausente del domicilio dejando aviso, sin pasar a recogerlo y con ello ha de entenderse cumplida la obligación citada habiendo actuado el actor/ apelado con la diligencia exigible siendo el demandado apelante el que ha de disponer lo necesario para el éxito o eficacia de la notificación que debe practicársele y quien debe asumir las consecuencias de que tal notificación intentada en el domicilio no haya podido practicarse por causa a ellos imputables.

Si esto es así, y claramente el arrendador/actor acredita haber notificado su voluntad de no prorrogar el arriendo, encontrándose en situación de prórroga, es clara la procedencia de estimar la acción confirmando en este punto las alegaciones contenidas en la sentencia de instancia».

Responsabilidad del fiador solidario con respecto a las obligaciones derivadas del arrendamiento.

Sentencia de la Audiencia Provincial de Pontevedra n.º 333/2019, de 21 de junio, ECLI:ES:APPO:2019:1538

«La STS de 14 de abril de 2004 analiza un supuesto en el que el recurrente, que resultó condenado, se constituía junto con otros en fiador solidario de todas las obligaciones asumidas por la arrendataria en un contrato de arrendamiento y en sus posibles prórrogas, y la garantía personal se extendía por voluntad de las partes a todo el tiempo en que la arrendataria siguiera en posesión de la industria. En dicha sentencia se dispone que 'Es cierto que la tácita reconducción genera una nueva relación de arrendamiento, como ha declarado reiteradamente la jurisprudencia (Sentencias de 30 de diciembre de 1.981, 14 de junio de 1.984, 20 de septiembre de 1.989, 15 de octubre de 1.996 ...), con la consecuencia de que, como resultado de ese efecto

novatorio extintivo, los terceros garantes queden liberados (artículo 1.567 del Código Civil)', pero se añade que la ratio de la decisión 'se identifica con el entendimiento de que la voluntad de las partes del contrato de fianza, incorporado al de arrendamiento, fue la de garantizar el pago de la prestación debida por la arrendataria hasta el cese de su posesión'.

La cláusula octava del contrato prevé de forma expresa que la fianza solidaria se extiende a cualquier ampliación de plazo que se haga del contrato, señalando que puede ser bien por acuerdo de las partes o bien por tácita reconducción, sin que sea preciso notificársela, y se precisa que se extiende en definitiva a todo el tiempo en que el arrendatario ocupe la vivienda sin haberla desalojado. No existe duda de que se previó la posibilidad de la tácita reconducción pese a los términos de la cláusula primera y se pactó expresamente que en dicho supuesto se mantendría la obligación de afianzamiento».

PRORROGAS EXTRAORDINARIAS DEL ARTÍCULO 10 LAU	
PRÓRROGA LEGAL EXTRAORDINARIA DEL PLAZO POR PERÍODO MÁXIMO DE 1 AÑO	**PRÓRROGA LEGAL EXTRAORDINARIA POR PLAZOS ANUALES POR PERÍODO MÁXIMO DE 3 AÑOS**
Finalizado el período de prórroga obligatoria del art. 9.1 de la LAU o la prórroga tácita del art. 10.1 de la LAU	Se trate de arrendamiento de vivienda habitual en los que el **inmueble se ubique en una zona de mercado residencial tensionado** durante el periodo de vigencia de la declaración.
Previa solicitud del arrendatario	
Requerirá la acreditación por el arrendatario de una situación de vulnerabilidad social y económica sobre la base de un informe o certificado emitido en el último año por los servicios sociales de ámbito municipal o autonómico.	Finalizado el periodo de prórroga obligatoria o prórroga tácita, en su caso.
	Previa solicitud del arrendatario.
Deberá ser aceptada obligatoriamente por el arrendador cuando este sea un gran tenedor de vivienda, salvo que se hubiese suscrito entre las partes un nuevo contrato de arrendamiento.	Deberá ser aceptada obligatoriamente por el arrendador (sea gran tenedor o no), salvo que: ►Se hayan fijado otros términos o condiciones por acuerdo entre las partes. ►Se haya suscrito un nuevo contrato de arrendamiento con las limitaciones en la fijación de la renta que en su caso procedan conforme al artículo 17, apartados 6 y 7, de la LAU. ►En el caso de que el arrendador haya comunicado en los plazos y condiciones establecidos en el artículo 9.3 de la LAU, la necesidad de ocupar la vivienda arrendada para destinarla a vivienda permanente para sí o sus familiares en primer grado de consanguinidad o por adopción o para su cónyuge en los supuestos de sentencia firme de separación, divorcio o nulidad matrimonial.

3.2. Supuestos especiales de finalización del contrato de arrendamiento de vivienda

La Ley de Arrendamientos Urbanos hace referencia a distintos casos especiales en los que puede finalizar el contrato de arrendamiento de vivienda, concretamente, en los artículos 11 a 16 que serán examinados a continuación.

Desistimiento del contrato

El desistimiento del contrato se contempla en el artículo 11 de la Ley de Arrendamientos Urbanos, el cual establece que:

> «El arrendatario podrá desistir del contrato de arrendamiento, una vez que hayan transcurrido al menos seis meses, siempre que se lo comunique al arrendador con una antelación mínima de treinta días. Las partes podrán pactar en el contrato que, para el caso de desistimiento, deba el arrendatario indemnizar al arrendador con una cantidad equivalente a una mensualidad de la renta en vigor por cada año del contrato que reste por cumplir. Los períodos de tiempo inferiores al año darán lugar a la parte proporcional de la indemnización».

Con respecto a la posible aplicación del citado precepto a los contratos de arrendamiento para uso distinto del de vivienda, el **Tribunal Supremo en su sentencia n.º 539/2017, de 3 de octubre, ECLI:ES:TS:2017:3375**, dispone que «*el art. 4.3 LAU determina que las partes regirán sus relaciones de acuerdo con el principio de autonomía de la voluntad, por lo que en la sentencia recurrida se infringe dicho precepto en cuanto* **impone la aplicación del art. 11 de la LAU que no está previsto para los arrendamientos para uso distinto de vivienda, desequilibrando el sustrato económico que las partes tuvieron en cuenta para pactar el contrato,** *alterando las bases del mismo (...)*».

Por último, corresponderá al arrendatario la prueba de comunicar su desistimiento, de modo que la **Audiencia Provincial de A Coruña en la sentencia n.º 245/2019, de 20 de junio, ECLI:ES:APC:2019:1436**, señala que «*(...) en este caso, perjudica a la parte demandada* **la falta de demostración del desistimiento del contrato que alega,** *que en todo caso no sería efectuado por la parte arrendataria, cuando el contrato fue suscrito por los codemandados, como coarrendatarios, y su problemas de convivencia no pueden afectar al contrato que les ligaba con el demandante, no pudiendo desvincularse del mismo uno de los coarrendadores por su propia decisión unilateral, sin aceptación de la parte arrendadora (...)*».

RESOLUCIÓN RELEVANTE

Sentencia del Juzgado de Primera Instancia del Burgos n.º 174/2021, de 22 de julio, ECLI:ES:JPI:2021:1425

«*'....el Tribunal Supremo rechaza, en general, la aplicación analógica a los arrendamientos para uso distinto del de vivienda del régimen jurídico que sobre el desistimiento unilateral la vigente LAU establece para los arrendamientos de vivienda; y, en particular, rechaza la posibilidad de aplicación analógica de las previsiones recogidas en el art. 11 de la LAU(EDL 1994/18384) (1 mensualidad por año que resta de duración del contrato) por falta de identidad de razón y aplicación del principio autonomía de la voluntad. Así lo indica expresamente la STS 539/2017 de 3 de octubre en (EDJ 2017/196369) una solución ya apuntada por la STS 42/2016.*

Conviene recordar que el art. 4.3. LAU(EDL 1994/18384) establece que el principio de autonomía de la voluntad es el rector en esta materia cuando dispone que:

'Sin perjuicio de lo dispuesto en el apartado 1 de la misma norma, los arrendamientos para uso distinto del de vivienda se rigen por la voluntad de las partes, en su defecto, por lo dispuesto en el título III de la presente ley y, supletoriamente, por lo dispuesto en el Código Civil'. En este sentido es pertinente recalcar, siquiera sintéticamente y siguiendo los términos de la STS 341/2018, de 7 de junio (EDJ 2018/96420), que en los contratos de arrendamiento para uso distinto de vivienda, como es el litigioso, rige lo acordado por las partes (art. 4.3LAU(EDL 1994/18384)), y que los contratos son vinculantes y obligatorios y deben cumplirse conforme a lo acordado, sin que una de las partes pueda extinguirlos de forma unilateral al margen de lo pactado (arts. 1091, 1256 y 1258 CC) siendo la duración del contrato un elemento esencial del arrendamiento (art. 1543CC(EDL 1889/1))'».

Desistimiento y vencimiento en caso de matrimonio o convivencia del arrendatario

El artículo 12 de la Ley de Arrendamientos Urbanos distingue dos supuestos de desistimiento y vencimiento del contrato de arrendamiento en caso de que el arrendatario esté unido en matrimonio, extendiendo, asimismo, su aplicación en favor de la persona que hubiera venido conviviendo con aquel de forma permanente en análoga relación de afectividad a la de cónyuge, con independencia de su orientación sexual, durante, al menos, los dos años anteriores al desistimiento o abandono, salvo que hubieran tenido descendencia en común, en cuyo caso bastará la mera convivencia.

Se distinguen dos casos:

El arrendatario manifiesta su voluntad de no renovar el contrato o de desistir de él, sin el consentimiento de su cónyuge o conviviente.

En este caso el arrendamiento podrá continuar en beneficio del cónyuge o conviviente. Para ello, el arrendador podrá requerir al cónyuge o conviviente del arrendatario para que manifieste su voluntad al respecto y, una vez hecho el requerimiento, si no se contesta en el plazo de 15 días desde el mismo, el arrendamiento se extinguirá.

Además, el cónyuge o conviviente tendrá que abonar la renta correspondiente hasta la extinción del contrato si no estuviera ya abonada.

El arrendatario abandona la vivienda sin manifestación expresa de desistimiento o de no renovación.

Pues bien, en este caso, el arrendamiento también podrá continuar en beneficio del cónyuge o conviviente siempre que, en el plazo de un mes desde el abandono, el arrendador reciba notificación escrita del cónyuge o conviviente manifestando su voluntad de ser arrendatario.

A este respecto, la **Audiencia Provincial de Madrid en su sentencia n.º 320/2017, de 28 de septiembre, ECLI:ES:APM:2017:14337**, dispone que *«(...) una válida subrogación exige la comunicación formal, en el plazo de un mes desde el abandono o desistimiento del arrendatario de la persona que desea subrogarse (cónyuge o pareja que venía conviviendo con el arrendatario de forma permanente en forma análoga al matrimonio) (...)».*

No obstante, si el contrato se extinguiera por falta de notificación, el cónyuge o conviviente estará obligado al pago de la renta correspondiente a ese mes.

RESOLUCIÓN RELEVANTE

Sentencia de la Audiencia Provincial de Barcelona n.º 670/2020, de 22 de julio, ECLI:ES:APB:2020:8254

«En la citada Sentencia de esta Sección de la Audiencia de 16 de mayo de 2019, ya en relación con el art. 12 LAU, señalamos también lo siguiente:

'Dicho precepto legal sí contempla la unión estable de pareja, y dispone lo siguiente:

' 1. Si el arrendatario manifestase su voluntad de no renovar el contrato o de desistir de él, sin el consentimiento del cónyuge que conviviera con dicho arrendatario, podrá el arrendamiento continuar en beneficio de dicho cónyuge.

2. A estos efectos, podrá el arrendador requerir al cónyuge del arrendatario para que manifieste su voluntad al respecto.

(...)

3. Si el arrendatario abandonara la vivienda sin manifestación expresa de desistimiento o de no renovación, el arrendamiento podrá continuar en beneficio del cónyuge que conviviera con aquél siempre que en el plazo de un mes de dicho abandono, el arrendador reciba notificación escrita del cónyuge manifestando su voluntad de ser arrendatario.

Si el contrato se extinguiera por falta de notificación, el cónyuge quedará obligado al pago de la renta correspondiente a dicho mes.

4. Lo dispuesto en los apartados anteriores será también de aplicación en favor de la persona que hubiera venido conviviendo con el arrendatario de forma permanente en análoga relación de afectividad a la de cónyuge, con independencia de su orientación sexual, durante, al menos, los dos años anteriores al desistimiento o abandono, salvo que hubieran tenido descendencia en común, en cuyo caso bastará la mera convivencia.'

Acerca del art. 12 LAU 1994, la SAP Barcelona, sección 13ª, de 9 de noviembre de 2015, antes citada, señala lo siguiente:

' El artículo 12 comporta una modificación subjetiva: cambio de arrendatario. El cónyuge o pareja devienen titulares arrendaticios (el arrendamiento continúa en beneficio del cónyuge). La Ley prevé dos supuestos:

(a) Caso de renuncia (desistimiento o no renovación) expresa (manifestación de voluntad, con cualquier forma) del arrendatario titular, sin el consentimiento del cónyuge o pareja de hecho que con él conviviere: se impone al arrendador la carga de efectuar un requerimiento al cónyuge o pareja (ocupante) para que manifieste su voluntad al respecto. Efectuado el requerimiento, su falta de contestación extinguirá (el titular lo daba por finalizado, y nadie se subroga en su lugar) el contrato. Pero si el cónyuge contesta manifestando su voluntad de continuar como arrendatario, deviene titular arrendaticio, siendo impuesta esta novación subjetiva al arrendador.

(b) Caso de abandono de facto de la vivienda por parte del titular. En este caso la ley impone al cónyuge o pareja de hecho que continúe la ocupación la carga de comunicar al arrendador el abandono y manifestar su voluntad de ser arrendatario (se parte de una situación de clandestinidad). La falta de notificación en plazo faculta al arrendador para instar la resolución del contrato por cesión inconsentida. (27.2c) LAU o 114.5 TRLAU 64).

En ambos supuestos el único titular arrendaticio es el cónyuge del anterior titular. Por lo tanto, en el caso de que el arrendatario comunique al arrendador expresamente su voluntad de dar por extinguido el contrato a su vencimiento o de desistir del contrato, en aquellos supuestos en que éste quepa y con los requisitos exigidos, el mismo quedará desvinculado del contrato y, consecuentemente, no continuará obligado a su cumplimiento; si bien, en los casos en que tal renuncia se haga sin el consentimiento del cónyuge o pareja de hecho conviviente con el arrendatario, ello no comportará necesariamente su extinción, sino que éste 'podrá' continuar en beneficio de dicho cónyuge o pareja. En caso de que el cónyuge (o pareja) manifieste su voluntad de continuar la relación contractual, éste devendrá el único titular de los derechos y obligaciones derivados del contrato; por tanto, es éste el único obligado al pago y el único a quien el arrendador puede reclamárselo (legitimación pasiva).

Así, insistimos, de concurrir las circunstancias previstas en el precepto, la novación subjetiva se impone al arrendador. Y desde otra perspectiva, el arrendamiento se extingue o continúa en beneficio del cónyuge, pero no puede el arrendador por su voluntad unilateral, si el arrendatario comunica su voluntad de no renovar o de desistir (siempre que el desistimiento sea procedente), mantener a éste en la relación contractual, ya que ello sería tanto como dejar vacío de contenido dicho precepto.)'».

Resolución del derecho del arrendador

Se reconoce, en el artículo 13 de la Ley de Arrendamientos Urbanos, el **derecho del arrendatario a continuar en el arrendamiento hasta que se cumplan 5 años, o 7 años** en caso de arrendador persona jurídica, y sin perjuicio de la facultad de no renovación del artículo 9.1 de la LAU, en aquellos **casos de resolución del derecho del arrendador** durante los 5, o en su caso 7, primeros años del contrato, por alguna de las causas siguientes:

- El ejercicio de un **retracto convencional**.

- La apertura de una **sustitución fideicomisaria**.

- La **enajenación forzosa** derivada de una ejecución hipotecaria o de sentencia judicial.

- El ejercicio de un derecho de **opción de compra**.

> **A TENER EN CUENTA.** El artículo 13 de la Ley de Arrendamientos Urbanos, previsto de forma específica para el arrendamiento de vivienda, no será extensible en su aplicación al contrato de arrendamiento para uso distinto del de vivienda. En este punto, es interesante la lectura de la **sentencia de la Audiencia Provincial de Barcelona n.º 803/2019, de 18 de julio, ECLI:ES:APB:2019:9463**.

Pero, si estamos ante **contratos que tengan una duración pactada superior a 5 años, o 7 años** si el arrendador es una persona jurídica **¿qué sucederá una vez transcurridos estos plazos mínimos?** Pues bien, este caso, resuelto el derecho del arrendador por alguna de las causas previstas anteriormente, quedará extinguido el arrendamiento, salvo el caso de que el contrato de arrendamiento haya accedido al registro de la propiedad antes de los derechos que determinen la resolución. En este supuesto continuará el arrendamiento por la duración pactada.

CUESTIONES

1. ¿Cuándo se extinguirá el arrendamiento otorgado por usufructuario, superficiario o quien tenga un análogo derecho de goce sobre el inmueble?

Tal y como dispone el apartado segundo del artículo 13 de la LAU, se extinguirán al término del derecho del arrendador, además de por las demás causas de extinción que resulten de lo establecido en la LAU.

2. ¿Cuánto durarán los arrendamientos de vivienda ajena?

Los arrendamientos de vivienda ajena que el arrendatario haya concertado de buena fe con la persona que aparezca como propietario de la finca en el registro de la propiedad, o que parezca serlo en virtud de un estado de cosas cuya creación sea imputable al verdadero propietario durarán cinco años, sin perjuicio de la facultad de no renovación del apartado primero del artículo 9 de la LAU, excepto que el citado propietario sea persona jurídica, en cuyo caso durarán siete años.

RESOLUCIÓN RELEVANTE

Sentencia de la Audiencia Provincial de Málaga n.º 757/2021, de 22 de diciembre, ECLI:ES:APMA:2021:5234

«(...) el panorama normativo cambió con la LAU de 1994, que contempló expresamente la situación del arrendatario en tales casos en su art. 13, en el que, para los supuestos de arrendamientos de vivienda, se admitía la persistencia del contrato si durante los cinco primeros años de su duración el derecho del arrendador quedara resuelto, entre otros casos, por la enajenación forzosa derivada de una ejecución hipotecaria, en cuyo caso el arrendatario tenía derecho a continuar en el arrendamiento hasta que se cumpliesen los precitados cinco años, sin perjuicio de la facultad de no renovación prevista en el art. 9.1.

Bajo este régimen jurídico se dictó la sentencia de esta sala 414/2015, de 14 de julio, en la que señalamos:

'De la normativa que se cita, especialmente del artículo 13.1 de la LAU 1994, se desprende lógicamente que los derechos del arrendador a percibir la renta se extinguen desde el momento en que el bien arrendado pasa a ser de propiedad de otro, pudiendo continuar o no el arrendamiento según los casos, pero siempre con diferente arrendador que será el nuevo propietario.

'En consecuencia, carece de legitimación el antiguo arrendador para reclamar el pago de rentas devengadas una vez extinguido su derecho como tal arrendador por haber sido enajenada la finca, en este caso mediante ejecución hipotecaria; y ello aunque el arrendatario permanezca en el uso de la vivienda, pues en tal caso quien tendrá derecho a percibir las rentas será el nuevo propietario y no quien ya dejó de serlo.

'Así se desprende de la propia naturaleza del arrendamiento, contrato en el cual el pago de la renta constituye la contraprestación respecto de la cesión de uso efec-

69

tuada por el propietario que, por tanto, renuncia a dicho uso - que en principio está unido al dominio - por precio. De ahí que el percibo de la renta corresponderá en cada momento a quien resulte ser el propietario del bien arrendado con independencia de que se hubiera celebrado el contrato de arrendamiento por un propietario anterior'.

En consecuencia, bajo este régimen jurídico resultaba claro que la enajenación forzosa de la finca arrendada, en caso de que la ejecución hubiera tenido lugar durante los cinco primeros años de su vigencia, no determinaba la extinción del contrato de arrendamiento, sino la subrogación del adjudicatario de la finca en la posición del arrendador hasta el vencimiento del citado plazo».

Enajenación de la vivienda arrendada

En base al artículo 14 de la Ley de Arrendamientos Urbanos, el **adquirente de una vivienda arrendada quedará subrogado en los derechos y obligaciones del arrendador**, aun cuando concurran en él los requisitos del artículo 34 de la Ley Hipotecaria. **¿Cuánto tiempo?** Durante los:

* Cinco primeros años de vigencia del contrato, o,
* Siete años si el arrendador anterior fuese persona jurídica.

No obstante, si las partes hubieren estipulado que la **enajenación de la vivienda** extinguiera el arrendamiento, el adquirente solo deberá soportar el arrendamiento durante el tiempo que reste para el transcurso del plazo de cinco años, o siete años si el arrendador anterior fuese persona jurídica.

CUESTIONES

1. ¿Qué establece el artículo 34 de la Ley Hipotecaria?

El **artículo 34 de la LH** dispone que «el tercero que de buena fe adquiera a título oneroso algún derecho de persona que en el Registro aparezca con facultades para transmitirlo, será mantenido en su adquisición, una vez que haya inscrito su derecho, aunque después se anule o resuelva el del otorgante por virtud de causas que no consten en el mismo Registro.

La buena fe del tercero se presume siempre mientras no se pruebe que conocía la inexactitud del Registro.

Los adquirentes a título gratuito no gozarán de más protección registral que la que tuviere su causante o transferente».

2. ¿Qué sucederá si la duración pactada en el contrato de arrendamiento fuera superior a cinco o siete años si el arrendador anterior fuese persona jurídica?

Según el **párrafo segundo del artículo 14 de la LAU**, el adquirente quedará subrogado por la totalidad de la duración pactada, excepto que concurran en él los requisitos del artículo 34 de la LH, en dicho caso, el adquirente solo deberá soportar el arrendamiento durante el tiempo que reste para el transcurso del plazo de cinco años, o siete años si es persona jurídica, **debiendo el enajenante indemnizar al arrendatario con una cantidad equivalente a una mensualidad de la renta en vigor por cada año del contrato que, excediendo del plazo citado de cinco años, o siete años si el arrendador anterior fuese persona jurídica, reste por cumplir.**

RESOLUCIÓN RELEVANTE

Sentencia de la Audiencia Provincial de Girona n.º 1248/2020, de 4 de noviembre, ECLI:ES:APGI:2020:1662

«El artículo 14.1 de la LAU establece 'El adquirente de una finca inscrita en el Registro de la Propiedad, arrendada como vivienda en todo o en parte, que reúna los requisitos exigidos por el artículo 34 de la Ley Hipotecaria, sólo quedará subrogado en los derechos y obligaciones del arrendador si el arrendamiento se hallase inscrito, conforme a lo dispuesto por los artículos 7 y 10 de la presente ley, con anterioridad a la transmisión de la finca.'.

Del precepto resulta la posibilidad de que el adquirente resuelva el contrato de arrendamiento vigente en el momento de la adquisición, pero si, como aquí acaece, no lo ha resuelto, no podemos más que concluir que los demandados tienen título para ocupar la finca, sin perjuicio del derecho que asiste al adquirente para resolver el contrato o, en su caso, exigir el pago de las rentas no percibidas».

Separación, divorcio o nulidad del matrimonio del arrendatario (artículo 15 de la LAU)

Establece el artículo 15 de la Ley de Arrendamientos Urbanos que en los supuestos de **nulidad del matrimonio, separación judicial o divorcio del arrendatario**, el cónyuge no arrendatario podrá continuar en el uso de la vivienda arrendada cuando le sea atribuida de acuerdo con lo establecido en la legislación civil que le sea aplicable.

Pasará a ser el titular del contrato el cónyuge a quien se haya atribuido el uso de la vivienda arrendada de forma permanente o en un plazo superior al plazo que reste por cumplir del contrato de arrendamiento, siempre y cuando comunique al arrendador su voluntad de continuar en el uso de la vivienda en el plazo de dos meses desde que fue notificada la resolución judicial correspondiente, acompañando copia de dicha resolución judicial o de la parte de la misma que afecte al uso de la vivienda.

En este sentido, en un supuesto en el que la demandada no hizo ninguna comunicación, el Tribunal Supremo en la **sentencia n.º 587/2015, de 26 de octubre, ECLI:ES:TS:2015:4584**, ha declarado que:

> «(...) el artículo 15 LAU prevé y permite que se produzca la subrogación, pero siempre que se cumplan los requisitos establecidos en el párrafo segundo.
>
> (...) con lo que no existió subrogación ni expresa ni tácitamente, y por ende, no viene obligada al pago de las rentas que se adeuden a la arrendadora, sin perjuicio de las relaciones internas entre aquella y su ex-marido sobre lo pactado o resuelto judicialmente a tal fin.
>
> (...) Por supuesto, y por ello se mantiene, **es necesario que la voluntad del cónyuge de continuar en el uso de la vivienda deberá ser comunicada al arrendador en el plazo de dos meses desde que fue notificada la resolución judicial correspondiente, acompañando copia de dicha resolución judicial o de la parte de la misma que afecte al uso de la vivienda»**.

71

Casuística en situaciones de existencia de derechos de terceros con respecto a la vivienda

El cónyuge titular del derecho de propiedad de la vivienda puede venderla o cederla a un tercero una vez dictada la sentencia en el procedimiento matrimonial

Sentencia del Tribunal Supremo n.º 772/2010, de 22 de noviembre, ECLI:ES:TS:2010:6386

«No se ignora, por supuesto, la reiterada jurisprudencia (STS 22 de diciembre de 1992, 20 de marzo de 1993, 14 de julio de 1994, 16 de diciembre de 1995, 26 de abril de 2002) que establece que "si bien el cotitular dominical puede pedir la división de la cosa común mediante el ejercicio de la acción procesal, la cesación de la comunidad no afecta a la subsistencia del derecho de uso (cualquiera que sea su naturaleza) que corresponde al otro cotitular, ex-cónyuge, en virtud de la sentencia de divorcio" - aquí, separación-, pero esta línea interpretativa -fácil es advertirlo- tiene como eje determinante de su contenido el cohonestar la facultad dominical de pedir la enajenación de la vivienda común con el deber de tolerar y no extinguir el uso de la misma por el otro cotitular establecido en la sentencia matrimonial, de modo que sí cabía la extinción forzosa del condominio pero con el deber de que con su resultado no se alterase tal uso. Si durante el matrimonio la enajenación de la vivienda que sirviera de domicilio familiar no podía imponerse al otro cónyuge por uno de los esposos, incluso cuando fuera dueño exclusivo de la misma -caso de la STS 11-12-1992 -, en protección del interés familiar, resultaba ilógico y propiciador del fraude de ley que una vez determinado judicialmente cuál era el interés a quien correspondía el uso de tal domicilio, el ejercicio de derechos por del otro cónyuge -derivados de la ruptura patrimonial inherente a la crisis matrimonial- pudieran dejar sin protección tal interés y contravenir lo establecido en el proceso desencadenado por esa misma crisis, en especial cuando existieran hijos menores».

El tercero propietario haya cedido el uso de forma totalmente gratuita y de favor al usuario de la vivienda, producida la crisis matrimonial y atribuido dicho uso al otro cónyuge, el propietario ostenta la acción de desahucio porque existe un precario

Sentencia del Tribunal Supremo n.º 526/2023, de 18 de abril, ECLI:ES:TS:2023:1569

«"2ª Puede ocurrir que el tercero sea el propietario y haya cedido el uso de la vivienda a uno de los cónyuges mediante un contrato, que puede ser anterior al matrimonio o durante el mismo. En este caso, atribuida la vivienda al cónyuge no contratante, éste no se subroga en la misma relación que ligaba al cónyuge contratante con el propietario, porque el juez no puede crear un título que altere las relaciones contractuales existentes entre las partes (art. 96 CC). La relación contractual no continúa con el cónyuge no contratante, con lo que se confirma de esta manera la doctrina sentada en nuestra sentencia de 3 de abril 2009 (recurso 1200/2004). Por ello matizando nuestra anterior jurisprudencia, (contenida en las sentencias de 2 diciembre 1992 y 17 de julio 1994 y 14 de abril 2009 entre otras), debe señalarse que aunque el título que permitió al cónyuge el uso de la vivienda perteneciente al tercero tenga naturaleza contractual, no se mantiene esta relación con el otro cónyuge, que sea atributario del uso por sentencia dictada en pleito matrimonial. El ejemplo del contrato de arrendamiento es significativo, puesto que el artículo 15 LAU permite que se produzca subrogación, pero siempre que se cumplan los requisitos establecidos en el párrafo segundo.

"3ª Cuando el tercero propietario haya cedido el uso de forma totalmente gratuita y de favor al usuario de la vivienda, producida la crisis matrimonial y atribuido dicho uso al otro cónyuge, el propietario ostenta la acción de desahucio porque existe un precario. La posesión deja de ser tolerada y se pone en evidencia su característica de simple tenencia de la cosa sin título, por lo que puede ejercerse la acción de desahucio (SSTS de 26 diciembre 2005, 30 octubre y 13 y 14 noviembre 2008 y 30 junio 2009)"».

> **El artículo 445 del Código Civil establece que «la posesión como hecho no puede reconocerse en dos personalidades distintas, fuera de los casos de indivisión (...)»**

Sentencia del Tribunal Supremo n.º 861/2009, de 18 de enero de 2010, ECLI:ES:TS:2010:776

«Por ello, la copropietaria tiene derecho a usar la vivienda y puede ceder su derecho para una finalidad concreta, de modo que cuando dicha finalidad desaparece, como ocurre en el caso de crisis matrimonial, podrá recuperar la posesión para la comunidad. La posesión tolerada inicial se refería a la totalidad del inmueble ocupado como vivienda y aunque el Art. 445 CC admite la coposesión en los supuestos de indivisión, no es este el caso que se plantea, porque no se producía una coposesión al no ostentarla Dª (...) por haberla cedido a su hermano. Del Art. 445 CC no debe deducirse que siempre que exista condominio, se produce una coposesión, sino que se trata de una excepción que justifica la posesión plural sobre una misma cosa. El de la copropiedad es el único supuesto permitido en el Código para el caso en que dos o más personas ostenten la posesión conjunta sobre una misma cosa, **pero ello no excluye la existencia de precario cuando se haya cedido dicha posesión por parte de uno de los copropietarios sin contraprestación o a título gratuito y de favor**».

Muerte del arrendatario

Según el artículo 16 de la Ley de Arrendamientos Urbanos, cuando se produzca el **fallecimiento del arrendatario** podrán subrogarse en el contrato de arrendamiento las siguientes personas:

- El **cónyuge del arrendatario** que al tiempo del fallecimiento conviviera con él.
- La **persona que conviviera con el arrendatario de forma permanente en análoga relación de afectividad a la de cónyuge**, con inde-

pendencia de su orientación sexual, durante, al menos, los dos años anteriores al tiempo del fallecimiento, salvo que hubieran tenido descendencia en común, en cuyo caso bastará la mera convivencia.

- Los **descendientes del arrendatario** que en el momento de su fallecimiento estuvieran sujetos a su patria potestad o tutela, o hubiesen convivido habitualmente con él durante los dos años precedentes.

- Los **ascendientes del arrendatario** que hubieran convivido habitualmente con él durante los dos años precedentes a su fallecimiento.

- Los **hermanos del arrendatario** que hubieran convivido habitualmente con él durante los dos años precedentes a su fallecimiento.

- Las personas distintas de las mencionadas con anterioridad que sufran una **discapacidad igual o superior al 65 %**, siempre que tengan una **relación de parentesco hasta el tercer grado colateral con el arrendatario y hayan convivido con este durante los dos años anteriores al fallecimiento.**

Por el contrario, se producirá la **extinción del arrendamiento** si al tiempo del fallecimiento del arrendatario no existiera ninguna de esas personas.

Además, el arrendamiento se extinguirá si, en el plazo de tres meses desde la muerte del arrendatario, el arrendador no recibe notificación por escrito de:

- El hecho del fallecimiento, con certificado registral de defunción.

- De la identidad del subrogado, indicando su parentesco con el fallecido y ofreciendo, en su caso, un principio de prueba de que cumple los requisitos legales para subrogarse.

Ahora bien, en los arrendamientos cuya duración inicial sea superior a cinco, o siete años si el arrendador fuese persona jurídica, las partes podrán pactar una u otra de las siguientes opciones:

- Que no haya derecho de subrogación en caso de fallecimiento del arrendatario cuando este tenga lugar transcurridos los cinco primeros años de duración del arrendamiento, o los siete primeros años si el arrendador fuese persona jurídica.

- Que el arrendamiento se extinga a los cinco años cuando el fallecimiento se hubiera producido con anterioridad o a los siete años si el arrendador fuese persona jurídica.

Dicha **renuncia** al derecho de subrogación no podrá pactarse en caso de que las personas que puedan ejercitar tal derecho en virtud de lo dispuesto en el apartado 1 del artículo 16 de la LAU se encuentren en **situación de especial vulnerabilidad y afecte a menores de edad, personas con discapacidad o personas mayores de 65 años.**

La jurisprudencia menor no es unánime en relación al cumplimiento de los requisitos formales exigidos por el precepto que nos ocupa, así, apunta el **Tribunal Supremo en la sentencia n.º 247/2013, de 22 de abril, ECLI:ES:TS:2013:2805,** que *«mientras algunas Audiencias Provinciales exigen el cumplimiento, dentro del tiempo fijado por la LAU 1994, de los requisitos formales en ella previstos, otras valoran que, aun no cumplien-*

do estrictamente las formalidades establecidas, el conocimiento del falle-cimiento del arrendatario equivale a un consentimiento tácito en la subro-gación, pese a que no se lleve a cabo la comunicación a la que se refiere el artículo 16.3 LAU 1994».

Sin embargo, el Alto Tribunal ha matizado esta corriente doctrinal en su **sentencia n.º 475/2018, de 20 de julio, ECLI:ES:TS:2018:2755**, de manera que:

> «(...) para que tenga lugar la subrogación, es imprescindible el cumplimiento de los requisitos exigidos en el art. 16 LAU, que incluyen la comunicación por escrito del fallecimiento y de la identidad de la persona que tiene la voluntad de subrogarse. Así se afirmó en la sentencia 343/2012, de 30 de mayo, se ratificó en la sentencia de pleno 247/2013, de 22 de abril, y se confirmó en la sentencia 664/2013, de 23 de octubre.
>
> 3.- Ahora, reunida nuevamente en pleno, la sala considera que la doctrina anterior resulta excesivamente rígida y que no puede ser mantenida de manera inflexible sin atender en cada caso a las exigencias que imponga la buena fe, principio general del derecho que informa nuestro ordenamiento jurídico (arts. 1.4 y 7 CC).
>
> Por razón de la buena fe, el efecto extintivo del contrato puede ser un resultado injusto cuando, a pesar de no haberse llevado a cabo una notificación formal por escrito, el arrendador tiene un conocimiento efectivo de que se ha producido el fallecimiento del arrendatario y de la voluntad de subrogación de quien tiene derecho a ello.
>
> No debe perderse de vista que, de acuerdo con el régimen legal, el consentimiento del arrendador no es un requisito para que se produzca la subrogación y que la exigencia de notificación lo que pretende es que el arrendador tenga conocimiento en un plazo razonable del ejercicio de un derecho que le afecta. Invocar la falta de notificación para extinguir el contrato cuando el arrendador conoce la voluntad del ejercicio del derecho de subrogarse resulta, por tanto, contrario a la buena fe».

CUESTIONES

1. ¿Qué sucederá si existen varias de las personas mencionadas en el apartado primero del artículo 16 de la LAU?

Si existiesen varias de las personas nombradas en el apartado primero del citado artículo, a falta de **acuerdo unánime** sobre quién de ellos será el **beneficiario de la subrogación**, regirá el **orden de prelación** establecido en el antedicho apartado excepto en que los padres septuagenarios serán preferidos a los descendientes.

Asimismo, entre los descendientes y entre los ascendientes, tendrá preferencia el más próximo en grado, y entre los hermanos, el de doble vínculo sobre el medio hermano.

A mayor abundamiento, los casos de igualdad se resolverán en favor de:

– Quien tuviera una discapacidad igual o superior al 65 %.

– En su defecto, de quien tuviera mayores cargas familiares.

– En última instancia, en favor del descendiente de menor edad, el ascendiente de mayor edad o el hermano más joven.

2. Si se produce la extinción del contrato, ¿quiénes quedan obligados al pago de la renta de los tres meses del apartado tercero del artículo 16 de la LAU?

Si se produce la extinción, todos los que pudieran suceder al arrendatario, excepto los que renuncien a su opción notificándolo por escrito al arrendador en el plazo del mes siguiente al fallecimiento, **quedarán solidariamente obligados al pago de la renta de los tres meses** del apartado tercero del artículo 16 de la LAU.

No obstante, si el arrendador recibiera en tiempo y forma varias notificaciones, cuyos remitentes sostengan su condición de beneficiarios, de la subrogación podrá el mismo considerarles deudores solidarios de las obligaciones propias del arrendatario, mientras mantengan su pretensión de subrogarse.

3.3. La renta en el arrendamiento de vivienda

Trata de la renta en el contrato de arrendamiento de vivienda el capítulo III, título II, artículos 17 a 20 de la LAU.

Concepto y determinación de la renta del arrendamiento

El artículo 17 de la Ley de Arrendamientos Urbanos regula lo relativo a la determinación de la renta. La Ley de Arrendamientos Urbanos no contiene una definición del concepto de renta, si bien del artículo 1543 del Código Civil se puede inferir que es el precio cierto que se entrega a una de las partes en el arrendamiento de cosas a cambio del goce o uso de la misma por tiempo determinado.

El citado art. 17 de la LAU determina que la renta será la que estipulen las partes libremente en el contrato de arrendamiento de vivienda. El pago, si no se establece lo contrario, será mensual y se efectuará en los siete primeros días del mes.

Además, en relación con el **precio del arrendamiento**, el Tribunal Supremo en la **sentencia n.º 531/2000, de 30 de mayo, ECLI:ES:TS:2000:4377**, dispone que *«el precio es elemento esencial del arriendo y ha de ser no sólo real, sino determinado o, en su caso, determinable, lo que sirve para acusar la onerosidad de la relación. Su inexistencia la desnaturaliza, pues es incompatible con la norma del contrato locativo la gratuidad». Además, la STS n.º 634/1997, de 8 de julio, ECLI:ES:TS:1997:4853, añade que «(...) el precio del arriendo no está en función exclusivamente de las condiciones del mercado, sino que puede establecerse legítimamente en atención a razonables consideraciones sobre la persona del arrendatario, sin que, por ello, pierda su naturaleza arrendaticia, y sin que quepa considerar ilícita o inmoral la causa (...)».*

No obstante, también puede producirse un retraso en el pago de la renta, en cuyo caso, la **STS n.º 180/2014, de 27 de marzo, ECLI:ES:TS:2014:1183**, ha declarado que:

«Por ser el **contrato de arrendamiento urbano oneroso y conmutativo**, es evidente que la primera obligación del arrendatario es la de pagar la renta; por otra parte, salvo cuando las partes hayan acordado que su abono se efectúe en un solo momento, este contrato es de tracto sucesivo y el impago de una sola mensualidad de renta puede motivar la resolución contractual.

De este modo se ha declarado, como doctrina jurisprudencial, que el pago de la renta del arrendamiento de vivienda fuera de plazo y después de presentada la demanda de desahucio no excluye la resolución del contrato, y esto aunque la demanda se funde en el impago de una sola mensualidad de renta, sin que el arrendador venga obligado a soportar que el arrendatario se retrase de ordinario en el abono de las rentas periódicas».

A TENER EN CUENTA. El arrendador no podrá exigir, en ningún caso, el pago anticipado de más de una mensualidad de renta.

En cuanto a la **forma en que ha de hacerse el pago**, la Ley 12/2023, de 24 de mayo, por el derecho a la vivienda, ha modificado el artículo 17, apartado 3, de la LAU de manera que el pago se efectuará **a través de medios electrónicos. ¿Se podrá hacer de otro modo?** Sí, excepcionalmente, en el caso de que alguna de las partes carezca de cuenta bancaria o acceso a medios electrónicos de pago y así lo solicite, el pago se podrá hacer en metálico y en la vivienda arrendada.

RESOLUCIÓN RELEVANTE

Sentencia de la Audiencia Provincial de Málaga n.º 463/2021, de 12 de julio, ECLI:ES:APMA:2021:5141

«En materia arrendaticia, el artículo 17 de la LAU configura como causa resolutoria del contrato de arrendamiento el impago de una sola mensualidad de renta (en todo o en parte), más allá del plazo pactado o legalmente establecido, después de presentada la demanda (litispendencia). Según la doctrina, por ser el contrato de arrendamiento urbano oneroso y conmutativo, es evidente que la primera obligación del arrendatario es la de pagar la renta; por otra parte, salvo cuando las partes hayan acordado otra cosa, este contrato es de tracto sucesivo y el impago de una sola mensualidad de renta puede motivar la resolución contractual; así al arrendador no le es indiferente el momento en que se le pague la renta estipulada y no viene obligado a soportar que el arrendatario se retrase de ordinario en el pago de las rentas periódicas, de manera que el abuso de derecho estará, no tanto en el arrendador que pretenda resolver el contrato por impago puntual de la renta, cuanto en el arrendatario que persista en su impuntualidad. Y en una interpretación sociológica del artículo 3º del CC, el Tribunal Supremo recuerda - entre otras, en sentencia de 24 de julio de 2008 - que es la propia legislación arrendaticia urbana la que, en determinadas circunstancias, acaba equiparando el cumplimiento tardío por el arrendatario de su obligación de pagar la renta a un incumplimiento definitivo que justifica la resolución del contrato a instancia del arrendador. En la sentencia del mismo Alto Tribunal de 19 de diciembre de 2008 se declara como doctrina jurisprudencial que el pago total de la renta del arrendamiento de una vivienda, fuera de plazo y después de presentada la demanda de desahucio, no excluye la posibilidad de la resolución arrendaticia, aunque la demanda se funde en el impago de una sola mensualidad de renta, sin que el arrendador venga obligado a que el arrendatario se retrase de ordinario en el abono de las rentas periódicas. La sentencia dictada en la instancia, ahora revisada, estima en su integridad la acción ejercitada por la parte actora contra la demandada, tendente a la resolución por incumplimiento de dicha demandada del pago de determinadas rentas del contrato de

arrendamiento de vivienda suscrito entre las partes, y, por un lado, declara resuelto el contrato de arrendamiento y ordena el desalojo de la demandada, bajo el apercibimiento de proceder a su lanzamiento judicial en otro caso, y, por otro la condena al pago de las rentas que se hayan ido devengando desde la a consignación efectuada hasta la entrega de la posesión con el interés legal del art. 1108CC hasta la efectiva puesta a disposición del arrendador de la vivienda arrendada, todo ello con entrega de la cantidad consignada. También la condena a abonar las costas causadas en la primera instancia, conforme al principio del vencimiento que contiene, como regla principal, el artículo 394.1 de la LEC al decir que, en los procesos declarativos, las costas de la primera instancia se impondrán a la parte que haya visto rechazadas todas sus pretensiones, salvo que el tribunal aprecie, y así lo razone, que el caso presentaba serias dudas de hecho o de derecho. Y es que, acertadamente, a juicio de esta Sala, tampoco puede admitir que hubiera existido pago enervador del desahucio, '».

CUESTIONES

1. ¿Está obligado el arrendador a entregar al arrendatario recibo del pago de la renta?

Según el **apartado cuarto del artículo 17 de la LAU**, el arrendador queda obligado a entregar al arrendatario recibo del pago excepto que se hubiera pactado que este se realice mediante procedimientos que acrediten el efectivo cumplimiento de la obligación de pago por el arrendatario.

No obstante, el recibo o documento acreditativo que lo sustituya tendrá que contener:

– Separadamente, las cantidades abonadas por los distintos conceptos de los que se componga la totalidad del pago.

– Específicamente, la renta en vigor.

Ahora bien, si el arrendador no hace entrega del recibo deberá correr con los gastos que se originen al arrendatario para dejar constancia del pago.

2. ¿Es posible sustituir la obligación de pago de la renta por otra prestación diferente?

Sí, el artículo 17.5 de la LAU hace referencia a la posibilidad de acordar libremente por las partes que, durante un plazo determinado, se sustituya total o parcialmente la obligación de pagar la renta por el compromiso del arrendatario de reformar o rehabilitar el inmueble en los términos y condiciones que se pacten. Si bien, en este caso, finalizado el arrendamiento, el arrendatario no podrá reclamar compensación adicional alguna por el coste de las obras realizadas. Si el arrendatario no cumple su compromiso en la forma pactada podrá resolverse el contrato y aplicarse el artículo 23.2 de la LAU.

La nueva Ley 12/2023, de 24 de mayo, por el derecho a la vivienda, introduce en el artículo 17 de la LAU dos apartados, 6 y 7, con reglas específicas para la determinación de la renta en el caso de zonas de mercado residencial tensionado y de grandes tenedores. Antes de entrar en su análisis, cabe hacer referencia a estos dos conceptos, así se entiende por:

• **Gran tenedor**: la persona física o jurídica que sea titular de más de diez inmuebles urbanos de uso residencial o una superficie construida de más de 1.500 m^2 de uso residencial, excluyendo en todo caso garajes y trasteros. Esta definición podrá ser particularizada en la declaración de entornos de mercado residencial tensionado hasta aquellos titulares de cinco o más inmuebles urbanos de uso residencial ubicados en dicho ámbito, cuando así sea motivado por la comunidad autónoma en la correspondiente memoria justificativa (art. 3, letra k, de la Ley 12/2023, de 24 de mayo, por el derecho a la vivienda).

- **Zona de mercado residencial tensionado**: las Administraciones competentes en materia de vivienda podrán declarar, de acuerdo con los criterios y procedimientos establecidos en su normativa reguladora y en el ámbito de sus respectivas competencias, zonas de mercado residencial tensionado a los efectos de orientar las actuaciones públicas en materia de vivienda en aquellos ámbitos territoriales en los que exista un especial riesgo de oferta insuficiente de vivienda para la población, en condiciones que la hagan asequible para su acceso en el mercado, de acuerdo con las diferentes necesidades territoriales. En cuanto a la declaración de estas zonas cabe tener en cuenta el artículo 18 de la Ley 12/2023, de 24 de mayo, por el derecho a la vivienda.

> **A TENER EN CUENTA.** En cuanto a las zonas de mercado residencial tensionado, las circunstancias que se fijan en el artículo 18.3 de la Ley 12/2023, de 24 de mayo, por el derecho a la vivienda, para su identificación serán objeto de revisión a los 3 años desde la entrada en vigor de la citada ley, con el objeto de adecuarlos a la realidad y evolución del mercado residencial, sobre la base de la cooperación con las Administraciones competentes en materia de vivienda (D.A. 3.ª de la Ley 12/2023, de 24 de mayo, por el derecho a la vivienda).

Límites a la renta en el contrato de arrendamiento de vivienda (art. 17, apartados 6 y 7, de la LAU)

En contratos de arrendamiento en los que la vivienda se sitúe en una **zona de mercado residencial tensionado** dentro del periodo de vigencia de la declaración de zona tensionada (según lo dispuesto por la Ley 12/2023, de 24 de mayo), **la renta pactada al inicio del nuevo contrato no podrá exceder de la última renta de contrato de arrendamiento de vivienda habitual que hubiese estado vigente en los últimos 5 años en la misma vivienda, una vez aplicada la cláusula de actualización anual de la renta del contrato anterior,** sin que se puedan fijar nuevas condiciones que establezcan la repercusión al arrendatario de cuotas o gastos que no estuviesen recogidas en el contrato anterior.

Únicamente podrá incrementarse, más allá de lo que proceda de la aplicación de la cláusula de actualización anual de la renta del contrato anterior, **en un máximo del 10 % sobre la última renta de contrato de arrendamiento de vivienda habitual que hubiese estado vigente en los últimos 5 años en la misma vivienda,** cuando se acredite alguno de los siguientes supuestos:

- Cuando la vivienda hubiera sido objeto de una actuación de rehabilitación, conforme al artículo 41.1 del Reglamento del Impuesto sobre la Renta de las Personas Físicas, que hubiera finalizado en los dos años anteriores a la fecha de la celebración del nuevo contrato de arrendamiento.

- Cuando en los dos años anteriores a la fecha de la celebración del nuevo contrato de arrendamiento se hubieran finalizado actuaciones de rehabilitación o mejora de la vivienda en la que se haya acreditado un ahorro de energía primaria no renovable del 30 %, a través de sendos certificados de eficiencia energética de la vivienda, uno posterior a la actuación y otro anterior que se hubiese registrado como máximo dos años antes de la fecha de la referida actuación.

- Cuando en los dos años anteriores a la fecha de la celebración del nuevo contrato de arrendamiento se hubieran finalizado actuaciones de mejora de la accesibilidad, debidamente acreditadas.

- Cuando el contrato de arrendamiento se firme por un periodo de diez o más años, o bien, se establezca un derecho de prórroga al que pueda acogerse voluntariamente el arrendatario, que le permita de manera potestativa prorrogar el contrato en los mismos términos y condiciones durante un periodo de diez o más años.

Sin perjuicio de todo lo anterior (apartado 7 del art. 17 de la LAU), en **contratos de arrendamiento de vivienda en los que el arrendador sea un gran tenedor y el inmueble esté situado una zona tensionada dentro del periodo de vigencia de la declaración de zona tensionada (según** lo dispuesto por la Ley 12/2023, de 24 de mayo), **la renta pactada al inicio del nuevo contrato no podrá exceder del límite máximo del precio aplicable** conforme al sistema de índices de precios de referencia atendiendo a las condiciones y características de la vivienda arrendada y del edificio en que se ubique, pudiendo desarrollarse reglamentariamente las bases metodológicas de dicho sistema y los protocolos de colaboración e intercambio de datos con los sistemas de información estatales y autonómicos de aplicación.

Esta **misma limitación** se aplicará a los **contratos de arrendamiento de vivienda en los que el inmueble se ubique en una zona de mercado residencial tensionado dentro del periodo de vigencia de la declaración** de la referida zona en los términos dispuestos en la referida Ley 12/2023, de 24 de mayo, y sobre el que **no hubiese estado vigente ningún contrato de arrendamiento de vivienda vigente en los últimos 5 años,** —ya sea el arrendador gran tenedor o no— siempre que así se recoja en la resolución del Ministerio de Transportes, Movilidad y Agenda Urbana, al haberse justificado dicha aplicación en la declaración de la zona de mercado residencial tensionado.

En lo que se refiere a la aplicación del artículo 17.7 de la LAU, la Ley 12/2023, de 24 de mayo, por el derecho a la vivienda, introduce la D.T. 7.ª de la LAU con el tenor literal siguiente:

> Disposición transitoria séptima. Aplicación de las medidas en zonas tensionadas.
>
> «1. La regulación establecida en el apartado 7 del artículo 17 se aplicará a los contratos que se formalicen desde la entrada en vigor de la Ley

12/2023, de 24 de mayo, por el derecho a la vivienda, y una vez se encuentre aprobado el referido sistema de índices de precios de referencia, de acuerdo con lo previsto en la disposición adicional primera de la Ley 12/2023, de 24 de mayo, por el derecho a la vivienda y lo establecido en la disposición adicional segunda del Real Decreto-ley 7/2019, de 1 de marzo, de medidas urgentes en materia de vivienda y alquiler.

2. La resolución del Departamento ministerial competente en materia de vivienda que apruebe el referido sistema de índices de precios de referencia se realizará por ámbitos territoriales, considerando las bases de datos, sistemas y metodologías desarrolladas por las distintas comunidades autónomas y asegurando en todo caso la coordinación técnica».

La actualización y elevación de la renta del arrendamiento de vivienda

|| Actualización de la renta del arrendamiento (artículo 18 de la LAU)

El artículo 18 de la Ley de Arrendamientos Urbanos establece que durante la vigencia del contrato, la **renta solo podrá ser actualizada** por:

- El **arrendador o el arrendatario** en la fecha en que se cumpla cada año de vigencia del contrato, **en los términos fijados por las partes.**

- En defecto de pacto expreso, **no se aplicará actualización de rentas a los contratos.**

Además, en caso de pacto expresamente establecido por las partes sobre algún mecanismo de actualización de valores monetarios que no detalle el índice o metodología de referencia, la renta se actualizará para cada anualidad por referencia a la variación anual del **Índice de Garantía de Competitividad** a fecha de cada actualización, tomando como mes de referencia para la actualización el que corresponda al último índice que estuviera publicado en la fecha de actualización del contrato.

No obstante, el incremento producido como consecuencia de la actualización anual de la renta no podrá exceder del resultado de aplicar la variación porcentual experimentada por el **Índice de Precios al Consumo** a fecha de cada actualización, tomando como mes de referencia para la actualización el que corresponda al último índice que estuviera publicado en la fecha de actualización del contrato.

Así, **la renta actualizada será exigible al arrendatario a partir del mes siguiente a aquel en que la parte interesada lo notifique a la otra parte por escrito,** expresando el porcentaje de alteración aplicado y acompañando, si el arrendatario lo exigiera, la oportuna certificación del Instituto Nacional de Estadística; si bien, será válida la notificación efectuada por nota en el recibo de la mensualidad del pago precedente.

A estos efectos, nuestro más Alto Tribunal en su **sentencia n.º 182/2009, de 5 de marzo, ECLI:ES:TS:2009:932,** entiende que en el artículo de la LAU que nos ocupa se determina que, *«(...) el derecho de las partes a actualizar* *la renta de una forma facultativa que, de hacerse efectiva, resultará procedente a partir de una declaración de voluntad recepticia del arrendador al arrendatario por escrito, haciéndole saber el incremento, que es insoslayable para que la elevación de tenga lugar "a partir del mes siguiente" a aquel en que se produce y recibe la declaración modificativa, dado el carácter necesario y no dispositivo de la norma, que impide cualquier pacto en contrario para que sea eficaz. La actualización así hecha supone modificar uno de los elementos básicos de la relación arrendaticia como es la renta, y autoriza al arrendador a cobrar las diferencias a partir del mes siguiente a la notificación, que podrá hacer al arrendatario por nota en el recibo de la mensualidad del pago precedente, como dispone el último párrafo del artículo 18 (...)».*

En cuanto a la actualización anual de los contratos de arrendamiento de vivienda, la reforma operada por la Ley 12/2023, de 24 de mayo, por el derecho a la vivienda, ha introducido en la LAU la D.A. 11.ª la cual impone al Instituto Nacional de Estadística, con la finalidad de evitar incrementos desproporcionados en la renta de los contratos de arrendamiento, la obligación de definir, antes del 31/12/2024, un índice de referencia para la actualización anual referida.

Asimismo, establece la D.F. 6.ª de la **Ley 12/2023, de 24 de mayo, por el derecho a la vivienda**, una limitación extraordinaria de la actualización anual de la renta de los contratos de arrendamiento de vivienda a través de la modificación del artículo 46 del Real Decreto-ley 6/2022, de 29 de marzo, por el que se adoptan medidas urgentes en el marco del Plan Nacional de respuesta a las consecuencias económicas y sociales de la guerra en Ucrania.

Con la modificación anterior del artículo 46 del Real Decreto-ley 6/2022, de 29 de marzo, se extiende la **limitación extraordinaria de la actualización anual de la renta de los contratos de arrendamiento de vivienda**, en concreto, ampliando temporalmente la medida, de manera que quedaría de la siguiente manera:

Contratos de arrendamiento de vivienda desde el 31/03/2022 al 31/12/2023: tope del 2 %

En estos contratos, la persona arrendataria podrá negociar con el arrendador el incremento que se aplicará en la actualización anual de la renta con las siguientes condiciones:

- **Arrendador es gran tenedor**: el incremento de la renta será el que resulte del nuevo pacto entre las partes, sin que pueda exceder del resultado de aplicar la variación anual del Índice de Garantía de Competitividad a fecha de dicha actualización que como máximo podrá alcanzar un aumento del 2 %, tomando como mes de referencia para la actualización el que corresponda al último índice que estuviera publicado en la fecha de actualización del contrato. En ausencia de este nuevo pacto entre las partes, el incremento de la renta quedará sujeto a esta misma limitación.

- **Arrendador no es gran tenedor**: el incremento de la renta será el que resulte del nuevo pacto entre las partes. En ausencia de este nuevo pacto entre las partes, el incremento de la renta no podrá exceder del resultado de aplicar la variación anual del Índice de Garantía de Competitividad a fecha de dicha actualización que como máximo podrá alcanzar un aumento del 2 %, tomando como mes de referencia para la actualización el que corresponda al último índice que estuviera publicado en la fecha de actualización del contrato.

Contratos de arrendamiento de vivienda desde el 01/01/2024 al 31/12/2024: tope del 3 %

En estos contratos, la persona arrendataria podrá negociar con el arrendador el incremento que se aplicará en la actualización anual de la renta con las siguientes condiciones:

- **Arrendador es gran tenedor**: el incremento de la renta será el que resulte del nuevo pacto entre las partes, sin que la variación anual de la renta pueda exceder del 3 %. En ausencia de este nuevo pacto entre las partes, el incremento de la renta quedará sujeto a esta misma limitación.

- **Arrendador no es gran tenedor**: el incremento de la renta será el que resulte del nuevo pacto entre las partes. En ausencia de este nuevo pacto entre las partes, el incremento de la renta a aplicar no podrá ser superior al 3 %.

Elevación de renta por mejoras

Según lo estipulado en el artículo 19 de la Ley de Arrendamientos Urbanos, **salvo pacto en contrario**, la realización por el arrendador de **obras de mejora** transcurridos cinco años de duración del contrato o siete años, si el arrendador fuese persona jurídica, le dará **derecho a elevar la renta anual, pero ¿en qué cuantía?** En la que resulte de aplicar al capital invertido en la mejora, descontadas las subvenciones obtenidas para la realización de la obra, el tipo de interés legal del dinero en el momento de la terminación de las obras incrementado en 3 puntos. No obstante, el aumento no podrá exceder del 20 % de la renta vigente en aquel momento.

CUESTIONES

1. ¿Qué sucederá cuando la mejora afecte a diferentes fincas de un edificio en régimen de propiedad horizontal?

En este caso, el arrendador deberá repartir proporcionalmente entre las fincas el capital invertido, aplicando las cuotas de participación que correspondan a cada una de ellas.

2. ¿Y si se trata de edificios no sujetos a régimen de propiedad horizontal?

Pues, en este caso, el capital invertido se repartirá proporcionalmente entre las fincas afectadas por acuerdo entre arrendador y arrendatarios, y en defecto de acuerdo, se repartirá proporcionalmente en función de la superficie de la finca arrendada.

A estos efectos, ¿desde cuándo se producirá la elevación de la renta? Desde el **mes siguiente a aquel en que, ya finalizadas las obras, el arrendador notifique por escrito al arrendatario la cuantía** de aquella, detallando los cálculos que conducen a su determinación y aportando copias de los documentos de los que resulte el coste de las obras realizadas, no obstante, según la **SAP de Granada n.º 955/2003, de 9 de diciembre, ECLI:ES:APGR:2003:2465,** *«(...) tal notificación ha de ser detallada en los cálculos que han conducido a la determinación de aquella (la suma a repercutir), adjuntando con ella copias de los documentos de los que resulte el costo de las obras ejecutadas, su realidad, su efectividad, por tanto si no se hace de esta manera la notificación, requiriéndose el pago con base en una simple nota, no adverada en ninguna de las formas establecidas en Derecho, se ha de concluir: que el inquilino no estará obligado a satisfacer cantidad alguna, si la notificación no es adecuada y demuestra, por esto, la verdad de lo debido. Y esto es lo que ocurre aquí; pues una simple fotocopia sin adverar, no acompañada, además de los documentos de los que resulte el verdadero coste de la obra, no puede servir de justificante (de base) para una repercusión, la postulada (...)».*

A TENER EN CUENTA. Sin perjuicio de lo previsto en los apartados 1, 2 y 3 del artículo 19 de la LAU y de la indemnización que contempla el artículo 22 de la LAU, el artículo 19.4 de la misma prevé que «(...) en cualquier momento desde el inicio de la vigencia del contrato de arrendamiento y previo acuerdo entre arrendador y arrendatario, podrán realizarse obras de mejora en la vivienda arrendada e incrementarse la renta del contrato, sin que ello implique la interrupción del periodo de prórroga obligatoria establecido en el artículo 9 o de prórroga tácita a que se refiere el artículo 10 de la LAU, o un nuevo inicio del cómputo de tales plazos». No obstante, en todo caso, el alcance de las obras de mejora deberá ir más allá del cumplimiento del deber de conservación por parte del arrendador (ex art. 21 de la LAU).

Así, la **Audiencia Provincial de Barcelona en su sentencia n.º 451/2007, de 31 de agosto, ECLI:ES:APB:2007:9891,** declara que «el arrendador tendrá derecho a elevar la renta (salvo pacto en contrario, ex art. 19 LAU) por las mejoras realizadas, **elevación sujeta a limitaciones temporales y cuantitativas** (...)».

Como ejemplo, en un supuesto de obras realizadas en un tejado comunitario, la **Audiencia Provincial de Burgos en su sentencia n.º 118/2009, de 13 de marzo, ECLI:ES:APBU:2009:137,** determina que *«(...) En cuanto a la invocación del Artículo 19 de la L.A.U de 1994 sobre elevación de renta por mejoras, cabe señalar que este precepto no resulta de aplicación ya que aun en el supuesto de considerar que las obras realizadas en el tejado comunitario no son obras de reparación necesaria (a cuyo pago no está legalmente obligado el arrendatario conforme al artículo 21 LAU)* **y si son propiamente obras de mejora (extremo no alegado ni probado), resulta que antes de su aplicación debe regir lo pactado** *y el pacto únicamente establece que el arrendatario debe pagar un 12 % del total que corresponda al arrendador».*

Gastos generales y servicios individuales derivados del arrendamiento de vivienda

En cuanto a los gastos generales y servicios individuales, el artículo 20 de la Ley de Arrendamientos Urbanos señala que las partes podrán pactar que sean a cargo del arrendatario los gastos generales para el **adecuado sostenimiento del inmueble,** sus servicios, tributos, cargas y responsabilidades que no sean susceptibles de individualización y que correspondan a la vivienda arrendada o a sus accesorios. Ahora bien, en:

- Edificios en régimen de propiedad horizontal: dichos gastos serán los que correspondan a la finca arrendada en función de su cuota de participación.

- Edificios que no se encuentren en régimen de propiedad horizontal: dichos gastos serán los que se hayan asignado a la finca arrendada en función de su superficie.

Si bien, el pacto será válido si consta por escrito y determina el importe anual de dichos gastos a la fecha del contrato, y, si se refiere a tributos no afectará a la Administración.

Por otro lado, serán **a cargo del arrendador** por imperativo legal los gastos de:

- Gestión inmobiliaria.

- Formalización del contrato.

> **A TENER EN CUENTA.** La reforma operada por la Ley 12/2023, de 24 de mayo, por el derecho a la vivienda, en el artículo 20.1 de la LAU suprime la referencia al arrendador persona jurídica en cuando a los gastos de gestión inmobiliaria y de formalización del contrato, generalizando la regla a todos los arrendadores sin distinción.

No obstante, a lo largo de los cinco primeros años de vigencia del contrato o durante los siete primeros años, si el arrendador fuese persona jurídica, la suma que el arrendatario haya de abonar por los conceptos referidos, excepto los tributos, únicamente podrá incrementarse por:

- Acuerdo de las partes.

- Anualmente.

- Nunca en un porcentaje superior al doble de aquel en que pueda incrementarse la renta de acuerdo con el artículo 18.1 de la LAU.

A mayor abundamiento, serán de cuenta del arrendatario los gastos por servicios con que cuente la finca arrendada que se individualicen mediante aparatos contadores.

Como ejemplo, en un caso en el que **se reclaman al arrendatario los gastos de comunidad de un garaje,** la Audiencia Provincial de Ourense en su sentencia n.º 316/2016, de 29 de julio, ECLI:ES:APOU:2016:536, resuelve que:

> «Los gastos de comunidad del garaje aquí reclamados no son susceptibles de individualización por lo que la validez del pacto de su asunción

por el arrendatario se halla sujeto al **doble requisito previsto en el artículo 20.1 LAU, esto es, su constancia por escrito y la determinación del importe anual en la fecha del contrato**. Se trata de disposición de carácter imperativo, incluida en el título II de la Ley, dedicado al arrendamiento de viviendas, cuyo incumplimiento lleva aparejada la nulidad por aplicación del artículo 6 de la misma LAU. La doble exigencia, se halla en relación directa con las limitaciones impuestas por el apartado 2 del artículo 20 respecto al incremento de los gastos no susceptibles de individualización correspondientes a la vivienda arrendada o sus accesorios».

> **A TENER EN CUENTA.** El pago de los gastos del artículo 20 de la LAU se acreditará en la forma prevista en el artículo 17.4 de la LAU.

3.4. Derechos y obligaciones de las partes

Los puntos a tratar son los contenidos en los artículos 21 a 24 de la Ley de Arrendamientos Urbanos:

- La conservación de la vivienda.
- Las obras de mejora.
- Las obras de arrendamiento.
- Lo relativo a los arrendatarios con discapacidad.

Conservación de la vivienda

A tenor de lo dispuesto en el artículo 21 de la Ley de Arrendamientos Urbanos, el arrendador está obligado a realizar, sin derecho a elevar por ello la renta, todas las **reparaciones que sean necesarias para conservar la vivienda en las condiciones de habitabilidad para servir al uso convenido**, excepto cuando el deterioro de cuya reparación se trate sea imputable al arrendatario de acuerdo con lo establecido en los artículos 1563 y 1564 del Código Civil.

> **A TENER EN CUENTA.** Señala el artículo 1563 del CC que «el arrendatario es responsable del deterioro o pérdida que tuviere la cosa arrendada, a no ser que pruebe haberse ocasionado sin culpa suya». Asimismo, el artículo 1564 del CC establece que «el arrendatario es responsable del deterioro causado por las personas de su casa».

Sin embargo, dicha obligación de reparación tiene su límite en la destrucción de la vivienda por causa no imputable al arrendador, en este sentido se estará a lo establecido para la extinción del arrendamiento que se contempla en el artículo 28 de la LAU. Así pues, el citado precepto establece que:

«El contrato de arrendamiento se extinguirá, además de por las restantes causas contempladas en el presente Título, por las siguientes:

a) Por la pérdida de la finca arrendada por causa no imputable al arrendador.

b) Por la declaración firme de ruina acordada por la autoridad competente».

No obstante, el arrendatario tendrá que poner en conocimiento del arrendador, en el plazo más breve posible, la necesidad de las antedichas reparaciones, a cuyos efectos deberá facilitar al arrendador la verificación directa, por sí mismo o por los técnicos que designe, del estado de la vivienda.

Ahora bien, el arrendatario, en todo momento y previa comunicación al arrendador, podrá realizar las que sean urgentes para evitar un daño inminente o una incomodidad grave, y exigir de inmediato su importe al arrendador.

Resulta sumamente aclaratoria, la **sentencia de la Audiencia Provincial de Barcelona n.º 130/2008, de 27 de febrero, ECLI:ES:APB:2008:2304,** que establece las características más relevantes del precepto de referencia:

«1ª) Configuran una obligación distinta de la que la propia ley impone al arrendador en el art. 1554-3 CC de "mantener al arrendatario en el goce pacifico del arrendamiento por todo el tiempo del contrato", al referirse ésta a perturbaciones de hecho o de derecho que provengan de causas ajenas a las obras imputables a la conducta del arrendador, cuyo incumplimiento da lugar a causas también distintas de resolución del contrato.

2ª) Se refiere a las **reparaciones necesarias entre las que se encuentran todas aquellas obras dirigidas a procurar una adecuada conservación de la finca o a corregir los desperfectos**, ya proceda su necesidad del mero transcurso del tiempo, del uso ordenado del arrendatario, del caso fortuito o de la fuerza mayor o desgaste natural de la cosa (SSTS 3-2-62 y 9-3-64).

3ª) Se **autoriza al arrendatario a ejercitarlas, en todo momento y previa comunicación al arrendador, siempre que se refiere a obras, que sean urgentes para evitar un daño o una incomodidad grave",** con el **consecuente derecho de exigir de inmediato su importe al arrendador.**

4ª) **La obligación de reparar no se detiene cuando la destrucción en la vivienda es imputable al arrendador.** Lo que se pretende es hacer efectiva la exigencia impuesta al arrendador cuando en conducta omisiva, consciente y voluntaria, impide llevar a cabo aquellas obras de reparación y seguridad necesarias para conservar el inmueble en condiciones de habitabilidad propias al destino para el que se arrendó el inmueble, siempre que las obras estuvieran catalogadas como de reparación.

5ª) **Pueden venir ordenadas por la autoridad competente, distinta de la judicial** y referidas no solo a obras de conservación, sino a cualquiera, con el único límite impuesto por la destrucción de la vivienda.

Y por el contrario **quedarán excluidas:**

1º) **Los deterioros causados en la vivienda por causa imputable al arrendatario**, a tenor de lo dispuesto en los arts. 1563 y 1564 CC. Debe recordarse que el art. 1563 establece una presunción de culpabilidad en contra del arrendatario, que le obligará acreditar que el daño o el deterioro no lo es imputable, respondiendo en caso contrario de todos los daños y perjuicios causados en la cosa arrendada, conforme a lo dispuesto en el art. 1566; presunción iuris tantum de culpabilidad que aparece recogida, entre otras, en STS. 9-11-93, al imponer al arrendatario la obligación de acreditar que actuó con toda la diligencia exigible para evitar la producción del evento dañoso.

2°) **La destrucción de la vivienda por causa no imputable al arrendador y, lógicamente, la pérdida o la declaración firme de ruina acordada por la autoridad competente**, en cuanto supone la extinción del contrato.

3°) **Pequeñas reparaciones que exija el desgaste por el uso ordinario de la vivienda.** Competen al arrendatario, si bien el hecho de que la Ley se remita a la vivienda y no a los accesorios del art. 2.2 plantea el problema de la obligación alcanza solo a los pequeños deterioros de esta o también a la instalaciones. Creemos que tanto en uno como en otro caso lo que se quiere es delimitar las obligaciones del arrendador en relación a la conservación de la vivienda, sobre la base de las obras de reparación, no de las demás, entre las que se encuentran las pequeñas deficiencias que, aún siendo de esta naturaleza, carecen de verdadera importancia cualitativa o cuantitativa. En este caso el obligado será el arrendatario.

Las **reparaciones necesarias**, según la doctrina, puede decirse que son aquellas que hacen referencia tanto a las obras u operaciones encaminadas a la restauración de los deterioros o menoscabos sufridos en la vivienda o local arrendados, cuanto a la conservación de los mismos, es decir, aquellas que deben realizarse ineludiblemente y no aumentan el valor ni la productividad de la cosa arrendada (...)».

Por añadidura, señala la **Audiencia Provincial de Madrid en la sentencia n.º 160/2013, de 16 de abril, ECLI:ES:APM:2013:8591**, que tanto el artículo 21 de la LAU como los referenciados del Código Civil *«(...) imponen al arrendatario la obligación de usar la cosa arrendada como un diligente padre de familia, devolviéndola, al concluir el arriendo, tal y como la recibió, salvo lo que hubiese perecido o se hubiera menoscabado por el tiempo o causa inevitable, siendo responsable del deterioro o pérdida que tuviere la cosa arrendada que, en este caso, no solo por la presunción legal contenida en el artículo 1562 de dicho Código, sino por expresa y específica previsión contractual, recibieron en perfectas condiciones de habitabilidad».*

Asimismo, conforme a lo señalado por el **Tribunal Supremo en la sentencia n.º 196/2022, de 7 de marzo, ECLI:ES:TS:2022:935**, *«el art.21.3 LAU reconoce (...) la exigibilidad inmediata del importe de las reparaciones necesarias ejecutadas por el arrendatario».*

> **CUESTIÓN**
>
> **¿Puede el arrendador exigir al arrendatario que al tiempo de dejar el inmueble objeto del contrato lo deje pintado o si ha hecho agujeros para colgar un cuadro, por ejemplo, tenga que taparlos?**
>
> *No, además es doctrina mayoritaria, que, en principio, cuando un arrendatario deja un inmueble arrendado, no puede exigírsele que lo deje pintado. No hay base en la ley para ello, y así, entre otras, lo señala la **sentencia de la Audiencia Provincial de Madrid en su sentencia n.º 94/2021, de 31 de marzo, ECLI:ES:APM:2021:3955**, «(...) pues el que los paramentos sean pintados de una determinada forma por el arrendatario forma parte de aquello a lo que está autorizado, sin que pueda exigírsele que vuelva a situarlos en el aspecto original, como no puede obligársele, por ejemplo, a que tape*

> *los agujeros hechos en la pared para colgar cuadros, si lo hecho se acomoda a criterios de normalidad o meros desconchones por el uso de la vivienda. I O la Sentencia de 27 de Enero de 2010 "el tapado de agujeros en las paredes correspondientes a cosas colgadas en las paredes y pintura subsiguiente son conceptos que caen de pleno en el concepto de repaso de la vivienda tras tres años de ocupación por el inquilino". Por lo que en aplicación de tales criterios, el importe por la pintura o desconchones de las paredes, como tales, no son exigibles al arrendatario, ni tampoco las reparaciones del suelo ocasionadas por su uso, que entran dentro del mismo concepto, pues dicha solera no se encuentra rota, o fisurada, lo que sería contrario a su deber de conservación, sino solo desgastada, lo que escapa a tal deber, y es consecuencia del disfrute a que se ha facultado al arrendatario en condiciones de normalidad».*

A título ilustrativo podemos mencionar un supuesto de daños derivados de defectos en los elementos comunes, en el que *«no cabe imputar al arrendador del local comercial los daños derivados de defectos en los elementos comunes».* Así, la **sentencia del Tribunal Supremo n.º 596/2011, de 29 de febrero de 2012, ECLI:ES:TS:2012:1588,** señala:

> «A) El artículo 1554 CC, en sus números 2 y 3, con carácter general, así como el artículo 21 LAU de 1994, de forma más específica, obligan al arrendador, por el tiempo del contrato, a hacer en la cosa objeto del contrato todas las reparaciones a fin de conservarla en estado de servir para el uso a que ha sido destinada, y a mantener al arrendatario en el goce pacífico del arrendamiento, para lo cual el artículo 1559.2 exige al arrendatario poner en conocimiento del dueño, con la misma urgencia, la necesidad de todas las reparaciones comprendidas en el número 2º artículo 1.554, señalando el artículo 1556 que si el arrendador o el arrendatario no cumplieren las obligaciones expresadas en los artículos anteriores, podrán pedir la rescisión del contrato y la indemnización de daños y perjuicios, o sólo esto último, dejando el contrato subsistente (STS de 26 de noviembre de 2008 [RC n.º 2417/2003]).
>
> No obstante lo anterior, la doctrina jurisprudencial del Tribunal Supremo, en aplicación del artículo 1554 CC y del artículo 107 de la LAU de 1964, en relación con la naturaleza de los elementos e instalaciones objeto de reparación, ha declarado que: «no cabe confundir las reparaciones relativas a la vivienda o local como finca individual, con las que correspondan a la Comunidad de Propietarios del inmueble, ya que las irregularidades en los elementos comunes no pueden ser imputadas a la arrendadora del local, como tampoco las posibles innovaciones para prevenir nuevos daños, pues ello carece de oportunidad en el régimen de propiedad horizontal cuando el menoscabo hay que referirlo a los elementos comunes y son por entero ajenos los daños a las instalaciones y componentes propios del local arrendado». (SSTS de 7 de diciembre de 1984 y 18 de mayo de 2006).
>
> B) Por lo expuesto, se reitera como doctrina jurisprudencial que el arrendador no está obligado a reparar los daños causados en el local arrendado, sometido al régimen de propiedad horizontal, producidos por los defectos existentes en elementos comunes».

A TENER EN CUENTA. Según el apartado 4 del artículo 21 de la LAU, serán de cargo del arrendatario las pequeñas reparaciones que exija el desgaste por el uso ordinario de la vivienda.

CUESTIÓN

¿Qué sucederá cuando la ejecución de la obra de conservación no pueda diferirse hasta la conclusión del contrato?

El arrendatario estará obligado a soportar la ejecución de la obra de conservación, que no pueda razonablemente retrasarse hasta la terminación del arrendamiento, aunque le sea muy molesta o durante ella se vea privado de una parte de la vivienda.

Ahora bien, tendrá que disminuirse la renta en proporción a la parte de la vivienda de la que el arrendatario se vea privado si la obra durase más de veinte días, según lo establecido en el artículo 21.2 de la LAU.

RESOLUCIONES RELEVANTES

Mal estado del alicatado del baño.

Sentencia de la Audiencia Provincial de Barcelona n.º 136/2009, de 10 de marzo, ECLI:ES:APB:2009:2137

«En este caso, resulta de las alegaciones conformes de las partes, y la prueba documental, el mal estado del alicatado del baño, por la ausencia de baldosas, y la existencia de un agujero en la pared, siendo así que las obras que son objeto de la reconvención exceden del concepto de pequeñas reparaciones que exige el desgaste por el uso ordinario de la vivienda, a cargo del arrendatario, a que se refiere el artículo 21,4 de la Ley de Arrendamientos Urbanos, y por el contrario integran por completo el concepto de obras de conservación, a las que se refiere el artículo 21,1, en relación con el artículo 1554,2º del Código Civil, referidos a las reparaciones necesarias a fin de conservar la vivienda en las condiciones de habitabilidad para servir al uso convenido, y que son obligación y a cargo del arrendador, sin derecho a elevar la renta».

Limpieza, pintura y reparaciones mínimas.

Sentencia de la Audiencia Provincial de Alicante n.º 416/2002, de 26 de junio, ECLI:ES:APA:2002:2870

«A la vista del estado que presentaba la vivienda según las fotografías antes mencionadas, no pueden compartirse esas argumentaciones, pues únicamente a la falta de cuidado, de limpieza, y de mínimas reparaciones puede atribuirse el lamentable estado que presentaba la vivienda, que se recibió por el arrendatario en perfecto estado, sin que la antigüedad de la edificación obste a este pronunciamiento, pues si el arrendatario hubiera cumplido con su obligación las reparaciones que necesariamente ha habido de hacerse en la vivienda no se hubieran tenido que llevar a cabo, o no hubieran tenido la entidad de las que el propietario se ha visto impelido a hacer, razones que imponen la confirmación de la sentencia, que ya excluye determinas partidas y cuyo criterio comparte la Sala».

Atasco del fregadero.

Sentencia de la Audiencia Provincial de Asturias n.º 218/2000, de 15 de septiembre, ECLI:ES:APO:2000:3403

«—(...) Por el contrario es conforme a derecho la compensación efectuada por el arrendatario— demandado de la cantidad abonada por el mismo en concepto de reparación del atasco del fregadero, al haberse acreditado que no se trataba simplemente de un desatasco del fregadero, sino que el mismo se debía al deterioro general de la instalación de los desagües de la vivienda que había producido un embalsamiento de agua en el mismo y en la bañera, sin desaguar absolutamente nada, comprobándose que se encontraba tupido también el desagüe de conducción a la

fosa séptica. Obra o reparación comprendida en el art. 21.1 de la LAU como de con-
servación de la vivienda y a cargo del arrendador, quien tiene la obligación de efec-
tuar en la vivienda todas las reparaciones necesarias para conservar en condiciones
de habitabilidad la vivienda para servir al uso convenido; entre las que se encuentran
"todas aquellas obras dirigidas a procurar una adecuada conservación de la vivienda
o a corregir desperfectos, ya proceda su necesidad del mero transcurso del tiempo,
del uso ordenado del arrendatario, del caso fortuito o de la fuerza mayor o desgaste
natural de la cosa" (STS. 3 febrero 62, 9 marzo 69; entre otras)».

Obras de mejora

Según el artículo 22 de la Ley de Arrendamientos Urbanos, el arrendatario estará obligado a soportar la realización por el arrendador de **obras de mejora** cuya ejecución no pueda razonablemente retrasarse hasta la terminación del arrendamiento.

No obstante, el arrendatario que soporte dichas obras tendrá:

* **Derecho a una reducción de la renta** en proporción a la parte de la vivienda de la que se vea privado por causa de aquéllas, así como,

* **Derecho a una indemnización de los gastos** que las obras le obliguen a efectuar.

Así, con ocasión de un supuesto en el que existía un problema en el forjado del techo de varias plantas de un edificio, la **Audiencia Provincial de las Islas Baleares en su sentencia n.º 95/2018, de 28 de febrero, ECLI:ES:APIB:2018:539**, expone que:

«Estas obras, ni pueden enmarcarse en las "reparaciones" a las que se refiere el antes citado art.21 de la LPH porque exceden de tal concepto, ni tampoco en el ámbito del artículo 22 de la LPH, como pretende el recurrente, **porque las "mejoras" a las que éste último artículo se refiere, ni son de carácter urgente y necesario, ni implican la inhabitabilidad del inmueble,** como aquí sucede, por lo que, en definitiva, los preceptos aplicables —sin necesidad de que se declare el estado de ruina del edificio— son el artículo 26 de la LPH según el cual "Cuando la ejecución en la vivienda arrendada de obras de conservación o de obras acordadas por una autoridad competente la hagan inhabitable, tendrá el arrendatario la opción de suspender el contrato o de desistir del mismo, sin indemnización alguna "y el artículo 1.558 párrafo tercero del Código Civil "si la obra es de tal naturaleza que hace inhabitable la parte que el arrendatario y su familia necesitan para su habitación, puede éste rescindir el contrato", sin derecho a indemnización alguna».

CUESTIÓN

¿Cuándo y qué deberá notificar el arrendador que se proponga realizar obras de mejora al arrendatario?

El arrendador deberá notificar por escrito, al menos con 3 meses de antelación, al arrendatario, los siguientes aspectos de las obras:

– Naturaleza

– Comienzo

- Duración
- Coste previsible

Si bien, el arrendatario podrá desistir del contrato, durante el plazo de un mes desde la antedicha notificación, salvo que las obras no afecten o afecten de modo irrelevante a la vivienda arrendada, así el arrendamiento se extinguirá en el plazo de dos meses a contar desde el desistimiento, durante los cuales no podrán comenzar las obras, ello en base a lo establecido en el apartado segundo del citado artículo 22 de la Ley de Arrendamientos Urbanos.

RESOLUCIÓN RELEVANTE

Sentencia de la Audiencia Provincial de Barcelona n.º 614/2018, de 21 de septiembre, ECLI:ES:APB:2018:7816

«El artículo 22.1 de la LAU impone al arrendatario la obligación de soportar o tolerar la realización por el arrendador de obras de mejora «cuya ejecución no pueda razonablemente diferirse hasta la conclusión del arrendamiento».

Dice el artículo 22 de la LAU: ' 1. El arrendatario estará obligado a soportar la realización por el arrendador de obras de mejora cuya ejecución no pueda razonablemente diferirse hasta la conclusión del arrendamiento.

2. El arrendador que se proponga realizar una de tales obras deberá notificar por escrito al arrendatario, al menos con tres meses de antelación, su naturaleza, comienzo, duración y coste previsible. Durante el plazo de un mes desde dicha notificación, el arrendatario podrá desistir del contrato, salvo que las obras no afecten o afecten de modo irrelevante a la vivienda arrendada. El arrendamiento se extinguirá en el plazo de dos meses a contar desde el desistimiento, durante los cuales no podrán comenzar las obras.

3. El arrendatario que soporte las obras tendrá derecho a una reducción de la renta en proporción a la parte de la vivienda de la que se vea privado por causa de aquéllas, así como a la indemnización de los gastos que las obras le obliguen a efectuar'.

Estas obras de mejora «forzosas u obligatorias» vinculan al arrendatario, quien deberá tolerarlas aun cuando le ocasionen graves molestias, y, por lo tanto, afecten a las condiciones de habitabilidad predispuestas en la vivienda o local para servir al uso convenido.

Estas mejoras «obligatorias o forzosas», previstas en el artículo 22.1 de la LAU, comprenden las obras impuestas al arrendador en la vivienda o local o en sus accesorios por la ley o por una resolución judicial o administrativa firme, es decir, aquellas obras cuya ejecución escapa a la voluntad de los particulares; y, en caso de departamentos sujetos al régimen de Propiedad Horizontal, aquellas obras que afecten a los elementos comunes del inmueble cuando tales obras hayan sido acordadas legítimamente por la comunidad de propietarios.

El arrendador que se vea compelido a realizar una obra de este tipo tiene el deber de notificarlo al arrendatario por escrito. El contenido de esa notificación se extiende a los siguientes extremos: naturaleza, comienzo, duración y coste previsible.

El arrendatario dispone de un mes, a contar desde que opere la notificación para: a) desistir del contrato de arrendamiento o b) aceptar la realización de las obras; en este caso, el arrendatario que soporte las obras tendrá derecho a una reducción de la renta en proporción a la parte de la vivienda o local de la que se vea privado por causa de aquéllas, así como a la indemnización de los gastos que las obras le obliguen a efectuar».

Obras del arrendatario

Dispone el artículo 23 de la Ley de Arrendamientos Urbanos que el arrendatario no podrá realizar sin el consentimiento, expresado por escrito, del arrendador, obras que modifiquen la configuración de la vivienda o de los accesorios establecidos en el apartado segundo del artículo 2 de la LAU, estos son:

- El mobiliario.
- Los trasteros.
- Las plazas de garaje.
- Cualesquiera otras dependencias, espacios arrendados o servicios cedidos como accesorios de la finca por el mismo arrendador.

Tampoco podrá efectuar obras que provoquen una disminución en la estabilidad o seguridad de la vivienda.

Si bien, sin perjuicio de la facultad de resolución del contrato, el arrendador que no haya autorizado la realización de las obras podrá exigir, a la conclusión del contrato, que el arrendatario realice una de las siguientes dos opciones:

- Reponga las cosas al estado anterior.
- Conservar la modificación efectuada, sin que este pueda reclamar indemnización alguna.

En este sentido, el Tribunal Supremo en su **sentencia n.º 1220/2008, de 18 de diciembre, ECLI:ES:TS:2008:7096**, dispone que:

> «La configuración es un concepto indeterminado, circunstancial y contingente, que el Tribunal califica en atención a las particularidades concurrentes en el objeto arrendado, conforme a la prueba que recibe de las partes y valora en cada caso, dando lugar un casuismo jurisprudencial muy ajustado al supuesto concreto, que la doctrina de esta Sala ha tratado de precisar teniendo en cuenta algunos elementos coincidentes a tales obras como son la alteración del espacio comprendido en el local arrendado, bien sea procediendo a su incremento o disminución o provocando una variación sustancial en su distribución (SSTS de 11 de enero de 1954, 29 de mayo y 30 de septiembre de 1964); las obras llamadas fijas o de fábrica, empotradas en el suelo y techo y practicadas con materiales de construcción; las de carácter mueble no incorporadas al edificio o adheridas de tal forma que puedan repararse sin menoscabo o deterioro del mismo; las obras de madera no empotradas en la estructura del edificio y fácilmente desmontables o los tabiques de madera y cristal no adheridos a la obra (STS 30 de enero de 1991, y las que cita). Fuera de la norma quedan no solo estas obras móviles, sino las de mera conservación, reparación, adecentamiento y las necesarias dirigidas a mantener el local en el estado que se refiere para destinarlo al fin previsto (SSTS 14 de diciembre de 1990; 30 de enero de 1991, 27 y 31 de diciembre de 1993); el simple alicatado, que por su propia naturaleza, no cabe entenderlo más que de embellecimiento (STS 20-12-1988); la sustitución de bañeras y demás elementos de un aseo (STS 14 octubre

1963), y en general aquellas llevadas a cabo por el arrendatario para evitar un daño inminente o incomodidad grave, por no tratarse de obras realizadas por su voluntad, sino impuestas por causas o circunstancias no queridas (STS 19 de septiembre de 1987, dictada en la interpretación del párrafo 2 del artículo 110 de la Ley de Arrendamientos Urbanos)».

Así, apunta la **Audiencia Provincial de la Rioja en la sentencia n.º 199/2013, de 6 de junio, ECLI:ES:APLO:2013:319,** que en un caso en el que las obras realizadas por el arrendatario consistentes en la colocación de una chimenea y un conducto de climatización *«(...) invaden el recorrido de la escalera, hueco central y parte del descansillo de la planta primera, saliendo la chimenea al exterior por un lucernario acristalado que existe en la cubierta y que se ha perforado para dar salida a la chimenea, contravienen la cláusula décima apartado b) del contrato y lo dispuesto en el apartado 1 del artículo 23 de la Ley de Arrendamientos Urbanos».*

A mayor abundamiento, con respecto al arrendamiento de un local de negocio la **sentencia de la Audiencia Provincial de Cádiz n.º 386/2008, de 17 de noviembre, ECLI:ES:APCA:2008:1616,** señala:

«(...) Es seguida por la Jurisprudencia la tesis de que **el mero hecho del arrendamiento de un local para una concreta actividad negocial lleva implícita la autorización de las obras que exige el fin económico previsto** (SS de la Audiencia Provincial de Madrid de 14 de junio de 2001, de Tarragona de 22 de octubre de 2001 y de La Coruña de 23 de octubre de 2007, entre otras). El local de autos, como reconoce el propio actor, no estaba en condiciones para desarrollar ninguna actividad negocial al momento del arriendo: estaba "en bruto", por lo que las obras realizadas de remodelación de paredes y suelo son acordes con la actividad; consideramos también que la apertura de la puerta en pared para comunicar el local con los colindantes, aunque sirva para un único negocio, no ha hecho que el que contemplamos pierda su esencia o singularidad, en el sentido de que ha mantenido sus contornos y volumen, no significando para los propietarios más que tapiar el hueco de puerta de comunicación a la finalización del arriendo para que quede totalmente aislado, operación simple y sencilla que no puede elevarse a la categoría de obra que signifique modificación de la configuración del local acorde con el sentido que ha de darse al término como venimos expresando. Otro tanto cabe afirmar de la ventana que sustituye a la puerta (no olvidemos que esta última era la de obra, simple, de aluminio con cristales, provisional pues) porque como se desprende de lo construido una pequeña demolición deja el hueco abierto a la calle, quedando entonces el primitivo para colocar una puerta permanente. La operación es también sencilla y la construcción de la ventana no le ha hecho perder al local su individualidad al mantener su contorno; si como decimos el hecho del arrendamiento del local lleva implícita la autorización de obras que exige las necesidades del negocio, para quien arrendaba el tener una ventana le resultaba adecuado para la estructuración de su actividad, por lo que tampoco cabe deducir la modificación de configuración que el demandante alega».

CUESTIÓN

¿Qué sucede si el arrendatario realiza obras que provocan una disminución de la estabilidad de la edificación?

El arrendador, a tenor de lo dispuesto en el artículo 23.2 párrafo segundo de la LAU, podrá exigir de inmediato del arrendatario la reposición de las cosas al estado anterior si el arrendatario realiza obras que han provocan una disminución de:

- La estabilidad de la edificación

- La seguridad de la vivienda o sus accesorios.

Arrendatarios con discapacidad

La Ley de Arrendamientos Urbanos en su artículo 24 estipula que el arrendatario podrá realizar en el interior de la vivienda aquellas obras o actuaciones necesarias para que pueda ser utilizada de forma adecuada y acorde a la **discapacidad** o a la **edad superior a setenta años**, de las siguientes personas:

- Arrendatario.

- Cónyuge.

- Persona con quien conviva de forma permanente en análoga relación de afectividad, con independencia de su orientación sexual.

- Familiares que con alguno de ellos convivan de forma permanente.

Si bien, con respecto a lo anterior, existen dos **requisitos** exigibles:

- Previa notificación escrita al arrendador.

- Siempre que no afecten a elementos o servicios comunes del edificio ni provoquen una disminución en su estabilidad o seguridad.

Sin embargo, al término del contrato, el arrendatario estará obligado a reponer la vivienda al estado anterior, si así lo exige el arrendador.

3.5. La fianza en el arrendamiento de vivienda

El artículo 36 de la Ley de Arrendamientos Urbanos señala que a la celebración del contrato será **obligatoria** la exigencia y prestación de **fianza** en metálico en cantidad equivalente a:

- Una mensualidad de renta en el arrendamiento de vivienda.

- Dos mensualidades en el arrendamiento para uso distinto del de vivienda.

En este sentido, la **Audiencia Provincial de Alicante en su sentencia rec. 455/2017, de 5 de octubre, ECLI:ES:APA:2017:2577**, declara que la **fianza** *«(...) se concibe como una* **obligación de garantía** *que se extingue cuando finaliza el contrato (art. 36-4) pudiendo imputarse la cantidad objeto de fianza a la satisfacción de las obligaciones hasta entonces incumplidas por el arren-*

datario. La restitución viene regulada en el art. 36.4 LAU (EDL 1994/18384), configurándose como un **derecho de crédito**, *del que es deudor el arrendador (deudor del saldo que corresponda, "podido incurrir el arrendatario, cubiertas por la fianza) y acreedor el arrendatario (a exigir la devolución); si éste cumplió sus obligaciones la restitución se extiende a toda la suma entregada en su día, pero si incurrió en alguna responsabilidad, será cubierta con la suma entregada, restituyéndose solo la diferencia entre lo entregado y la cantidad en que se calcule la responsabilidad imputable al arrendatario ["el saldo...que deba ser restituido (...)"], lo que impone una previa liquidación del contrato, y ello solo puede hacerse una vez extinguida la relación arrendaticia ["(...) al final del arriendo"] y siempre que el arrendatario haya restituido la posesión de la finca (pues solo así de un lado se habrán cumplido las obligaciones derivadas del contrato y, de otro, el arrendador podrá examinar la finca y comprobar su estado), y de ahí que la LAU (EDL 1994/18384) establezca el tiempo de cumplimiento de restitución en el mes siguiente a la fecha de la entrega de las llaves».*

A mayor abundamiento, la **sentencia de la Audiencia Provincial de Pontevedra n.º 439/2016, de 30 de septiembre, ECLI:ES:APPO:2016:1938**, declara que:

> «La fianza a que se refiere el art. 36 LAU, y que es la que nos ocupa, no puede salir del marco de la relación entre arrendador y arrendatario, o de quienes les sucedan en esa posición jurídica, dada la finalidad de la fianza y refiriéndose todas las normas, estatales y autonómicas de aplicación, a la devolución al arrendador o al arrendatario, o persona que autoricen.
>
> El resguardo que documenta el depósito en institución pública -habiendo sido muy discutido que su finalidad era meramente recaudatoria-, no es propiamente un título al portador en el sentido que pretende la parte actora y que acoge la sentencia de instancia, pues la fianza es accesoria del contrato de arrendamiento y solo tiene sentido en las relaciones entre las partes del mismo. No se encuentra sentido a que terceros negocien y transmitan un crédito ligado a una concreta relación contractual, al margen de esta y cuando se desconoce en realidad cómo será su liquidación, es decir, quien será acreedor de la fianza, pues solo al extinguirse el contrato de arrendamiento, se sabrá».

Por el contrario, están **exceptuados** de la obligación de prestar fianza, cuando la renta haya de ser satisfecha con cargo a sus respectivos presupuestos:

- La Administración General del Estado.
- Las Administraciones de las comunidades autónomas.
- Las entidades que integran la Administración local.
- Los organismos autónomos.
- Las entidades públicas empresariales y demás entes públicos vinculados o dependientes de ellas.

- Las mutuas colaboradoras con la Seguridad Social en su función pública de colaboración en la gestión de la Seguridad Social, así como sus centros mancomunados, cuando la renta haya de ser satisfecha con cargo a sus respectivos presupuestos.

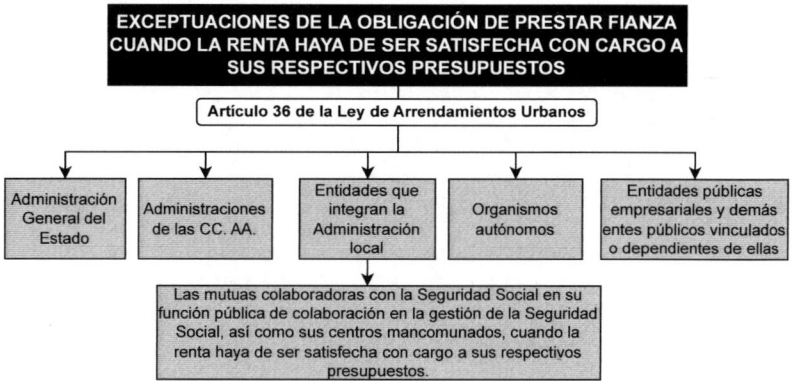

CUESTIONES

1. ¿La fianza podrá ser actualizada?

Según el **apartado segundo del artículo 36 de la LAU** «durante los cinco primeros años de duración del contrato, o durante los siete primeros años si el arrendador fuese persona jurídica, la fianza no estará sujeta a actualización. Pero cada vez que el arrendamiento se prorrogue, el arrendador podrá exigir que la fianza sea incrementada, o el arrendatario que disminuya, hasta hacerse igual a una o dos mensualidades de la renta vigente, según proceda, al tiempo de la prórroga».

Sin embargo, dicha actualización de la fianza durante el período de tiempo en que el plazo pactado para el arrendamiento exceda de cinco años, o de siete años si el arrendador fuese persona jurídica, se regirá:

- **Por lo estipulado por las partes**: durante el período de tiempo en que el plazo pactado para el arrendamiento exceda de cinco años, o de siete años si el arrendador fuese persona jurídica.
- **A falta de pacto específico**: lo acordado sobre actualización de la renta se presumirá querido también para la actualización de la fianza.

2. ¿El importe de la fianza devenga intereses?

Sí, el saldo de la fianza en metálico que deba ser restituido al arrendatario al final del arriendo, devengará el interés legal, transcurrido un mes desde la entrega de las llaves por el mismo sin que se hubiere hecho efectiva dicha restitución. Artículo 36.4 del mismo texto legal.

3. ¿Las partes podrán pactar garantías de cumplimiento por el arrendatario?

Sí, las partes podrán convenir cualquier tipo de garantía del cumplimiento por el arrendatario de sus obligaciones arrendaticias adicional a la fianza en metálico.

No obstante, el valor de esta garantía adicional no podrá exceder de dos mensualidades de renta, en los contratos de arrendamiento de vivienda de:

- Hasta cinco años de duración.
- Hasta siete años si el arrendador fuese persona jurídica.

RESOLUCIÓN RELEVANTE

Sentencia de la Audiencia Provincial de Lleida n.º 533/2021, de 28 de julio, ECLI:ES:APL:2021:591

«Tal y como ha establecido este Tribunal en reiteradas ocasiones, la fianza a la que se refiere el Art. 36 de la LAU, no hace más que garantizar la obligación de todo arrendatario de devolver la cosa arrendada en el mismo estado que tenía al tiempo de entrega de la posesión. Así resulta del Art. 1561 del CC, que a la vez está conectado con la obligación que al arrendatario impone el Art. 1555.2 del CC, de utilizar la cosa arrendada como un diligente padre de familia, destinándola al uso pactado, y completándolo el Art. 1563 del CC, que hace responsable al arrendatario del deterioro o pérdida de la cosa arrendada, salvo que pruebe que se ha producido sin culpa suya.

Igualmente este Tribunal en sentencia de 25-4-07 ya indicaba que: 'En cuanto a la fianza (dos en este caso, por distintos conceptos) ha de tenerse en cuenta que la fianza, como obligación accesoria y subordinada que es, existe mientras haya una obligación principal cuyo cumplimiento está destinada a garantizar, de forma que si se extingue la obligación principal, la fianza habrá de seguir su misma suerte (Art. 1.207 y 1.828CC), y a la inversa, porque al mantenerse la primitiva obligación principal también se mantiene la accesoria, destinada a garantizar el cumplimiento de las obligaciones contractuales, tanto por lo que se refiere en este supuesto al contrato propiamente dicho como a los útiles relacionados en el anexo, desprendiéndose de lo dispuesto en el Art. 36-4 de la LAU que el saldo de la fianza en metálico debe restituirse al final del arriendo y una vez entregadas las llaves al arrendador (Art. 36 de la LAU)'.

(...)

La consecuencia es que el arrendatario ha de restituir la posesión al arrendador, el cual, una vez verificado que no se han producido daños o desperfectos imputables al arrendatario, procederá a devolver la fianza constituida en garantía del cumplimiento de estas obligaciones».

Formalización del arrendamiento de vivienda

Con base en el artículo 37 de la Ley de Arrendamientos Urbanos, si bien no constituye un requisito de carácter constitutivo del contrato de arrendamiento, las partes podrán compelerse recíprocamente a la formalización por escrito del contrato de arrendamiento.

En dicho caso, se harán constar los siguientes aspectos:

- La identidad de los contratantes.
- La identificación de la finca arrendada.
- La duración pactada.
- La renta inicial del contrato.
- Las demás cláusulas que las partes hubieran libremente acordado.

Pues bien, en relación al **contrato de arrendamiento verbal**, la **SAP de Valencia n.º 86/2016, de 16 de febrero, ECLI:ES:APV:2016:1054**, dispone que:

«(...) el artículo 37 LAU, no exige la forma escrita del contrato de arrendamiento, sólo establece que: "Las partes podrán compelerse recíprocamente a la formalización por escrito del contrato de arrendamiento". La cuestión litigiosa se traslada así a la existencia, o no, de pruebas que avalen la realidad de ese contrato de arrendamiento verbal, o que la desmientan».

Por su parte, la **sentencia de la Audiencia Provincial de Valencia n.º 281/2015, de 6 de octubre, ECLI:ES:APV:2015:4885,** señala que:

> «Si bien es cierto que **la Ley admite el contrato verbal, también lo es que el artículo 37 LAU establece la facultad de las partes para obligarse mutuamente a formalizar por escrito el contrato de arrendamiento,** habida cuenta de que se alega la existencia de un contrato de vivienda por plazo de 10 años, y formalizado con una persona que (según alegaciones de la demandada) no iba a residir en nuestro país, lo lógico hubiera sido que se hubiera firmado algún documento que recogiese el arrendamiento (...)».

RESOLUCIÓN RELEVANTE

Sentencia de los Juzgados de lo Mercantil de Burgos n.º 53/2020, de 9 de marzo, ECLI:ES:JMBU:2020:619

«La celebración verbal de un contrato de arrendamiento es perfectamente admisible, aunque, evidentemente, va a plantear problemas ulteriores de prueba, tal y como es el caso que nos ocupa. En este sentido, el art. 37 LAU dispone en su primer párrafo que las partes podrán compelerse recíprocamente a la formalización por escrito del contrato de arrendamiento, lo que implica, por tanto, la validez del contrato celebrado verbalmente.

Conviene decir, asimismo, que la no presentación de un contrato para liquidar impuestos es irrelevante desde la perspectiva civil y nada aporta a la discusión de si el contrato existe o no. Si el contrato existe y no se han liquidado los impuestos oportunos, será exigible la responsabilidad administrativa que corresponda. Pero no siendo la liquidación tributaria un presupuesto de validez contractual, su realización o no es irrelevante desde la perspectiva probatoria civil».

3.6. Suspensión, resolución y extinción del arrendamiento de vivienda

La suspensión, resolución y extinción del contrato se regulan en los artículos 26, 27 y 28 de la Ley de Arrendamientos Urbanos, respectivamente.

Habitabilidad de la vivienda

El artículo 26 de la Ley de Arrendamientos Urbanos establece que **el arrendatario tendrá la opción de suspender el contrato o de desistir del mismo,** sin indemnización alguna, cuando la ejecución en la vivienda arrendada de obras de conservación o de obras acordadas por una autoridad competente la hagan inhabitable.

Además, la **suspensión del contrato** supondrá, hasta la terminación de las obras:

- La paralización del plazo del contrato.
- La suspensión de la obligación de pago de la renta.

A estos efectos, la **Audiencia Provincial de Murcia en su sentencia n.º 312/2017, de 18 de mayo, ECLI:ES:APMU:2017:1054**, entiende que el precepto que nos ocupa considera:

> «(...) la posibilidad que asiste al arrendatario para suspender temporalmente los efectos del contrato o desistir de él por razón de la ejecución de determinadas obras; ahora bien, para que la suspensión o desistimiento sea factible se precisa que se trate de obras relativas a la conservación del inmueble arrendado a impulso del arrendador o las acordadas por la autoridad competente, debiendo entenderse comprendidas en unas y otras aquéllas que sean necesarias para conservar el bien, como realidad física, en condiciones de idoneidad para servir al uso convenido, esto es, las de conservación propiamente dichas, las de reparación y las de mera corrección del deterioro (sentencia del Tribunal Supremo de 5 de enero de 2006), siendo preciso en uno y otro caso que no puedan razonablemente diferirse hasta la conclusión del arriendo y que su ejecución provoque la imposibilidad de uso de lo arrendado, ya sea total o parcial, no bastando que ocasionen meras molestias o incomodidades.
>
> Al propio tiempo deberá tenerse presente, que para que proceda la opción a que se refiere el citado art. 26 de la LAU, junto con la inhabilidad del bien locado que conlleve al arrendador a la ejecución de obras o la resolución administrativa que obligue a la propiedad a ejecutarlas, se requiere por un lado que el arrendatario la alegue, y por otro el traslado de dicha pretensión a la otra parte del contrato, la arrendadora, y de haber desacuerdo por no coincidir los criterios sobre la concurrencia de las circunstancias que legalmente se establece, su planteamiento en vía judicial, bien con la presentación de la demanda por la parte arrendataria con la pretensión de suspensión o bien mediante reconvención en cualquier otro procedimiento instado por la propiedad».

Asimismo, con respecto a la suspensión del contrato, la **Audiencia Provincial de Burgos en su sentencia n.º 225/2002, de 19 de abril, ECLI:ES:APBU:2002:586**, dispone que:

> «Tampoco puede darse lugar al desahucio por la falta de pago del IBI y de las tasas de basuras del año 2001, porque dichos recibos aparecen cargados en la cuenta del arrendador con fecha 10.07.01, siendo a partir de entonces cuando puede repercutir su pago en el arrendatario, es decir, cuando ya se había producido la suspensión del contrato, y, por tanto, **la suspensión del pago de todas las cantidades debidas según el contrato**. Lo mismo puede decirse de la factura de la luz por importe de 6.497 pesetas, que lleva fecha de 29.05.01, posterior al siniestro de fecha 13 de mayo».

Por último, los Tribunales vienen exigiendo que la vivienda objeto de arrendamiento sea inhabitable en su totalidad. Un ejemplo de ello sería la **sentencia de la Audiencia Provincial de Barcelona n.º 142/2014, de 25 marzo, ECLI:ES:APB:2014:8017**, de modo que *«(...) para el ejercicio por el arrendatario de la facultad de suspensión del contrato o de resolución del mismo, se exige que la finca sea inhabitable de forma total; por el contrario, cuando la finca puede seguir siendo habitada por el arrendatario, aunque la obra sea muy molesta, y aunque durante la ejecución de la obra se vea privado incluso* *de una parte de la vivienda, el arrendatario únicamente se encuentra facultado para solicitar una disminución del precio del arriendo, en proporción al tiempo, y la parte de la finca de que se vea privado (...)».*

Ahora bien, **para que la suspensión o desistimiento sea factible se precisa que se trate de obras relativas a la conservación del inmueble arrendado por voluntad del arrendador o las acordadas por la autoridad competente,** debiendo entenderse comprendidas en unas y otras aquellas que sean **necesarias para conservar el bien,** como realidad física, en condiciones de idoneidad para servir al uso convenido, esto es, las de conservación propiamente dichas, las de reparación y las de mera corrección del deterioro.

Lo anterior debe concurrir, para que proceda la suspensión del contrato, con la inhabilidad del bien. En este sentido es interesante la lectura de la **sentencia de la Audiencia Provincial de Murcia n.º 312/2017, de 18 de mayo, ECLI:ES:APMU:2017:1054.**

RESOLUCIÓN RELEVANTE

Sentencia de la Audiencia Provincial de Badajoz n.º 175/2021, de 1 de septiembre, ECLI:ES:APBA:2021:1125

«(...) la jurisprudencia ha declarado reiteradamente que el incumplimiento de las obligaciones del arrendador no libera al arrendatario de su obligación principal de pago de la renta pactada, que solamente puede ser suspendida en los supuestos y con los requisitos previstos expresamente en la LAU, de forma que ante el incumplimiento por parte del arrendador de dicha obligación el arrendatario puede optar (artículo 27.1 de la LAU en relación con el artículo 1124 del Código Civil) por resolver el contrato de arrendamiento (artículo 2.3 de la LAU) o por exigir el cumplimiento de tales obligaciones, en ambos casos, con la correspondiente indemnización de daños y perjuicios, y en todo caso, el artículo 21.2 de la LAU le faculta para pedir la disminución de la renta en proporción a la parte de la vivienda de la que se ha visto privado durante más de 20 días, pero, en modo alguno, a suspender o disminuir el pago de la renta sin haber instado en caso de oposición de la otra parte el procedimiento oportuno para ello, e incluso, de ejecutarse las obras previstas para la conservación de la vivienda tan solo le atribuye la facultad de suspender el contrato o de desistir del mismo, sin indemnización alguna (artículo 26 de la LAU)».

Incumplimiento de obligaciones

Es claro el artículo 27 de la Ley de Arrendamientos Urbanos al establecer que el incumplimiento por cualquiera de las partes de las obligaciones resultantes del contrato dará derecho a la parte que hubiere cumplido las suyas a:

- Exigir el cumplimiento de la obligación o,
- promover la resolución del contrato conforme al artículo 1124 del Código Civil.

En relación con lo anterior, el **Tribunal Supremo en su sentencia n.º 539/2017, de 3 de octubre, ECLI:ES:TS:2017:3375,** declara que:

«En base al art. 1124 del C. Civil, el arrendador podía solicitar el cumplimiento del contrato, como ha hecho, **exigiendo el pago de las rentas adeudadas y las que quedaban por vencer.**

Igualmente podía instar la resolución del contrato con indemnización de daños y perjuicios, pero no optó por esa vía.

Esta sala en sentencia 183/2016 de 18 de marzo y en la 297/2017 de 16 de mayo declaró:

«Los tres grupos de casos que se han presentado en la jurisprudencia de la Sala que son:

»1. Casos en los que existe en el contrato de arrendamiento de local de negocio una cláusula que otorga al arrendatario la facultad de resolver (rectius: desistir unilateralmente) el contrato, quedando obligado a pagar al arrendador una determinada cantidad de dinero (multa penitencial) (sentencias de 23 de diciembre de 2009 (rec. 1508 de 2005), 6 de noviembre de 2013 (rec. 1589 de 2011), 10 de diciembre de 2013 (rec. 2237 de 2011) y 29 de mayo de 2014 (rec. 449 de 2012).

»2. Casos en los que dicha cláusula no existe y el arrendatario manifiesta su voluntad de terminar el arrendamiento, pero el arrendador no lo acepta y pide el cumplimiento del contrato, es decir, el pago de las rentas conforme a los vencimientos pactados en el contrato (sentencia de 26 de junio de 2002; rec. 54/1997). Es el caso que ahora analizamos.

»3. Casos en los que dicha cláusula tampoco existe pero el arrendatario manifiesta su voluntad de terminar el arrendamiento y el arrendador acepta o acaba por aceptar la resolución del mismo reclamando indemnización de los daños y perjuicios provocados por la resolución (sentencia de 9 de abril de 2012; rec. 229 de 2007)».

Asimismo, **el arrendador** y **el arrendatario podrán resolver el contrato por las siguientes causas**:

ARRENDADOR	ARRENDATARIO
Falta de pago de la renta o, en su caso, de cualquiera de las cantidades cuyo pago haya asumido o corresponda al arrendatario.	La no realización por el arrendador de las reparaciones a que se refiere el artículo 21 de la LAU.
Falta de pago del importe de la fianza o de su actualización.	
Subarriendo o la cesión inconsentidos.	
Realización de daños causados dolosamente en la finca o de obras no consentidas por el arrendador cuando el consentimiento de este sea necesario.	La perturbación de hecho o de derecho que realice el arrendador en la utilización de la vivienda.
Cuando en la vivienda tengan lugar actividades molestas, insalubres, nocivas, peligrosas o ilícitas.	
Cuando la vivienda deje de estar destinada de forma primordial a satisfacer la necesidad permanente de vivienda del arrendatario o de quien efectivamente la viniera ocupando de acuerdo con lo dispuesto en el artículo 7 de la LAU.	

CUESTIÓN

Si se tratara de un arrendamiento de finca urbana inscrita en el Registro de la Propiedad y se fijara en el contrato de arrendamiento su resolución por falta de pago y la restitución inmediata del inmueble al arrendador, ¿cuándo se entenderá resuelto el arrendamiento?

Tal y como dispone el **apartado cuarto del artículo 27 de la LAU** «tratándose de arrendamientos de finca urbana inscritos en el Registro de la Propiedad, si se hubiera estipulado en el contrato que el arrendamiento quedará resuelto por falta de pago de la renta y que deberá en tal caso restituirse inmediatamente el inmueble al arrendador, la resolución tendrá lugar de pleno derecho una vez el arrendador haya requerido judicial o notarialmente al arrendatario en el domicilio designado al efecto en la inscripción, instándole al pago o cumplimiento, y éste no haya contestado al requerimiento en los diez días hábiles siguientes, o conteste aceptando la resolución de pleno derecho, todo ello por medio del mismo juez o notario que hizo el requerimiento».

Si bien, con respecto al ámbito registral, «el título aportado al procedimiento registral, junto con la copia del acta de requerimiento, de la que resulte la notificación y que no se haya contestado por el requerido de pago o que se haya contestado aceptando la resolución de pleno derecho, será título suficiente para practicar la cancelación del arrendamiento en el Registro de la Propiedad.

Si hubiera cargas posteriores que recaigan sobre el arrendamiento, será además preciso para su cancelación justificar la notificación fehaciente a los titulares de las mismas, en el domicilio que obre en el Registro, y acreditar la consignación a su favor ante el mismo notario, de la fianza prestada por el arrendatario».

Finalmente, además de por todas las causas señaladas en los anteriores párrafos el contrato de arrendamiento se extinguirá, de acuerdo con el artículo 28 de la LAU, por las siguientes causas:

- Por la **pérdida de la finca** arrendada por causa no imputable al arrendador.
- Por la **declaración firme de ruina** acordada por la autoridad competente.

En este caso, **se refiere a la extinción del contrato de arrendamiento no a la resolución del mismo**, es decir: *«(...) lo que significa que no es necesaria una voluntad específica de las partes dirigida a ponerle fin, y menos aún del ejercicio de una acción judicial. El contrato se extingue desde el momento en que la cosa arrendada se pierde, o desde el mismo momento en que se produce la firmeza de la declaración administrativa de ruina, y los efectos de la extinción se producirán a partir de entonces, aunque haya una posterior demanda de extinción».* Así lo señala la **Audiencia Provincial de Burgos en su sentencia n.º 241/2019, de 30 de mayo, ECLI:ES:APBU:2019:464.**

A modo de ejemplo, podemos citar la **sentencia de la Audiencia Provincial de Barcelona n.º 75/2012, de 21 de febrero, ECLI:ES:APB:2012:639, acerca de un incendio de graves consecuencias en una nave arrendada:**

«La cuestión se centra en cuando se produce la extinción del contrato, y de conformidad con el artículo 28 de la Ley de Arrendamientos Urbanos, se produce la extinción del contrato por la pérdida de la finca arrendada. En el presente caso, **el incendio de graves consecuencias se equipara a la perdida de la finca**, pues el estado en que quedó resulta imposible la realización cualquiera actividad, causa del arriendo por la mercantil demandada».

Extinción del arrendamiento

La extinción del contrato de arrendamiento viene regulada en el artículo 28 de la Ley de Arrendamientos Urbanos, el cual establece que:

«El contrato de arrendamiento se extinguirá, además de por las restantes causas contempladas en el presente Título, por las siguientes:
a) Por la pérdida de la finca arrendada por causa no imputable al arrendador.
b) Por la declaración firme de ruina acordada por la autoridad competente».

RESOLUCIÓN RELEVANTE

Sentencia de la Audiencia Provincial de Madrid n.º 242/2016, de 30 de junio, ECLI:ES:APM:2016:9029

«Se entiende por ruina técnica, a tenor del art. 118.2 LAU, 'el siniestro que para la reconstrucción de la vivienda o el local de negocio haga preciso la ejecución de obras cuyo coste exceda del 50 % de su valor real al tiempo de ocurrir aquél, sin que para esta valoración se tenga en cuenta el suelo'. El art. 28.a) de la vigente LAU contempla también la ruina técnica, referida a la 'pérdida de la finca arrendada', que incluye tanto la pérdida física, como la pérdida jurídica.

Quiere desde ahora llamarse la atención sobre la redacción literal de los preceptos transcritos, que contemplan la ruina técnica de la 'vivienda o local de negocio', o de la 'finca arrendada', y no la ruina técnica del edificio que los alberga».

Casuística derivada de las causas de resolución del contrato de arrendamiento

‖ Retraso en el pago de la renta incluso de una sola mensualidad

Sentencia del Tribunal Supremo n.º 180/2014, de 27 de marzo, ECLI:ES:TS:2014:1183

«B) Por ser el contrato de arrendamiento urbano oneroso y conmutativo, es evidente que la primera obligación del arrendatario es la de pagar la renta; por otra parte, salvo cuando las partes hayan acordado que su abono se efectúe en un solo momento, este contrato es de tracto sucesivo y el impago de una sola mensualidad de renta puede motivar la resolución contractual.

De este modo se ha declarado, como doctrina jurisprudencial, que el pago de la renta del arrendamiento de vivienda fuera de plazo y después de presentada la demanda de desahucio no excluye la resolución del contrato, y esto aunque la demanda se funde en el impago de una sola mensualidad de renta, sin que el arrendador venga obligado a soportar que el arrendatario se retrase de ordinario en el abono de las rentas periódicas».

A TENER EN CUENTA. El Tribunal Supremo en sentencia n.º 1065/2024, de 23 de julio, ECLI:ES:TS:2024:4244, recuerda que ya ha establecido en varias sentencias que el impago de la renta fuera de plazo y después de presentada la demanda de desahucio no excluye la resolución del contrato de arrendamiento, incluso si la demanda se basa en el impago de una sola mensualidad, pero *«(...) sin perjuicio de que las circunstancias del caso concreto sí puedan y deban ser atendidas para valorar si efectivamente ha existido o no incumplimiento contractual.*

> *(...)*
> *La jurisprudencia de la sala no ha cerrado el paso a que, a los efectos de determinar el incumplimiento de la obligación de pago, no deban ser contempladas las concretas circunstancias concurrentes en cada supuesto litigioso. Y, desde esta perspectiva, las anteriormente descritas, de naturaleza excepcional, determinan que no pueda apreciarse concurrente un incumplimiento resolutorio del contrato de arrendamiento».*

Impago de otras cantidades a cargo del arrendatario como IBI, basuras y gastos de suministros

Sentencia de la Audiencia Provincial de Madrid n.° 59/2012, de 23 de enero, ECLI:ES:APM:2012:2204

«(...) la repercusión por IBI y Tasa Municipal de Basuras y coste de suministros de agua y calefacción consumidos por el arrendatario son legalmente exigibles y su impago determina el desahucio según dispone la jurisprudencia del Tribunal Supremo, que entiende aplicable la previsión del artículo 27.2.a) a los contratos de arrendamiento urbanos anteriores a 1985, extendiendo la acción de desahucio a la falta de pago de cualquiera de las cantidades cuyo pago corresponde al arrendatario, incluyendo gastos de Comunidad, servicios, suministros y obras e IBI (...)».

Impago de la fianza

Sentencia de la Audiencia Provincial de Barcelona n.° 686/2019, de 13 de junio, ECLI:ES:APB:2019:6924

«En principio, el arrendatario constituye la fianza para garantizar (garantía real de las obligaciones) el cumplimiento de sus propias obligaciones (art. 1555 CC: responde del cuidado y conservación ex arts. 1555.2, 1559 y 1563 CC, 21 y 30 LAU —indemnización por los daños y menoscabos en la finca—, de la restitución de la posesión —arts. 1561 y ss CC— y del pago del precio, es decir renta y demás cantidades que asumió o corresponda al arrendatario, arts. 1255.1 CC, 17 y 20 LAU), viniendo impuesta con carácter obligatorio por la ley (carácter imperativo tanto de la 'exigencia' como de su 'prestación', aunque nada parece que se oponga a la posibilidad de renuncia inter partes, dado que no se vulneran los límites de la autonomía privada ex art. 6.2 y 3 CC), que deberá ser en metálico (arts. 36.1, en relación con los arts. 4.1 y 27.2.b LAU, que incluye como causa de resolución de pleno derecho ' la falta de pago del importe de la fianza o de su actualización'), cuya exigencia y prestación debería hacerse en el momento de la celebración del contrato (art. 36.1), y cuya cuantía es una mensualidad de renta en arrendamientos de vivienda y de dos en arrendamientos de uso distinto (...)».

Subarriendo o cesión inconsentidas

Sentencia de la Audiencia Provincial de Valladolid n.° 95/2015, de 30 de abril, ECLI:ES:APVA:2015:492

«(...) El Tribunal Supremo ha establecido como doctrina jurisprudencial en materia de cesión o subarriendo inconsentido (Sentencia del Tribunal Supremo de 20 de marzo de 2013), como causa de resolución de contrato de arrendamiento prevista en el artículo 114. 2 .ª y 5.ª de la LAU de 1964, —actuales arts. 32, 35 y 8 de la Ley 29/1994 de 24 de Noviembre de Arrendamientos Urbanos— que resulta necesario que se acredite la efectiva ocupación o aprovechamiento real por parte del tercero introducido en la relación arrendaticia sin el preceptivo consentimiento del arrendador. En tal sentido la STS de 16 de octubre de 2009 [RC n.º 203/2005] establece que: "La cesión del derecho arrendaticio supone el cambio de la persona del arrendatario y la consiguiente exclusión del cedente en la relación arrendaticia mediante la entrega del goce o uso de la cosa arrendada al cesionario en cualesquiera de las formas de que sea susceptible, estableciéndose una relación de servicios entre la cosa y el sujeto, cual sugiere el artículo 1543 del Código Civil al describir la obligación del arrendador de dar al arrendatario el goce o uso de una cosa, que es lo que constituye la esencia del arriendo, y lo que la ley sanciona con la resolución del contrato es esa transmisión real y efectiva del uso o goce de la cosa arrendada hecha por el arrendatario a un tercero sin cumplir las formalidades legales exigidas para su validez [..]". Es preciso que por parte del cesionario, se ocupe tal vivienda desarrollando en la misma las actividades propias de su objeto social, lo que comporta que se desplace al ámbito probatorio la existencia o no, en cada caso concreto, según la prueba practicada al efecto, de la real ocupación y, por tanto, disfrute de la vivienda arrendada por parte del cesionario».

|| Daños dolosamente causados o no consentidos

Sentencia de la Audiencia Provincial de Baleares n.º 264/2016, de 26 de septiembre, ECLI:ES:APIB:2016:1607

«Por ello, la sanción legal de resolución contractual puede ser impuesta cuando el arrendatario realice obras en el local arrendado sin consentimiento u autorización del propietario arrendador; pero esta sanción sólo nacerá cuando tales obras modifiquen "esencial y sensiblemente" la configuración del local, ya sea alterando sus elementos estructurales, ya modificando su fábrica o ya reduciendo su superficie o volumen. Si "obra" es toda construcción que afecta a la arquitectura, albañilería o carpintería del inmueble, a la reforma o reparación de los edificios y "configuración" es aquella que introduce en el local arrendado una variación esencial y sensible, y no un cambio meramente accidental y de detalle, al ser éste un concepto contingente y circunstancial (SS. 14-12-1990, 12-3- 1992 y 24-7-1993). Ha de analizarse en cada caso concreto si las alteraciones que el inquilino o arrendatario realiza en el objeto arrendaticio suponen una transformación respecto de la forma, vertical u horizontal, o el aspecto peculiar del inmueble (S. 20-12-1988), ya sea variando la superficie o volumen del mismo (SS. 13-2-1963, 12-5-1970 y 23-12-1971) con obras que supongan alteración de su fábrica, sean fijas y realizadas con materiales de construcción».

A *sensu contrario* la sentencia de la Audiencia Provincial n.º 98/2017, de 6 de marzo, ECLI:ES:APGI:2017:373:

«Por lo que se refiere a las obras inconsentidas por la propiedad como causa de la resolución, estas se limitan a la colocación de una puerta a mediados del 2012, que constituye el cierre de la finca arrendada para lo cual la condición anexa n° 8 del contrato permitía la delimitación en un radio de 50 metros desde la vivienda.

Consecuentemente, el cierre del perímetro de la finca que dispone de huertos y jardines a preservar de la entrada de animales que puedan perjudicarlos, no constituye una causa de resolución».

‖ Actividades molestas, insalubres, nocivas, peligrosas o ilícitas

Sentencia de la Audiencia Provincial de A Coruña n.º 162/2013, de 9 de mayo, ECLI:ES:APC:2013:1364

«En el aspecto normativo, conviene en todo caso precisar que el art. 27.2 e) de la LAU autoriza al arrendador a resolver el contrato de arrendamiento de vivienda cuando en la vivienda tengan lugar actividades molestas, insalubres, nocivas, peligrosas o ilícitas. El término vivienda ha de interpretarse en sentido amplio sin que sea necesario que dichas actividades se lleven a cabo en el interior de la misma, como exigía el art. 114-8.ª de la LAU de 1964, de modo que basta con que se realicen en otras dependencias accesorias de la vivienda o en los elemento comunes del inmueble en el que ésta se encuentra situada. Tampoco es necesario que sean actividades notorias, como también exigía el anterior precepto citado, y lo decisivo para que opere la causa de resolución es que se trate de una conducta de carácter continuado, habitual y persistente, o al menos frecuente, quedando excluidos los actos aislados o esporádicos. Por otra parte, la calificación de la actividad en los términos que contempla la norma atiende a conceptos de puro hecho, con independencia de la significación y alcance que pudieran tener en el ámbito administrativo, de manera que cabe atribuir la condición de molesta, insalubre, nociva o peligrosa a actividades que desde el punto de vista reglamentario no merezcan esta calificación, siendo suficiente con que la conducta del arrendatario sea desagradable para quienes habitan el inmueble en el está la vivienda arrendada, aunque no revista carácter insufrible o intolerable».

‖ La vivienda deje de estar destinada de forma primordial a ‖ satisfacer la necesidad permanente de vivienda

Sentencia de la Audiencia Provincial de Valencia n.º 676/2011, de 29 de diciembre, ECLI:ES:APV:2011:6679

«La sentencia recurrida estimó en su integridad la demanda con fundamento en que de la prueba practicada se ha acreditado que la vivienda arrendada ha dejado de estar destinada de forma primordial a satisfacer la necesidad permanente del demandado y de su esposa, al encontrarse éstos ingresados desde el mes de agosto de 2.006 en una Residencia de la tercera edad, al requerir ambos el cuidado y atención de terceras personas para todas las actividades de la vida diaria y su permanencia actual en la citada Residencia, no habiendo acreditado la parte demandada que el ingreso en la Residencia lo fuera con carácter transitorio. Concurriendo, por tanto, la causa resolutoria del contrato de arrendamiento prevista en el artículo 27.2, f, en relación con el artículo 2 y 7 de la Ley de Arrendamiento Urbanos de 24 de noviembre de 1.994».

|| No realización por el arrendador de las reparaciones necesarias

Sentencia de la Audiencia Provincial de Barcelona n.º 249/2019, de 29 de marzo, ECLI:ES:APB:2019:3678

«(...) la no realización por el arrendador de las reparaciones a que se refiere el art. 21 LEC, puede dar lugar, incluso, a la resolución del contrato a instancia del arrendatario (art.27.3.a) LAU), pero es siempre precisa la previa comunicación de la necesidad de reparaciones».

3.7. Incentivos fiscales en el arrendamiento de vivienda

La Ley 12/2023, de 24 de mayo, por el derecho a la vivienda, establece en su artículo 1 los objetivos siguientes:

- Establecer una regulación básica de los derechos y deberes de los ciudadanos en relación con la vivienda, así como de los asociados a la propiedad de vivienda, aplicable a todo el territorio nacional.

- Facilitar el acceso a una vivienda digna y adecuada a las personas que tienen dificultades para acceder a una vivienda en condiciones de mercado, prestando especial atención a jóvenes y colectivos vulnerables y favoreciendo la existencia de una oferta a precios asequibles y adaptada a las realidades de los ámbitos urbanos y rurales.

- Dotar de instrumentos efectivos para asegurar la funcionalidad, la seguridad, la accesibilidad universal y la habitabilidad de las viviendas, garantizando así la dignidad y la salud de las personas que las habitan.

- Definir los aspectos fundamentales de la planificación y programación estatales en materia de vivienda, con objeto de favorecer el ejercicio del derecho constitucional en todo el territorio.

- Regular el régimen jurídico básico de los parques públicos de vivienda, asegurando su desarrollo, protección y eficiencia para atender a aquellos sectores de la población con mayores dificultades de acceso.

- Favorecer el desarrollo de tipologías de vivienda adecuadas a las diferentes formas de convivencia y de habitación, favoreciendo la adaptación a las dinámicas y actuales exigencias de los hogares.

- Mejorar la protección en las operaciones de compra y arrendamiento de vivienda, introduciendo unos mínimos de información necesaria para dar seguridad y garantías en el proceso.

Dentro de estos objetivos, la nueva Ley 12/2023, de 24 de mayo, por el derecho a la vivienda, modifica, además de otras normas, la Ley 35/2006, de 28 de noviembre, del Impuesto sobre la Renta de las Personas Física, para establecer una mejora de la regulación del IRPF para estimular el alquiler de vivienda habitual a precios asequibles.

De igual forma, la Ley 12/2023, de 24 de mayo, modifica el Real Decreto Legislativo 2/2004, de 5 de marzo, por el que se aprueba el texto refundido de la Ley Reguladora de las Haciendas Locales, modulando el recargo a los inmuebles de uso residencial desocupados con carácter permanente en el Impuesto sobre Bienes Inmuebles.

A TENER EN CUENTA. El Pleno del Tribunal Constitucional ha admitido a trámite los recursos de inconstitucionalidad contra diversos preceptos, entre ellos el artículo 18 relativo a la declaración de zonas de mercado residencial tensionado, de la Ley 12/2023, de 24 de mayo, por el derecho a la vivienda.

LEY 12/2023, DE 24 DE MAYO, POR EL DERECHO A LA VIVIENDA

OBJETO DE LA LEY

Establecer una regulación básica de los derechos y deberes de los ciudadanos en relación con la vivienda, así como de los asociados a la propiedad de vivienda, aplicable a todo el territorio nacional.

Facilitar el acceso a una vivienda digna y adecuada a las personas que tienen dificultades para acceder a una vivienda en condiciones de mercado, prestando especial atención a jóvenes y colectivos vulnerables y favoreciendo la existencia de una oferta a precios asequibles y adaptada a las realidades de los ámbitos urbanos y rurales.

Dotar de instrumentos efectivos para asegurar la funcionalidad, la seguridad, la accesibilidad universal y la habitabilidad de las viviendas, garantizando así la dignidad y la salud de las personas que las habitan.

Definir los aspectos fundamentales de la planificación y programación estatales en materia de vivienda, con objeto de favorecer el ejercicio del derecho constitucional en todo el territorio.

Regular el régimen jurídico básico de los parques públicos de vivienda, asegurando su desarrollo, protección y eficiencia para atender a aquellos sectores de la población con mayores dificultades de acceso.

Favorecer el desarrollo de tipologías de vivienda adecuadas a las diferentes formas de convivencia y de habitación, favoreciendo la adaptación a las dinámicas y actuales exigencias de los hogares.

Mejorar la protección en las operaciones de compra y arrendamiento de vivienda, introduciendo unos mínimos de información necesaria para dar seguridad y garantías en el proceso.

Nuevos incentivos fiscales para los contratos de arrendamiento de vivienda introducidos por la Ley de vivienda

Como señalábamos, la Ley 12/2023, de 24 de mayo, por el derecho a la vivienda, ha modificado la deducción que se pueden practicar los propietarios de los inmuebles que dediquen los mismos al arrendamiento de vivienda.

Respecto del arrendamiento de vivienda, el **artículo 2 de la Ley 29/1994, de 24 de noviembre, de Arrendamientos Urbanos**, establece:

> «1. Se considera arrendamiento de vivienda aquel arrendamiento que recae sobre una edificación habitable cuyo destino primordial sea satisfacer la necesidad permanente de vivienda del arrendatario.
>
> 2. Las normas reguladoras del arrendamiento de vivienda se aplicarán también al mobiliario, los trasteros, las plazas de garaje y cualesquiera otras dependencias, espacios arrendados o servicios cedidos como accesorios de la finca por el mismo arrendador».

Así, no serán objeto de esta reducción aquellos arrendamientos de temporada, como podrían ser los del curso escolar o estivales.

En cuanto a los contratos celebrados **a partir de la entrada en vigor de la nueva norma**, los arrendadores podrán deducirse de sus rendimientos positivos de capital inmobiliario, una vez realizada la oportuna deducción de gastos y aplicada la amortización, los siguientes porcentajes:

A TENER EN CUENTA. La D.F. 2.ª de la Ley 12/2023, de 24 de mayo, modificó el artículo 23.2 de la LIRPF «con efectos para los contratos de arrendamiento de vivienda celebrados a partir de la entrada en vigor de esta ley», quedando la reducción que en él se regula en los términos antes analizados. Por su parte, la disposición final novena de la Ley 12/2023, de 24 de mayo, precisa que «la presente ley entrará en vigor el día siguiente al de su publicación en el "Boletín Oficial del Estado", excepto la disposición final segunda, que entrará en vigor el 1 de enero del año siguiente al de su publicación en el "Boletín Oficial del Estado"». En esa medida, según la literalidad de ambos preceptos, parece que los incentivos fiscales introducidos resultan de aplicación para los contratos de arrendamiento celebrados a partir del 26 de mayo de 2023 (fecha de entrada en vigor general de la Ley de Vivienda) y que la modificación del artículo 23.2 de la LIRPF operada por la D.F. 2.ª de la Ley 12/2023, de 24 de mayo, entró en vigor el 1 de enero de 2024.

Reducción del 90 %: cuando se hubiera formalizado por el mismo arrendador un **nuevo contrato de arrendamiento sobre una vivienda situada en una zona de mercado residencial tensionado**, en el que la **renta inicial se hubiera rebajado en más de un 5 %** en relación con la última renta del anterior contrato de arrendamiento de la misma vivienda, una vez aplicada, en su caso, la cláusula de actualización anual del contrato anterior.

- **Reducción del 70 %:** cuando no se cumpla lo anterior y concurra **alguna** de las siguientes circunstancias:

- El contribuyente hubiera **alquilado por primera vez la vivienda,** siempre que esta se encuentre situada en una zona de mercado residencial tensionado y el **arrendatario tenga una edad comprendida entre 18 y 35 años.** Existiendo varios arrendatarios de una misma vivienda, la reducción se aplicará sobre la parte del rendimiento neto que proporcionalmente corresponda a los arrendatarios que cumplan los requisitos previstos en este punto.

- Cuando el **arrendatario sea una Administración pública o entidad sin fines lucrativos** a las que sea de aplicación el régimen especial regulado en el título II de la Ley 49/2002, de 23 de diciembre, de régimen fiscal de las entidades sin fines lucrativos y de los incentivos fiscales al mecenazgo, que **destine la vivienda al alquiler social con una renta mensual inferior a la establecida en el programa de ayudas al alquiler del plan estatal de vivienda, o al alojamiento de personas en situación de vulnerabilidad económica** a que se refiere la Ley 19/2021, de 20 de diciembre, por la que se establece el ingreso mínimo vital, o cuando la vivienda esté acogida a algún programa público de vivienda o calificación en virtud del cual la Administración competente establezca una limitación en la renta del alquiler.

- **Reducción del 60 %:** no cumpliendo los requisitos anteriores, la **vivienda** hubiera sido **objeto de una actuación de rehabilitación** en los términos previstos en el apartado 1 del artículo 41 del RIRPF, que hubiera finalizado en los dos años anteriores a la fecha de la celebración del contrato de arrendamiento.

- **Reducción del 50 %:** para cualquier **otro caso.**

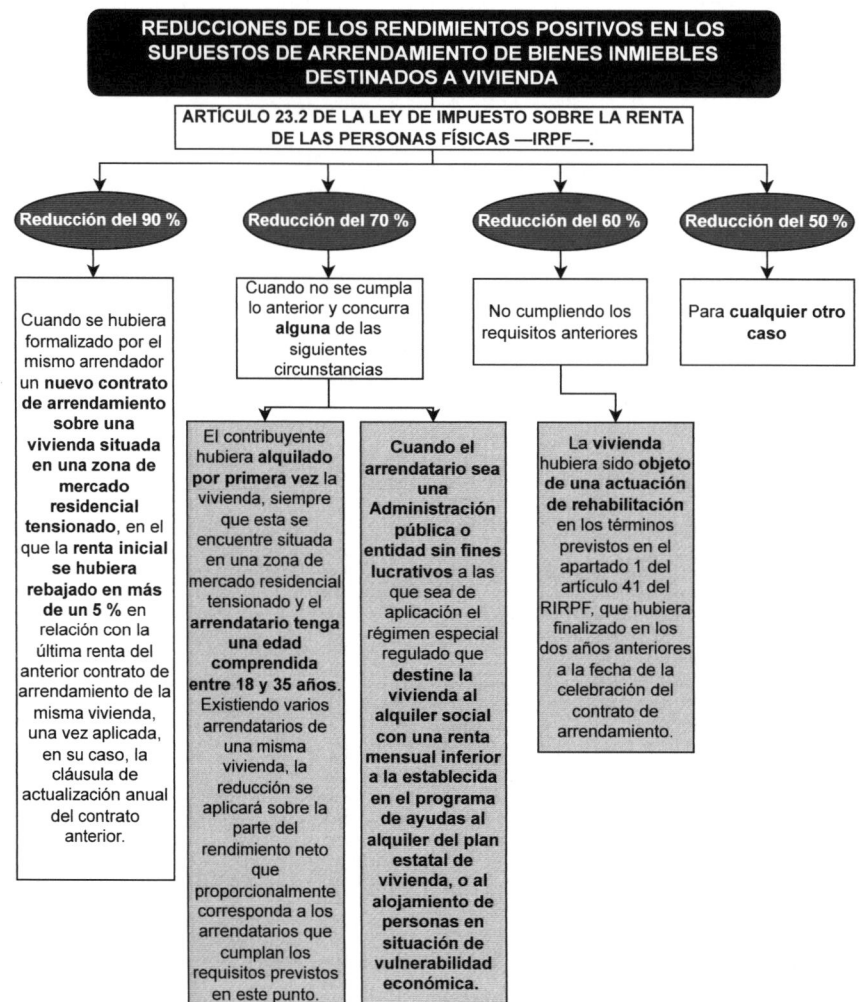

REDUCCIONES DE LOS RENDIMIENTOS POSITIVOS EN LOS SUPUESTOS DE ARRENDAMIENTO DE BIENES INMIEBLES DESTINADOS A VIVIENDA

ARTÍCULO 23.2 DE LA LEY DE IMPUESTO SOBRE LA RENTA DE LAS PERSONAS FÍSICAS —IRPF—.

Reducción del 90 %

Cuando se hubiera formalizado por el mismo arrendador un **nuevo contrato de arrendamiento sobre una vivienda situada en una zona de mercado residencial tensionado**, en el que la **renta inicial se hubiera rebajado en más de un 5 %** en relación con la última renta del anterior contrato de arrendamiento de la misma vivienda, una vez aplicada, en su caso, la cláusula de actualización anual del contrato anterior.

Reducción del 70 %

Cuando no se cumpla lo anterior y concurra **alguna** de las siguientes circunstancias

El contribuyente hubiera **alquilado por primera vez** la vivienda, siempre que esta se encuentre situada en una zona de mercado residencial tensionado y el **arrendatario tenga una edad comprendida entre 18 y 35 años**. Existiendo varios arrendatarios de una misma vivienda, la reducción se aplicará sobre la parte del rendimiento neto que proporcionalmente corresponda a los arrendatarios que cumplan los requisitos previstos en este punto.

Cuando el arrendatario sea una Administración pública o entidad sin fines lucrativos a las que sea de aplicación el régimen especial regulado que **destine la vivienda al alquiler social con una renta mensual inferior a la establecida en el programa de ayudas al alquiler del plan estatal de vivienda, o al alojamiento de personas en situación de vulnerabilidad económica.**

Reducción del 60 %

No cumpliendo los requisitos anteriores

La **vivienda** hubiera sido **objeto de una actuación de rehabilitación** en los términos previstos en el apartado 1 del artículo 41 del RIRPF, que hubiera finalizado en los dos años anteriores a la fecha de la celebración del contrato de arrendamiento.

Reducción del 50 %

Para **cualquier otro caso**

CUESTIONES

¿Cuándo deberán cumplirse los requisitos previstos?

En el momento de celebrar el contrato de arrendamiento. La reducción será aplicable mientras se cumplan aquellos.

¿Cuál será el ámbito de aplicación de las reducciones?

Serán aplicables solamente a los rendimientos netos positivos que hayan sido calculados por el contribuyente en una autoliquidación presentada antes del inicio de un procedimiento de verificación de datos, de comprobación limitada o de inspección que incluya en su objeto la comprobación de tales rendimientos.

Se excluye, en todo caso, la aplicación de las reducciones a la parte de los rendimientos netos positivos derivada de ingresos no incluidos o de gastos indebidamente deducidos en la autoliquidación del contribuyente y que se regularicen en alguno de los procedimientos citados en el párrafo anterior, incluso cuando esas circunstancias hayan sido declaradas o aceptadas por el contribuyente durante la tramitación del procedimiento.

De igual forma, tampoco se aplicarán las reducciones en relación con aquellos contratos de arrendamiento que incumplan lo previsto en el artículo 17.6 de la LAU. Es decir, no se aplicará las reducciones en los contratos sujetos a la Ley 12/2003, de 24 de mayo, cuando el inmueble se ubique en zona de mercado tensionado y la renta pactada al inicio del nuevo contrato exceda de la última renta vigente en los cinco últimos años en la misma vivienda (actualizado por la cláusula de actualización anual), o cuando se repercutan al arrendatario cuotas o gastos que en el anterior contrato estaban incluidas en la renta, o cuando el incremento de la renta supere el 10 % de la renta vigente en los últimos cinco años en el caso de las excepciones previstas en el artículo 17.6 de la LAU.

CUESTIÓN

¿Cuándo podrá incrementarse, más allá de lo que proceda de la aplicación de la cláusula de actualización anual de la renta del contrato anterior, en un máximo del 10 % sobre la última renta de contrato de arrendamiento de vivienda habitual que hubiese estado vigente en los últimos cinco años en la misma vivienda?

De conformidad con el artículo 17.6 de la LAU, cuando se acredite alguno de los siguientes supuestos:

a) Cuando la vivienda hubiera sido objeto de una actuación de rehabilitación en los términos previstos en el apartado 1 del artículo 41 del RIRPF, que hubiera finalizado en los dos años anteriores a la fecha de la celebración del nuevo contrato de arrendamiento.

b) Cuando en los dos años anteriores a la fecha de la celebración del nuevo contrato de arrendamiento se hubieran finalizado actuaciones de rehabilitación o mejora de la vivienda en la que se haya acreditado un ahorro de energía primaria no renovable del 30 %, a través de sendos certificados de eficiencia energética de la vivienda, uno posterior a la actuación y otro anterior que se hubiese registrado como máximo dos años antes de la fecha de la referida actuación.

c) Cuando en los dos años anteriores a la fecha de la celebración del nuevo contrato de arrendamiento se hubieran finalizado actuaciones de mejora de la accesibilidad, debidamente acreditadas.

d) Cuando el contrato de arrendamiento se firme por un período de 10 o más años, o bien, se establezca un derecho de prórroga al que pueda acogerse voluntariamente el arrendatario, que le permita de manera potestativa prorrogar el contrato en los mismos términos y condiciones durante un período de 10 o más años.

Mercado tensionado será aquel en el que concurra la existencia de un especial riesgo de abastecimiento insuficiente de vivienda para la población residente, incluyendo las dinámicas de formación de nuevos hogares, en condiciones que la hagan asequible, por producirse una de las circunstancias siguientes:

- Que la carga media del coste de la hipoteca o del alquiler en el presupuesto personal o de la unidad de convivencia, más los gastos y suministros básicos, supere el 30 % de los ingresos medios o de la renta media de los hogares.

- Que el precio de compra o alquiler de la vivienda haya experimentado en los cinco años anteriores a la declaración como área de mercado de vivienda tensionado, un porcentaje de crecimiento acumulado al menos tres puntos porcentuales superior al porcentaje de crecimiento acumulado del índice de precios de consumo de la comunidad autónoma correspondiente.

Cuando se acrediten las anteriores circunstancias a través de datos objetivos y fundamentada en la existencia de un especial riesgo de abastecimiento insuficiente de vivienda para la población residente, las Administraciones competentes en materia de vivienda podrán declarar, de acuerdo con los criterios y procedimientos establecidos en su normativa reguladora y en el ámbito de sus respectivas competencias, zonas de mercado residencial tensionado.

A TENER EN CUENTA. Para la aplicación de estas medidas, con carácter trimestral el Ministerio de Transportes, Movilidad y Agenda Urbana aprobará una resolución que recoja la relación de zonas de mercado residencial tensionado que hayan sido declaradas en virtud del procedimiento establecido en el artículo 18 de la Ley 12/2023, de 24 de mayo, por el derecho a la vivienda.

Recargo en el IBI a los inmuebles desocupados con carácter permanente

La Ley 12/2023, de 24 de mayo, por el derecho a la vivienda, modifica el Real Decreto Legislativo 2/2004, de 5 de marzo, por el que se aprueba el texto refundido de la Ley Reguladora de las Haciendas Locales (TRLRHL), concretamente el artículo 72.4 en relación con el recargo por inmuebles urbanos de uso residencial desocupados con carácter permanente.

El artículo 72 del TRLRHL, prevé que el tipo de gravamen mínimo y supletorio en el Impuesto sobre Bienes Inmuebles (IBI) será el 0,4 % cuando se trate de bienes inmuebles urbanos y el 0,3 % cuando se trate de bienes inmuebles rústicos, y el máximo que podrán fijar las haciendas locales será el 1,10 % para los urbanos y 0,90 % para los rústicos. De igual forma, establece que el tipo de gravamen aplicable a los bienes inmuebles de características especiales, que tendrá carácter supletorio, será del 0,6 %. No obstante, los ayuntamientos podrán establecer para cada grupo de bienes inmuebles de características especiales existentes en el municipio, un tipo diferenciado entre el 0,4 % y el 1,3 %.

Además, los ayuntamientos respectivos podrán incrementar los tipos fijados en el apartado 1 con los puntos porcentuales que para cada caso se indican, cuando concurra alguna de las circunstancias siguientes. En el supuesto de que sean varias, se podrá optar por hacer uso del incremento previsto para una sola, algunas o todas ellas:

Puntos porcentuales	Bienes urbanos	Bienes rústicos
A) Municipios que sean capital de provincia o comunidad autónoma	0,07	0,06
B) Municipios en los que se preste servicio de transporte público colectivo de superficie	0,07	0,05
C) Municipios cuyos ayuntamientos presten más servicios de aquellos a los que están obligados según lo dispuesto en el artículo 26 de la Ley 7/1985, de 2 de abril	0,06	0,06
D) Municipios en los que los terrenos de naturaleza rústica representan más del 80 por ciento de la superficie total del término	0,00	0,15

Dentro de los límites de los tipos de gravamen que resulten aplicables, los ayuntamientos podrán establecer, **para los bienes inmuebles urbanos, excluidos los de uso residencial, tipos diferenciados** atendiendo a los usos establecidos en la normativa catastral para la valoración de las construcciones.

En el caso de inmuebles de uso residencial que se encuentren desocupados con carácter permanente, los ayuntamientos podrán exigir un recargo del 50 % de la cuota líquida del IBI.

A estos efectos, se entiende por **inmueble desocupado con carácter permanente** aquel que permanezca desocupado, de forma continuada y sin causa justificada, por un plazo superior a dos años, conforme a los requisitos, medios de prueba y procedimiento que establezca la ordenanza fiscal, y pertenezcan a titulares de cuatro o más inmuebles de uso residencial.

El recargo podrá ser de hasta el 100 % de la cuota líquida del IBI cuando el período de **desocupación sea superior a tres años**, pudiendo modularse en función del periodo de tiempo de desocupación.

Además, los ayuntamientos podrán incrementar el porcentaje de recargo que corresponda en hasta 50 puntos porcentuales adicionales en caso de inmuebles pertenecientes a titulares de dos o más inmuebles de uso residencial que se encuentren desocupados en el mismo término municipal.

No obstante, se consideran causas justificadas de desocupación y, por tanto, no se aplicarán los citados recargos, los siguientes supuestos:

- El traslado temporal por razones laborales o de formación.
- El cambio de domicilio por situación de dependencia o razones de salud o emergencia social.

- Inmuebles destinados a usos de vivienda de segunda residencia con un máximo de cuatro años de desocupación continuada.

- Inmuebles sujetos a actuaciones de obra o rehabilitación, u otras circunstancias que imposibiliten su ocupación efectiva.

- Que la vivienda esté siendo objeto de un litigio o causa pendiente de resolución judicial o administrativa que impida el uso y disposición de la misma.

- Que se trate de inmuebles cuyos titulares, en condiciones de mercado, ofrezcan en venta, con un máximo de un año en esta situación, o en alquiler, con un máximo de seis meses en esta situación.

- En el caso de inmuebles de titularidad de alguna Administración pública, se considerará también como causa justificada ser objeto el inmueble de un procedimiento de venta o de puesta en explotación mediante arrendamiento

El recargo se devengará el 31 de diciembre y se liquidará anualmente por los ayuntamientos, una vez constatada la desocupación del inmueble en tal fecha, juntamente con el acto administrativo por el que esta se declare.

A TENER EN CUENTA. La declaración municipal como inmueble desocupado con carácter permanente exigirá la previa audiencia del sujeto pasivo y la acreditación por el Ayuntamiento de los indicios de desocupación, a regular en dicha ordenanza, dentro de los cuales podrán figurar los relativos a los datos del padrón municipal, así como los consumos de servicios de suministro.

CUESTIONES

1. ¿Qué sucede cuando los inmuebles tienen atribuidos varios usos?

En este caso se aplicará el tipo correspondiente al uso de la edificación o dependencia principal.

2. ¿Cuál es el límite máximo de aplicación de los referidos tipos?

Pues que solo podrán aplicarse al 10 % de los bienes inmuebles urbanos del término municipal que, para cada uso, tenga mayor valor catastral, a cuyo efecto la ordenanza fiscal del impuesto señalará el correspondiente umbral de valor para todos o cada uno de los usos, a partir del cual serán de aplicación los tipos incrementados.

3.8. El seguro en viviendas arrendadas

El Real Decreto 716/2009, de 24 de abril, por el que se desarrollan determinados aspectos de la Ley 2/1981, de 25 de marzo, de regulación del mercado hipotecario y otras normas del sistema hipotecario y financiero, establece en su artículo 10 que aquellos bienes sobre los que se constituya una garantía hipotecaria deberán contar con un seguro contra daños que sea adecuado a la naturaleza de los mismos. Este seguro es para una vivienda hipotecada, pero **¿qué ocurre con las viviendas arrendadas?**

Para el caso de las viviendas en alquiler no hay una regulación que concrete lo relativo al seguro. Así, es interesante hacer mención del artículo 4.2 de la Ley de Arrendamientos Urbanos, al establecer que *«los arrendamientos de vivienda se regirán por los **pactos, cláusulas y condiciones determinados por la voluntad de las partes,** en el marco de lo establecido en el título II de la presente ley y, supletoriamente, por lo dispuesto en el Código Civil»*.

En los contratos de arrendamiento de vivienda en España es común incluir cláusulas relacionadas con seguros, especialmente seguros de responsabilidad civil y seguros multirriesgo del hogar. Estas cláusulas tienen como objetivo proteger tanto al arrendador como al arrendatario frente a posibles daños y perjuicios que puedan surgir durante la vigencia del contrato.

El **seguro de multirriesgo del hogar** cubre un abanico plural de riesgos, que coinciden con dar cobertura a los siniestros que tengan conexión con un inmueble y los bienes que se encuentren en su interior, es decir, tanto el continente como el contenido. Este tipo de seguros tienen un carácter plenamente indemnizatorio, es decir, solamente tiene derecho a percibir la indemnización el propietario del bien asegurado, como titular del interés.

Por su parte, un **seguro de responsabilidad civil**, según la definición dada por el Diccionario panhispánico del español jurídico, es aquel contrato *«por el que el asegurador se obliga, dentro de los límites establecidos por la ley y en el contrato, a cubrir el riesgo del nacimiento a cargo del asegurado de la obligación de indemnizar a un tercero los daños y perjuicios causados por un hecho previsto en el contrato de cuyas consecuencias sea civilmente responsable el asegurado, conforme a derecho»*.

Resulta ilustrativa la lectura de la **sentencia del Tribunal Supremo n.º 204/2021, de 15 de abril, ECLI:ES:TS:2021:1366,** sobre la responsabilidad por unas filtraciones de agua que procedían del piso superior.

El Alto Tribunal para aclarar la responsabilidad por los daños por agua procedentes del local arrendado, e invocando su doctrina jurisprudencial (por ejemplo en la STS n.º 807/2003), determina que no imputarse responsabilidad al propietario de vivienda arrendada cuando el inquilino no ha advertido de la existencia de deficiencias en el inmueble, descartando la aplicación del art. 1907 del C. Civil, al no estar previsto para los supuestos de daños por inundación, ni tampoco la aplicación del art. 1910 (supuesto de «responsabilidad objetiva o por riesgo») imputa la responsabilidad al que habite la casa o parte de ella, y es un hecho probado que el propietario no la habitaba dado que estaba arrendada (sentencia n.º 384/1993, de 20 de abril).

Respecto a las personas obligadas a indemnizar, hace mención de este último artículo (1910) al establecer:

> «una responsabilidad directa y objetiva del «cabeza de familia» que habite una casa o parte de ella, por las cosas que se arrojen o caigan desde la misma; de manera que responde también por acciones de otras personas, puesto que la acción de arrojar consiste en lanzar al vacío; y el referido sujeto responde de acciones de terceros de manera directa, no se establece regla alguna de solidaridad entre el «cabeza de familia» y el sujeto que haya arrojado o lanzado la cosa que causa el daño de cuyo resarcimiento se trate.

En el caso de daños ocasionados por cosas que se caen o que son arrojadas desde una vivienda, la responsabilidad civil extracontractual la imputa el art. 1910 CC al sujeto en quien concurra la condición de «cabeza de familia». La jurisprudencia ha precisado que se trata del sujeto o persona que la habita la casa o parte de ella, «por cualquier título como personaje principal de la misma, en unión de las personas que con él conviven, formando un grupo familiar o de otra índole» (SSTS de 20 de abril de 1993, de 6 de abril de 2001 y de 4 de diciembre de 2007, entre otras). En consecuencia, en el caso de un inmueble de uso residencial o destinado a vivienda, debe entenderse que la condición de «cabeza de familia», ordinariamente, recae sobre el padre y/o la madre; en cualquier otro supuesto de convivencia en la misma vivienda, todos los adultos que habiten en ella. Además, el cabeza de familia seguirá ostentando esta cualidad a pesar de no encontrarse en el inmueble cuando se produce el daño. Finalmente debe señalarse que cabeza de familia pueden ser tanto personas físicas como entidades o personas jurídicas.

Cuando se trata de un inmueble de uso no residencial, sedes de empresas, locales comerciales, inmuebles en los que se ejercen profesiones liberales, etc., y existen relaciones de subordinación, el «cabeza de familia» será el titular de dicho negocio o empresa, con independencia de su condición de persona física o jurídica. La exigencia de que el cabeza de familia «habite» el edificio se interpreta de una forma amplia. En efecto, el término habitar se entiende referido a cualquier tipo de uso, residencial o no, del que sea susceptible, desde una perspectiva material, el edificio o construcción de que se trate. Además, la jurisprudencia considera que la casa es habitada por el que posee el título para usar y disfrutar la «casa» en cuestión aun cuando todavía no la utilice, como acontece en el caso de edificios en construcción».

Concluyendo que no procede condenar a la *«propietaria de la vivienda arrendada (de la que procedía el agua que generó la inundación) y que, por tanto no la habitaba (art. 1910 del C. Civil). Igualmente no fue advertida la propiedad de necesidad del mantenimiento de la vivienda (art. 21.3 LAU)».*

También es cada vez más común que el arrendador contrate un **seguro de impago de alquiler**. Estos seguros nacen con el objetivo principal de proteger a los propietarios de inmuebles arrendados frente al riesgo de que los inquilinos no paguen las rentas acordadas. Este seguro cubre el eventual impago de la renta arrendaticia, garantizando así al arrendador el cobro de las mensualidades adeudadas por el arrendatario.

Como se detalla en varias webs de compañías de seguros, estas podrán realizar un estudio de viabilidad para comprobar los riesgos del arrendamiento, ya sea revisando que el arrendatario no se encuentre incluido en un fichero de morosos, conociendo sus ingresos para ver su capacidad para hacer frente al pago de la renta, etc.

Destacamos lo dispuesto por la Audiencia Provincial de Madrid en **sentencia n.º 419/2019, de 12 de septiembre, ECLI:ES:APM:2019:8551,** acerca de un contrato de seguro de impago de rentas de alquiler, cuya póliza no era del todo transparente. Nos ponemos en contexto. El arrendador había contratado un seguro de impago de rentas de alquiler que cubría hasta doce mensualidades de renta. Pasados unos meses desde la firma del contrato de arrendamiento, el inquilino deja de pagar la renta y el arrendador le reclama a la aseguradora que cubra esas cantidades (que ascienden a más de 6.000 euros), a lo que la aseguradora le contesta que el primer impago no está dentro de la cobertura, al operar el período de carencia de la póliza, y que por tanto no cubre esas cantidades.

Por ello el arrendador interpone una demanda contra la aseguradora que es desestimada al entender la sentencia de primera instancia que *«las Condiciones Generales de la póliza supeditan la cobertura a que el impago de la renta por el inquilino se produzca transcurrido al menos un mes desde la suscripción de la póliza, la sentencia apelada estima que el primer impago se produce dentro del período de carencia de la póliza y por tanto el siniestro está excluido de su cobertura».*

Contra esa sentencia interpone el arrendador un recurso de apelación alegando un comportamiento desleal de la parte demandada y propone la consideración de abusiva del párrafo 2º de la cláusula 7ª.1 de las Condiciones Generales que establece el citado plazo de carencia de un mes. Estima que no cumple los requisitos de transparencia al no haberse proporcionado al consumidor, con antelación suficiente al contrato, la información necesaria para que pueda valorar las consecuencias económicas que se derivan del contrato de seguro.

Por ello, la AP de Madrid considera que el plazo de un mes de carencia está contenido en las condiciones generales de la póliza y esta previsión no está expresamente aceptada por el asegurado en los términos del artículo 3 de la LCS de modo que ha de examinarse si ha de considerarse delimitadora del riesgo o limitativa de los derechos del asegurado.

«En aras de mantener un criterio uniforme y de procurar el reforzamiento de los principios de seguridad jurídica e igualdad en la aplicación de la Ley la sentencia del Pleno de la Sala 1ª del Tribunal Supremo de 11-9-2006, nº 853/2006, rec. 3260/1999 distingue entre cláusulas delimitadoras del riesgo y las limitativas de derechos y señala que las primeras ' son aquellas mediante las cuales se concreta el objeto del contrato, fijando los riesgos que, de producirse, hacen que nazca en el asegurado el derecho a la prestación y, en la aseguradora, la recíproca obligación de atenderla, pertenecen al ámbito de la autonomía de la voluntad y constituyen la causa del contrato; de otro lado, cláusulas limitativas, serían aquellas otras que operan para restringir, condicionar o modificar el derecho del asegurado a la indemnización una vez que el riesgo objeto del seguro se ha producido.'. Esta misma sentencia señala que las segundas estarán sujetas al régimen del artículo 3 aceptación específica por escrito, mientras que para las primera es suficiente su aceptación genérica, al ser susceptibles de incluirse en las condiciones generales, de las que basta con la constancia de su aceptación por el asegurado, y a estos efectos es suficiente que en las condiciones particulares, se exprese, también de forma clara y precisa - pero genérica-, que se han recibido, conocido y comprobado dichas condiciones generales, lo que aquí no puede discutirse cuando consta su aportación -y por ende su conocimiento- por la tomadora del seguro.

Para la distinción de unas y otras sirva la sentencia del Tribunal Supremo 10-5-2005, rec. 4234/1998 que declara que será restrictiva de derechos la que ' al identificar el riesgo, lo haga de un modo anormal o inusual, ya sea porque se aparte de la cobertura propia del tipo de contrato de seguro de que se trate (Sentencia de 23 de octubre de 2002), ya porque introduzca una restricción que haya que entender, en aplicación de un criterio sistemático en la interpretación, más limitado que el riesgo contractualmente aceptado de modo evidente'».

La sala entiende que la estipulación que dispone un periodo de carencia de un mes para que opere la cobertura de impago del alquiler tiene carácter limitativo de los derechos del asegurado.

«La condición general 7ª, en cuanto modifica la vigencia de la póliza, posponiendo el inicio de la cobertura no en la fecha de su entrada en vigor coincidente con la del inicio del arriendo, sino al menos un mes después, implica una restricción a la cobertura y exige una aceptación específica por escrito que aquí no consta.

(...)

En este caso el asegurado suscribe un contrato en cuyas condiciones particulares se prevé que inicie sus efectos el 21 de junio de 2016 no obstante lo cual la condición general controvertida supedita la cobertura a que el siniestro tenga lugar tras un periodo de carencia de un mes. Esta previsión contradice la que podría deducirse de las condiciones particulares de la póliza contradiciendo, con carácter negativo para el asegurado, la reglamentación que resulta de las condiciones generales.

Se aprecia por ello por este tribunal la nulidad de la cláusula limitativa, dado que la aprobación expresa aparece como insoslayable norma imperativa, a tenor de lo dispuesto en el art. 2 de la L.C.S.».

Por lo tanto, declara nula y no oponible al asegurado la condición general 7.ª, párrafo 1.º en el inciso que establece el plazo de carencia de un mes para la entrada en vigor de la cobertura de impago de alquileres, y además reconoce el derecho del arrendador (asegurado) a recibir la indemnización pactada en el contrato de seguro.

Una sentencia pionera a este respecto es la dictada por el **Juzgado de Primera Instancia e Instrucción de Parla en su sentencia n.º 188/2024, de 25 de septiembre**, pues es la primera que declara nula una cláusula de un seguro de impago de los contratos de alquiler.

El fallo judicial considera que la empresa inmobiliaria estaba trasladando el riesgo de su negocio inmobiliario a los inquilinos, lo que representa una vulneración de los derechos de estos.

La cláusula en concreto establecía:

«En este acto se suscribe un seguro de impago para responder del pago de la renta y demás responsabilidades derivadas de este contrato, cuya cuota mensual asciende a DIEZ EUROS CINCUENTA Y CINCO CÉNTIMOS (10,55 €). EL ARRENDATARIO se compromete a sufragar el coste de la prima de dicho seguro».

El **artículo 36.5 de la LAU establece** que: *«Las partes podrán pactar cualquier tipo de garantía del cumplimiento por el arrendatario de sus obligaciones arrendaticias adicional a la fianza en metálico».*

Por tanto, dentro de las garantías adicionales, las partes pueden convenir que el importe de la cuota del seguro por impago de rentas lo abone el arrendatario. Si bien, la cuestión aquí controvertida es que el arrendador ha predispuesto la anterior cláusula en el contrato y la parte arrendataria no ha podido ofrecer una garantía adicional distinta a la impuesta o concertar un seguro distinto que pudiera ser más beneficioso.

Así, en su resolución, la jueza aplica conjuntamente la Ley de Arrendamientos Urbanos y la Ley de Defensa de Consumidores y Usuarios, argumentando que:

> *«(...) esta cláusula vulnera los derechos reconocidos legislativamente porque hace asumir al arrendatario un gasto para pagar la prima de un seguro contratado por el arrendador y que beneficia el riesgo de forma exclusiva al arrendador, quebrantando con ello el justo equilibrio y proporcionalidad entre los derechos y deberes de las partes de una relación contractual».*

A TENER EN CUENTA. Algunas comunidades autónomas de nuestro país establecen subvenciones que ayudan a la contratación de este tipo de seguros, como por ejemplo La Rioja (Orden ATP/66/2022, de 19 de octubre, por la que se establecen las bases reguladoras del programa de ayuda para el pago del seguro de protección de la renta arrendaticia dentro del Plan Estatal para el acceso a la vivienda 2022-2025).

4.
CONTRATO DE ARRENDAMIENTO DE VIVIENDA COMPARTIDA O POR HABITACIONES

Estudio jurisprudencial del contrato de arrendamiento de vivienda compartida o por habitaciones

‖ Normativa aplicable al arrendamiento de vivienda compartida o por habitaciones

El contrato de arrendamiento de habitaciones o de vivienda compartida es un contrato atípico; no está regulado ni en el Código Civil ni en la Ley de Arrendamientos Urbanos. No obstante, la normativa sectorial turística de algunas CC. AA. sí que regula el contrato de arrendamiento de habitaciones para uso turístico (ej. País Vasco).

En primer lugar, cabe analizar si al arrendamiento de vivienda compartida o por habitaciones es de aplicación la normativa especial arrendaticia urbana o el régimen general del Código Civil.

Así la **Audiencia Provincial de Ciudad Real en su sentencia n.º 255/2017, de 14 de septiembre, ECLI:ES:APCR:2017:891**, parte de lo establecido en el artículo 2 de la LAU, que define arrendamiento de vivienda como aquel arrendamiento que recae sobre una edificación habitable cuyo destino primordial sea satisfacer la necesidad permanente de vivienda del arrendatario. Lo primordial en este tema la concreción del término de habitabilidad del objeto arrendado.

La audiencia señala que será habitable una edificación cuando la misma sea adecuada a servir las necesidades de morada o residencia, donde la persona o la familia desarrollan la intimidad de su existencia constituyendo un hogar **sin que este concepto sea trasladable propiamente a una habitación o dependencia que forma parte de una vivienda, pues esto carece de los servicios mínimos y esenciales,** como puede ser un baño y una cocina, y que solo resultan suplidos por la concesión del derecho a utilizar en forma compartida, no en exclusiva, otras dependencias de las que simultáneamente se sirven los restantes ocupantes de la vivienda.

Así, la referida Audiencia Provincial de Ciudad Real concluye que:

«El hecho de que no se incluya este supuesto (arrendamiento de habitación en una vivienda) en el art. 5 LAU **no debe conducir a aplicar la normativa especial, pues la enumeración recogida en el citado precepto no es de numerus clausus,** lo que es perfectamente compatible con la naturaleza de legislación excepcional o especial, en contraposición con la normativa general, aunque efectivamente menos aplicable, del Código Civil.

Asimismo y **dado que la LAU aborda las distintas cuestiones jurídicas que se plantean en relación con el arriendo de las viviendas, debe conducir a pensar que, si en el espíritu de la ley hubiera estado contemplar el arriendo parcial de la vivienda, lo lógico hubiera sido que se hubiera contemplado alguna norma** al respecto del arrendamiento de una parte de la vivienda es la afectada por el contrato de arrendamiento».

En exactamente el mismo sentido se pronuncia la **sentencia de la Audiencia Provincial de Valladolid n.º 292/2015, de 15 de diciembre, ECLI:ES:APVA:2015:1306,** que también resuelve una controversia acerca del arrendamiento por habitaciones:

«En base a lo expuesto, hemos de estimar de correcta aplicación los principios establecidos en los artículos 3 y 4 del Código Civil y, **en consecuencia, que el arrendamiento litigioso no puede considerarse sometido a la normativa especial arrendaticia urbana, sino al régimen general del Código Civil.** En este sentido, ha declarado el Tribunal Supremo en sentencias de 10 de febrero de 1986 y 24 de febrero de 2000 que "el carácter imperativo de la legislación especial no debe inducirnos a error concluyendo su inaplicabilidad sobre las normas del Derecho Común en supuestos en que existen dudas acerca de la normativa aplicable, cuando, precisamente por su carácter de normativa excepcional, la situación es la contraria y en cuanto a la aplicación de la ley civil común o de la especial de arrendamientos urbanos, habrá que otorgar preferencia a aquella, por su carácter general y atrayente, y en caso de duda acerca de si la normativa aplicable a un contrato es la general del Código Civil o la especial, representada por la LAU, debe concluirse la aplicabilidad de la legislación general dictada para la mayoría de los casos en lugar de seguir el criterio de la especialidad"».

También cabe hacer mención a la **sentencia de la Audiencia Provincial de Cádiz n.º 84/2006, de 18 de julio, ECLI:ES:APCA:2006:1026,** en la que la representación legal de los arrendatarios interpone recurso de apelación contra la sentencia dictada por el Juzgado de Primera Instancia n.º 2 de Chiclana, de 20 de febrero de 2006, en la que se realiza la siguiente argumentación:

«(...) (1) Que existan zonas o espacios comunes (por ejemplo, el jardín o la sala de televisión) determinan un peculiar régimen de uso del inmueble arrendado, pero no excluye que lo arrendado por los recurrentes sea una vivienda a los efectos del art. 1 de la Ley de Arrendamientos Urbanos.

(2) Existe una radical diferencia entre los contratos de arrendamiento de simples habitaciones aportados —que operativamente precisan de aque-

llas zonas comunes— y el litigioso que recae, según el informe pericial aportado por la sociedad recurrida, sobre un salón-cocina en la planta baja y sobre dos dormitorios y un baño ubicados en la planta superior.

(3) Que en alguno de los citados contratos se hable de un precio por día habla ciertamente de la inexistencia de arrendamientos sobre viviendas, pero no es éste el caso del inmueble litigioso; en el correspondiente contrato de marzo de 2003 (folio 30) se pacta un precio mensual que es lo usual en la práctica totalidad de los arrendamientos de viviendas.

(4) Lo exiguo del precio del arrendamiento carece de todo apoyo probatorio. Y es que 100 euros al mes puede ser un precio inferior al de mercado o no serlo, si se tienen en cuenta las peculiares circunstancias del objeto arrendado, como es la falta de continuidad entre las piezas arrendadas, la necesidad de compartir espacios comunes con otros inquilinos o quedar sujetos a las especialísimas normas disciplinarias que son de ver en el contrato que figura al folio 19.

(5) Por fin, que lo arrendado no satisfaga las necesidades de vivienda de los arrendatarios porque no exista unidad de techo, porque sus servicios dependan de la vivienda principal o porque carezca de instalación de gas, televisión o telefonía, supone desconocer la realidad de las cosas. Es común en nuestra ciudad y en algunas de nuestro entorno que se arrienden como viviendas —y a su régimen queden sujetas— habitaciones que carecen con frecuencia de las citadas instalaciones y que disponen en común no ya de la cocina, sino también de los propios servicios».

Pese a lo anterior, la juzgadora de apelación estima el antedicho recurso de apelación basándose en las siguientes razones:

Calificación del contrato como de arrendamiento de vivienda ordinario

«(...) calificando el contrato como de arrendamiento de vivienda ordinario debe conservar su vigencia durante el período mínimo de vigencia al que alude el art. 9.1 de la Ley de Arrendamientos Urbanos y, por consiguiente, no debe darse lugar a la acción resolutoria intentada por la sociedad arrendadora.

En la litis se mezclan dos problemas, íntimamente relacionados pero susceptibles de ser considerados autónomamente. De una parte se plantea el problema del objeto arrendado: según el criterio del Juez a quo no se trata del arrendamiento de una vivienda sino de algo distinto ("existen razones de peso [según la sentencia recurrida] para considerar que el objeto del contrato del que trae causa este litigio no constituye una vivienda en sentido estricto") y siendo ello así, si no es una vivienda lo arrendado, huelga hablar de la aplicación de la Ley de Arrendamientos Urbanos, que disciplina únicamente los contratos "de fincas urbanas que se destinen a vivienda" (art. 1), teniéndose por tales a toda "edificación habitable cuyo destino primordial sea satisfacer la necesidad de vivienda permanente del arrendatario" (art. 2.1). Pero, en segundo lugar, también es objeto del litigio determinar si la hipotética vivienda alquilada lo ha sido temporalmente por una determinada temporada o satisface, como dice la ley, la necesidad de vivienda permanente de los recurrentes.

(...)

No estamos en el caso de los recurrentes —no así en el de otros arrendamientos concertados en su día por el Sr. (...)— ante un arrendamiento de "habitaciones ocasionales", sino de una vivienda. Adviértase que el propio contrato se denomina el objeto arrendado como "apartamento" o que en la anterior demanda de desahucio por falta de pago se habla de "apartamento de huéspedes" o más generalmente de "apartamento", en ambos casos en tácito reconocimiento de la realidad. Pero quizás lo más relevante sea el citado informe pericial; en él se describe un conjunto de habitaciones funcionalmente aptas para servir de vivienda a los apelantes. Cuentan con cocina, baño y espacios diferenciados para estar y dormitorio, amén de las zonas comunes del inmueble. Y el hecho incontestable es que el Sr. (...) y la Sra. (...) llevan allí viviendo más de tres años, sin que conozcamos novedad o impedimento alguno, antes el contrario su oposición a la resolución necesariamente significa que lo arrendado satisface sus necesidades de vivienda».

Tesis tradicional del Tribunal Supremo sobre la calificación de un arrendamiento como de temporada

«Es bien conocida la tesis tradicional del Tribunal Supremo, referida por el Juez a quo para calificar un arrendamiento como de temporada, recaída al analizar la anterior Ley de Arrendamientos Urbanos, pero aún de plena vigencia. Y así, la nota esencial que caracteriza los arrendamientos de temporada a que se refería en su n.º 1.º el art. 2 la Ley de Arrendamientos Urbanos de 1964 para excluirlos de las normas reguladoras de la misma, y quedar sujetos, únicamente, a lo expresamente pactado y a las leyes comunes, es la de haberse convenido el uso y disfrute, mediante el pago de la renta correspondiente, de una vivienda o local de negocio durante un plazo concertado en atención, no a la necesidad permanente que el arrendatario tenga de ocupar aquélla para que le sirva de habitual residencia familiar o un local donde establecer con carácter permanente un negocio o industria, sino para desarrollar de una manera accidental y en épocas determinadas, estas actividades negociales o para habitar transitoriamente y por razones diversas, debiendo entenderse este requisito de "temporalidad" de un modo amplio y flexible cuando claramente se infiera que el uso y ocupación de que el inmueble es objeto responda a exigencias circunstanciales, esporádicas o accidentales determinantes del contrato y elevadas expresamente a la condición de causa por las partes y no a la necesidad de habitar permanentemente o de la adecuada instalación del negocio o industria del ininterrumpido desenvolvimiento, ya que el requisito de la temporalidad de la ocupación guarda relación, no con el plazo de duración simplemente cronológico, sino con la finalidad a que va encaminado el arrendamiento determinante de su ocupación, y así lo tiene reiteradamente declarado la doctrina jurisprudencial del Tribunal Supremo, según la cual la exclusión de los arrendamientos de temporada de la legislación especial obedece a no venir impuesta por la necesidad de residencia, sino por otras finalidades distintas y complejas, debiendo tenerse en cuenta los hechos de los que cabe inferir la intención de las partes».

Postura de la jurisprudencia menor acerca de la cuestión litigiosa

«Más en concreto, la sentencia de la Sección 3.ª de esta Audiencia Provincial de 15/febrero/2005, citada en la resolución recurrida, razona lo que sigue: "Reiteradas sentencias del Tribunal Supremo han establecido, con criterio uniforme seguido de forma constante por la jurisprudencia de las Audiencias Provinciales, que la calificación de arrendamiento de temporada no deriva del plazo concertado sino de la finalidad de la ocupación, ajena a la ocupación como residencia habitual del arrendatario, siendo ocasional y esporádica; de manera que el arrendamiento se hace en atención, no a la necesidad del arrendatario de establecer su vivienda, sino para ocuparla de una forma accidental y en épocas determinadas por razón de circunstancias distintas de la instalación de la residencia permanente y domicilio habitual. (...) El mero hecho de concertar un arrendamiento durante una temporada, de invierno o de verano, no lo configura como arrendamiento de temporada porque si la finalidad de la ocupación es establecer allí la vivienda del arrendatario, no un domicilio transitorio por razones circunstanciales, el plazo del arrendamiento está sometido a prórroga y así ha ocurrido en el presente caso en que al hacerse el contrato ya se hallaba establecido el domicilio del demandado desde al menos quince días antes, como recoge el contrato y que se ha prolongado en el tiempo sin denuncia por parte del arrendador hasta catorce meses al momento de interponer la demanda».

Resolución de la controversia objeto del procedimiento

«La tesis es de plena aplicación al supuesto litigioso. Ya hemos dicho que lo inusual de la vivienda arrendada nada impide que sea considerada como tal, ni debe ahora servir de criterio para pensar que, dadas sus aparentemente precarias instalaciones, el arrendamiento debiera ser meramente temporal. Hay que pensar que los arrendatarios no son turistas o transeúntes que hayan decidido pasar una temporada más o menos larga en nuestras costas, como de hecho en ocasiones sucede, sino que consta que la Sra. (...) trabajó en hoteles de zona ya en el año 2002 y que ya estaba empadronada por aquellas fechas en el municipio de Conil —se documenta en autos que recién expirado el período inicial de vigencia del arrendamiento, solicitó el cambio en el Padrón de su anterior domicilio a la vivienda arrendada—, sin olvidar que los apelantes llevan sin solución de continuidad residiendo en el inmueble arrendado durante más de tres años a la fecha del dictado de la presente resolución».

En consecuencia, se estima el recurso de apelación interpuesto por la representación legal de los arrendatarios contra la antedicha sentencia de 20 de febrero de 2006.

En este sentido, es altamente ilustrativa la **sentencia de la Audiencia Provincial de Bizkaia n.º 368/2006, de 21 de julio, ECLI:ES:APBI:2006:1554,** cuando apunta que:

> «(...) el arrendamiento parcial de vivienda queda fuera del ámbito de protección de la LAU y de los derechos a dicha protección inherente, como el de prórroga forzosa, cuando además lo cierto es que dada la minuciosidad con que la LAU aborda las distintas cuestiones jurídicas que se plantean en relación con el arriendo de las viviendas, seguramente, cesión, subrogación inter vivos y mortis causa, derechos de tanteo y retracto, si en el espíritu de la ley hubiera estado contemplar el arriendo parcial de la vivienda, ciertamente algún artículo habría merecido el interés del legislador para regular estos extremos, dada la problemática que podría derivarse de situaciones tales como fallecimiento del inquilino de habitación con derecho a cocina y servicios, subrogación de terceros, obligaciones en cuanto a obras y reparaciones, etc... cuando solo una parte de la vivienda es la afectada por el contrato de arrendamiento; todo lo cual conduce a estimar, por aplicación de los principios establecidos en los artículos 3 y 4 del Código Civil, que el arrendamiento litigioso no puede considerarse sometido a la normativa especial arrendaticia urbana, sino al régimen general del Código Civil».

Además, la Audiencia Provincial de Bizkaia, recupera la jurisprudencia del Tribunal Supremo y señala lo siguiente:

> «Y es como ha declarado el Tribunal Supremo en sentencias de 10 de febrero de 1986 y 24 de febrero de 2000 " el carácter imperativo de la legislación especial no debe inducirnos a error concluyendo su inaplicabilidad sobre las normas del Derecho Común en supuestos en que existen dudas acerca de la normativa aplicable, cuando, precisamente por su carácter de normativa excepcional, la situación es la contraria y en cuanto a la aplicación de la ley civil común o de la especial de arrendamientos urbanos, habrá que otorgar preferencia a aquella, por su carácter general y atrayente, y en caso de duda acerca de si la normativa aplicable a un contrato es la general del Código Civil o la especial, representada por la LAU, debe concluirse la aplicabilidad de la legislación general dictada para la mayoría de los casos en lugar de seguir el criterio de la especialidad", doctrina ésta que ratifica y corrobora la tesis que se mantiene en esta resolución, por cuanto que el sustrato fáctico que se ha examinado no aparece contemplado en la ley ni el mismo es asimilable a otros que se regulan específicamente, y sin que tampoco se atisben razones de política de protección social en relación con el supuesto que nos ocupa que posibiliten una interpretación distinta».

De igual manera lo suscriben las **sentencias de la Audiencia Provincial de Madrid n.° 161/2014, de 14 de abril, ECLI:ES:APM:2014:6122, y n.° 438/2007, de 10 de julio, ECLI:ES:APM:2007:8930.**

Estudio jurisprudencial del contrato de arrendamiento de vivienda compartida o por habitaciones

Resolución del contrato de arrendamiento por expiración del plazo contractual, así como por el impago de la fianza y de los gastos de suministros

Para la explicación de este punto, son de especial interés los argumentos de la **sentencia de la Audiencia Provincial de Ciudad Real n.° 255/2017, de 14 de septiembre, ECLI:ES:APCR:2017:891.**

Se interpone acción de desahucio con el fin de resolver un contrato de arrendamiento por los siguientes motivos:

- Expiración del plazo contractual.
- Impago de la fianza.
- Impago de varias mensualidades de gastos de suministros.

Frente a dicha acción se opone la demandada aduciendo que se había producido una prórroga del contrato y que no adeudaba nada a la demandante, puesto que, *«(...) el pago de la fianza lo era de forma fraccionada, así como que los gastos de suministro no le corresponden su pago íntegro».*

En base a lo anterior, en fecha de 9 de diciembre de 2016, el Juzgado de Primera Instancia e Instrucción n.° 3 de Ciudad Real dicta sentencia desestimatoria por entender que:

> «(...) la demandada ha acreditado el pago de lo adeudado, salvo lo referente a la fianza, de cuyo tenor se deduce claramente que estaba fraccionado su pago, como que el contrato no resultó extinguido el 1 de julio de 2016, sino prorrogado».

Más tarde la representación legal de la demandante interpone recurso de apelación contra la antedicha resolución basándose, en síntesis, en la errónea interpretación del juzgador por lo que respecta al pago de la fianza y a la extinción del contrato al estar este sometido a las normas del CC.

Así, la juzgadora de apelación resuelve las cuestiones planteadas por el apelante aclarando las siguientes cuestiones:

Naturaleza jurídica del contrato firmado por las partes

> «En relación a la naturaleza jurídica que reviste el contrato firmado por demandante y demandada en fecha 1 de abril de 2016 en las que se acordaron expresamente una duración determinada de tres meses sin prórroga, ni preaviso (hasta el 1 de julio de 2016), y su objeto fue el arrendamiento de una habitación de la vivienda de la actora (habitación 1ª), fijando como

precio del arriendo la cantidad de 165 euros/mes, sin incluir gastos de agua, luz y gas. Además, se incluye el derecho adicional del arrendatario de uso de elementos comunes tales como hall, la cocina, salón-comedor, baños terraza, lavadero y patio.

De la lectura de las condiciones plasmadas en el contrato, e incluso de la propia literalidad de los términos utilizados en su encabezamiento (documento n.º Dos CONTRATO DE ARRENDAMIENTO dormitorio, zonas comunes, COMPARTIDA, **resulta evidente que no nos hallamos ante un contrato de arrendamiento de vivienda, sino exclusivamente de habitación, siendo la cuestión principal discutida en el presente procedimiento, cual es la naturaleza jurídica del citado contrato y, más concretamente, si al mismo le son aplicables las normas especiales en materia de arrendamientos urbanos de la Ley de 1994 o, por el contrario, se encuentra regulado por el Código Civil».**

| Definición de arrendamiento de vivienda

«Al respecto hemos de partir de lo establecido en el art. 2 de la LAU de que define el arrendamiento de vivienda como aquel arrendamiento que recae sobre una edificación habitable cuyo destino primordial sea satisfacer la necesidad permanente de vivienda del arrendatario, siendo esencial, para resolver la cuestión planteada, la concreción del término de habitabilidad del objeto arrendado en el caso concreto que nos ocupa.

Así, hemos de convenir que **será habitable una edificación cuando la misma sea adecuada a servir las necesidades de morada o residencia, donde la persona o la familia desarrollan la intimidad de su existencia, constituyendo su hogar, sin que este concepto sea trasladable propiamente a una habitación o dependencia que forma parte de una vivienda, objeto del contrato suscrito entre las partes, pues la misma carece de los servicios mínimos y esenciales (baño, cocina,...), y que sólo resultan suplidos por la concesión del derecho a utilizar en forma compartida, no en exclusiva, otras dependencias de las que simultáneamente se sirven los restantes ocupantes de la vivienda».**

| Arrendamiento de habitaciones

«El hecho de que no se incluya este supuesto (arrendamiento de habitación en una vivienda) en el art. 5 LAU no debe conducir a aplicar la normativa especial, pues la enumeración recogida en el citado precepto no es de numerus clausus, lo que es perfectamente compatible con la naturaleza de legislación excepcional o especial, en contraposición con la normativa general, aunque efectivamente menos aplicable, del Código Civil.

Asimismo y dado que la LAU aborda las distintas cuestiones jurídicas que se plantean en relación con el arriendo de las viviendas, debe conducir a pensar que, si en el espíritu de la ley hubiera estado contemplar el arriendo parcial de la vivienda, lo lógico hubiera sido que se hubiera contemplado alguna norma al respecto del arrendamiento de una parte de la vivienda es la afectada por el contrato de arrendamiento».

| Conclusión de la juzgadora de apelación

«En base a lo expuesto, hemos de estimar que **el arrendamiento litigioso no puede considerarse sometido a la normativa especial arrendaticia urbana, sino al régimen general del Código Civil**».

Por consiguiente, se estima el recurso de apelación interpuesto por la representación legal de la demandada contra la sentencia del Juzgado de Primera Instancia e Instrucción n.º 3 de Ciudad Real de 9 de diciembre de 2016.

Si bien conviene matizar que esta tesis no es pacífica en los tribunales, siendo varias las Audiencias Provinciales que consideran que estos contratos están sujetos no solamente a la LAU, sino particularmente, al título II protector del arrendatario.

|| Arrendamiento de habitaciones en contra de los estatutos de la comunidad

Para explicar lo relativo al **arrendamiento de habitaciones en contra de los estatutos de la comunidad**, ha de hacerse referencia a la **sentencia de la Audiencia Provincial de Madrid n.º 315/2017, de 26 de septiembre, ECLI:ES:APM:2017:12601**, en la que la representación legal de una comunidad de propietarios interpone acción de cesación de actividad prohibida y resolución de contrato contra una mercantil, apoyándose en que la demandada había realizado unas obras en el piso arrendado con el fin de obtener 9 habitaciones para alquilarlas a particulares, siendo contraria esta actividad a los estatutos de la comunidad.

No obstante, la entidad demandada se opuso a la demanda negando los hechos y especificando que se estaba ante un arrendamiento de vivienda teniendo en cuenta la permanencia de los arrendatarios, sin perjuicio de que compartan ciertas estancias como pueden ser:

- El baño.
- El salón.
- La cocina.

Pues bien, se dicta sentencia estimatoria por el Juzgado de Primera Instancia n.º 2 de Madrid, en fecha de 23 de diciembre de 2016, en virtud de la cual,

«(...) expresa los arrendamientos de habitaciones acreditados y concluye no estarse ante el arrendamiento de vivienda que prevé la LAU de modo que considera que la actividad estaría prohibida por los estatutos por lo que estima la demanda con imposición a la demandada de las costas causadas».

Posteriormente, la demandada interpone recurso de apelación contra dicha sentencia alegando que la actividad de alquiler de habitaciones que viene desarrollando no contraviene los estatutos de la comunidad.

No obstante, la Audiencia que juzga expone los siguientes motivos en los que basa su resolución:

| Jurisprudencia aplicada a supuestos similares

«A estos efectos la SAP, Valladolid sección 3ª del 15 de diciembre de 2015 señala en un supuesto de hecho semejante: "La única cuestión planteada en el recurso de apelación interpuesto por la demandada es la relativa a la naturaleza jurídica que debe ser atribuida al contrato suscrito entre las litigantes en fecha 30.6.2014.

En particular, hemos de precisar que el citado contrato estableció expresamente una duración determinada de seis meses, sin prórroga, ni preaviso (hasta el 30.12.2014), y su objeto fue el arrendamiento de una habitación concreta y determinada de la vivienda de la actora (habitación 2ª, '...ubicada en el medio de las tres habitaciones, con armario empotrado marrón y cama con colcha negra'), fijando como precio del arriendo la cantidad de 190 euros/mes, sin incluir gastos de agua, luz y gas. Además, se incluye el derecho adicional del arrendatario de 'hacer uso de la cocina y el salón y el baño compartido...'".

De la lectura de las condiciones plasmadas en el contrato, e incluso de la propia literalidad de los términos utilizados en su encabezamiento (f. 25) "CONTRATO DE ARRENDAMIENTO DE HABITACIÓN EN CASA COMPARTIDA", resulta evidente que no nos hallamos ante un contrato de arrendamiento de vivienda, sino exclusivamente de habitación, siendo la cuestión principal discutida en el presente procedimiento, cual es la naturaleza jurídica del citado contrato y, más concretamente, si al mismo le son aplicables las normas especiales en materia de arrendamientos urbanos de la Ley de 1994 o, por el contrario, se encuentra regulado por el Código Civil».

| Definición del contrato de arrendamiento de vivienda del artículo 2 de la LAU

«Al respecto hemos de partir de lo establecido en el art. 2 de la LAU de 1994 que define el arrendamiento de vivienda como "aquel arrendamiento que recae sobre una edificación habitable cuyo destino primordial sea satisfacer la necesidad permanente de vivienda del arrendatario", siendo esencial, para resolver la cuestión planteada, la concreción del término de habitabilidad del objeto arrendado en el caso concreto que nos ocupa.

Así, hemos de convenir que será habitable una edificación cuando la misma sea adecuada a servir las necesidades de morada o residencia, donde la persona o la familia desarrollan la intimidad de su existencia, constituyendo su hogar o sede de la vida doméstica, sin que este concepto sea trasladable propiamente a una habitación o dependencia que forma parte de una vivienda, objeto del contrato suscrito entre las partes, pues la misma carece de los servicios mínimos y esenciales (baño, cocina, ...), y que sólo resultan suplidos por la concesión del derecho a utilizar en forma compartida, no en exclusiva, otras dependencias de las que simultáneamente se sirven los restantes ocupantes de la vivienda.

En definitiva, el artículo 3 LAU ha venido a establecer un cajón de sastre que permite calificar como arrendamientos para uso distinto 'del de vivienda' todos aquellos que no tengan encuadre en el artículo 2 LAU, que efectivamente exige que el destino primordial de lo arrendado sea satisfacer la necesidad permanente de vivienda del arrendatario. De modo que la cualidad que determina ser el arrendamiento de vivienda —no de temporada— es la estabilidad».

| Núcleo de la controversia

«(...) En dicho supuesto no obstante ha de tenerse en cuenta que la pretensión de deducía entre arrendador y arrendatario de modo que el interés de la aplicación o no de la LAU al contrato era determinante para concretar los derechos del arrendatario dado el carácter tuitivo de la LAU, lo que aquí no ocurre toda vez que no hay controversia alguna entre el arrendador y los arrendatarios sino que se trata de **examinar si la actividad arrendaticia llevada a cabo está o no permitida en los estatutos**; por lo demás los contratos acompañados por la parte demandada se titulan 'de arrendamiento de habitación para vivienda permanente', se insiste en varias párrafos en la consideración de ser la habitación vivienda permanente del arrendatario, carecer de otra vivienda o habitación destinada a satisfacer su necesidad permanente de vivienda, así como se establece la aplicación de la LAU».

| Jurisprudencia relativa al contrato de arrendamiento de temporada

«(...) la SAP de Alicante de 21 de octubre de 2005, señala que 'Sobre uno y otro arrendamiento el T.S. ha declarado en sentencias de fechas 19-2-82 y 15-12-1999: 'La nota esencial que caracteriza los arrendamientos de temporada a que se refiere, en su n.º 1° el art. 2° LAU para excluirlos de las normas reguladoras de la misma, y quedar sujetos, únicamente, a lo expresamente pactado y a las leyes comunes, es la de haberse convenido el uso y disfrute, mediante el pago de la renta correspondiente, de una vivienda o local de negocio durante un plazo concertado en atención, no a la necesidad permanente que el arrendatario tenga de ocupar aquélla para que le sirva de habitual residencia familiar o un local donde establecer con carácter permanente de un negocio o industria, sino para desarrollar de una manera accidental y en épocas determinadas, estas actividades negociales o para habitar transitoriamente y por razones diversas, debiendo entenderse este requisito de 'temporalidad' de un modo amplio y flexible cuando claramente se infiera que el uso y ocupación de que el inmueble es objeto responda a exigencias circunstanciales, esporádicas o accidentales determinantes del contrato y elevadas expresamente a la condición de causa por las partes, como sucede en el presente caso, y no a la necesidad de habitar permanentemente o de la adecuada instalación del negocio o industria del ininterrumpido desenvolvimiento, ya que el requisito de la temporalidad de la ocupación guarda relación, no con el plazo de duración simplemente cronológico, sino con la finalidad a que va encaminado el arrendamiento determinante de su ocupación, y así lo tiene declarado la doctrina jurisprudencial de esta Sala en ss. 17 dic. 1960, 8 feb. 1962, 30 mar. 1974, 4 feb. 1975 y 30 jun. 1976, según las cuales la exclusión de los arrendamientos de temporada de la legislación especial obedece a no venir impuesta por la necesidad de residencia, sino por otras finalidades distintas y complejas, debiendo tenerse en cuenta los hechos de los que cabe inferir la intención de las partes.'... y como ya dijo la S. T. S. de 30 de marzo de 1974 'la frase 'temporada de verano o cualquier otra' que utiliza el artículo segundo de la referida Ley para excluir de la legislación especial los contratos de arrendamientos urbanos de tal naturaleza, ya sean de vivienda o de locales de negocio, guarda relación no con el plazo o duración simplemente cronológica porque se pacte la duración del contrato, sino con la finalidad a que vaya encaminado, determinante de su utilización, como puede ser la de temporada de verano, de invierno o cualquier otra aunque no se aluda expresamente, pero que del contexto del contrato se desprende fue la causa que motivó la celebración del mismo...'.

En similar sentido más recientemente la SAP de Barcelona de 1 de julio de 2013 'Es decir, lo que una y otra Ley protegen con el derecho para el arrendatario a prórroga, que es forzosa para el arrendador, son aquellos arrendamientos de viviendas que constituyen la «morada» del inquilino y su familia de forma permanente y estable, pero nunca los arrendamientos de temporada, sea de verano, o cualquier otras, aunque los plazos concertados para el arrendamiento fueran distintos, o sea, que la temporalidad de la ocupación es indicativo del fin del contrato, y no requisito en sí mismo, para que el arrendamiento quede excluido de la Ley Especial y ello aunque los plazos concertados fueran distintos. En el supuesto de autos, en el contrato de arrendamiento inicial, fechado el 12 de febrero de 2010, se estableció clara y expresamente una duración temporal, se indicó en el mismo cual era el domicilio de la arrendataria, se arrendó la vivienda completamente amueblada, nota que puede ser común a unos y otros arrendamientos pero que se predica generalmente de los de temporada, siendo uno más de los exponentes para presumir que no se está en presencia de un arrendamiento de vivienda habitual. De todo ello cabe colegir que el contrato que ahora se analiza obedeció al exclusivo deseo de tener una segunda residencia para ocuparla de manera esporádica o por temporada».

| Edificación habitable

«Sobre el particular, esta Sección ya resolvió en sentencia de 8 mayo 2008, manteniendo la tesis de la Juez a quo, y no la del recurrente, que alega que no solamente del arrendamiento recae sobre la habitación, sino también sobre las zonas comunes, que el legislador quería proteger el derecho a la vivienda y que no estábamos ante un contrato para uso distinto. En aquella resolución ya decíamos. 'Excluida ya definitivamente la calificación del contrato como hospedaje, o como derecho de habitación, que no se debaten en el recurso, nos hallamos ante un contrato de arrendamiento urbano, respecto del que sólo queda determinar si debe considerarse arrendamiento de vivienda definido en el artículo 2 LAU, como pretende la parte apelante, y, al respecto, no cabe sino mantener el criterio de la Juzgadora de instancia, cuyos argumentos comparte la Sala y se dan por reproducidos.

En efecto, el mencionado artículo define el arrendamiento de vivienda mediante referencia a su objeto, por recaer sobre una 'edificación habitable' y apta para servir al destino de 'satisfacer la necesidad permanente de vivienda del arrendatario', en concordancia con la constante y consolidada doctrina jurisprudencial que destaca como **núcleo característico del contrato el hecho de que la edificación cedida sea adecuada a servir las necesidades de morada o residencia, donde la persona o la familia desarrollan la intimidad de su existencia, constituyendo su hogar o sede de la vida doméstica.**

Tal concepto de habitabilidad no puede predicarse del objeto arrendado en el supuesto enjuiciado, que se ciñe a una habitación ubicada dentro de una vivienda, carente de los servicios mínimos y esenciales que en la actualidad deben reputarse imprescindibles, y que sólo resultan suplidos por la concesión del derecho a utilizar en forma compartida, no en exclusiva, otras dependencias de las que simultáneamente se sirven los restantes ocupantes de la vivienda, como son la cocina y el baño».

| Conclusión de la juzgadora de apelación

«En definitiva, la cesión de uso en exclusiva recae sobre una única dependencia, carente de las mínimas condiciones de habitabilidad, lo que nos lleva a la conclusión de que el contrato litigioso no puede calificarse como arrendamiento de vivienda comprendido en el repetido artículo 2, y, por tanto, no está sujeto al régimen jurídico establecido en el Título II de la vigente LAU, cuyo artículo 9 señala que la duración mínima de los contratos será de cinco años salvo que el arrendatario manifieste su voluntad de no renovarlo. "Y en idéntico sentido ya lo había expresado la Sentencia de la Audiencia de Madrid de 13-12-2006". Estamos ante un supuesto en el que el propietario adquiere una vivienda de 239 metros y acomete obras para su explotación a través del alquiler de habitaciones amuebladas habilitando nueve de ellas para este uso de modo que puede haber hasta nueve arrendatarios a un tiempo en el inmueble compartiendo los espacios de uso común a todos ellos, decisión empresarial que se enfrenta al criterio de la comunidad del edificio; se habría acreditado por la aportación de los contratos y tal y como la juzgadora reseña que la habitación que se alquiló por menos tiempo pactado lo fue por 26 días, existiendo cinco contratos por un año, y siendo el tiempo más habitual de arrendamiento pactado de unos cinco meses, de modo **que no parece encajar el tipo de alquiler en la previsión del artículo 2 de la LAU por más que en el contrato se exprese el criterio de que el alquiler se hace como vivienda permanente del inquilino lo que no obsta a que se satisfaga una necesidad de vivienda por un tiempo transitorio vinculado a los estudios u otras actividades**».

Así, se estima el recurso de apelación interpuesto por la mercantil demandada contra la sentencia, de 23 de diciembre de 2016, revocando dicha resolución únicamente en lo relativo a la condena en costas, confirmando la sentencia dictada en instancia en todo lo demás.

A TENER EN CUENTA. En las anteriores resoluciones pueden encontrarse referencias realizadas a la antigua redacción de la Ley de Arrendamientos Urbanos.

5.
ARRENDAMIENTO PARA USO DISTINTO DE VIVIENDA

Marco normativo del contrato de arrendamiento para uso distinto de vivienda

El arrendamiento para uso distinto del de vivienda se regula en el título III, artículos 29 a 35 de la Ley de Arrendamientos Urbanos (en adelante, LAU).

¿Qué se entiende por arrendamiento para uso distintos del de vivienda? Según el artículo 3 de la LAU es aquel arrendamiento que, recayendo sobre una edificación (no necesariamente habitable), tenga como destino primordial uno distinto del de satisfacer la necesidad permanente de vivienda del arrendatario previsto en el artículo 2 de la LAU.

Especialmente, se consideran arrendamientos para uso distinto del de vivienda:

- Los arrendamientos de fincas urbanas celebrados por temporada (verano o cualquier otra).
- Los celebrados para ejercerse en la finca alguna de las siguientes actividades (cualesquiera que sean las personas que los celebren):
- Una actividad industrial.
- Una actividad comercial.
- Una actividad artesanal.
- Una actividad profesional.
- Una actividad recreativa.
- Una actividad asistencial.
- Una actividad cultural o docente.

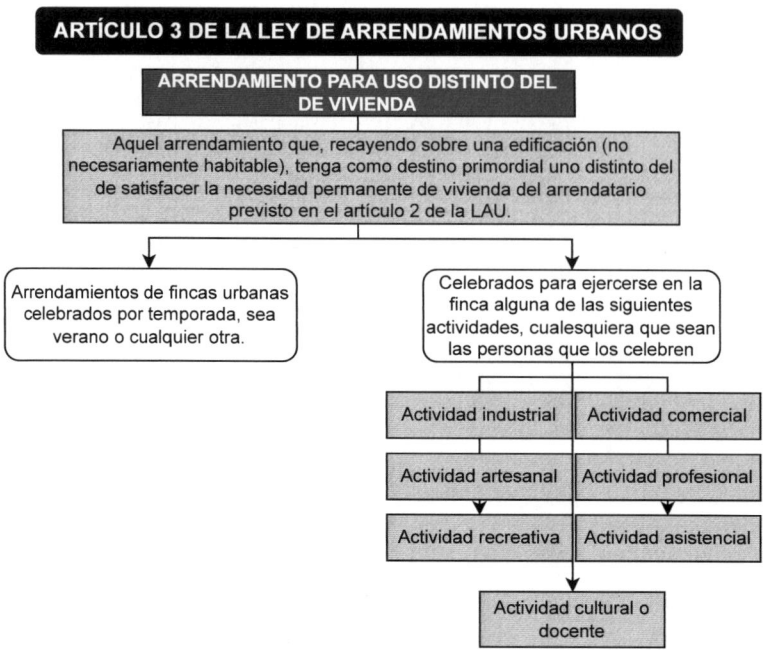

En suma, *«(...) Como expresa en claros términos la SAP de Alicante n.° 72/2016, de 19 de febrero, el citado artículo ha venido a instaurar "un cajón de sastre que permite calificar como arrendamientos para uso distinto 'del de vivienda' todos aquellos que no tengan encuadre en el artículo 2 LAU, que efectivamente exige que el destino primordial de lo arrendado sea satisfacer la necesidad permanente de vivienda del arrendatario"».* (**SAP de Jaén n.° 238/2022, de 2 de marzo, ECLI:ES:APJ:2022:289, y la SAP de Alicante n.° 72/2016, de 19 de febrero, ECLI:ES:APA:2016:871**).

CUESTIONES

1. ¿En qué se diferencia un arrendamiento de industria de un arrendamiento para uso distinto de vivienda?

Nuestro más Alto Tribunal ha determinado en la **sentencia n.° 212/2011, de 25 de marzo, ECLI:ES:TS:2011:2007**, que *«(...) los arriendos de locales para negocio se diferencian de los de industria en que, respecto a los primeros, lo que se cede es el elemento inmobiliario, en cambio, en los segundos, el objeto contractual está determinado por una doble composición integradora; por un lado, el local, como soporte material; y, por otro, el negocio o empresa instalada y que se desarrolla en el mismo, con los elementos necesarios para su explotación, que conforman un todo patrimonial autónomo, sin que sea preciso que el arrendador facilite necesariamente todos los medios para la comercialización de la actividad negocial a desarrollar, que pueden ser ampliados o mejorados con los que aporte el arrendatario, incluso sustituidos, sin que ello afecte a la calificación y naturaleza del contrato como de locación industrial (...)».*

2. ¿Puede convertirse un contrato de arrendamiento de vivienda en un contrato de arrendamiento de temporada?

Según lo dispuesto en la **sentencia del Tribunal Supremo n.º 790/2011, de 4 de abril, ECLI:ES:TS:2011:2145**, «(...) para que exista novación objetiva del contrato, es preciso que el animus novandi (voluntad de novar) sea expresado por las partes de forma inequívoca. Así, la STS de 18 de marzo de 1992 establece que "la institución de la novación representa en términos generales un cambio en la relación negocial obligatoria, que cuando es esencial y de manera muy primordial, porque así expresamente se recoja en el nuevo convenio el 'animus novandi' [voluntad de novar] de las partes interesadas que lo introducen, tiene consideración de extintiva (artículos 1203, 1204 y 1207 del Código Civil) la que en todo caso han de declarar expresamente los otorgantes como condición indispensable para que tal novación sea operativa conforme establece el artículo 1.204 del Código Civil. Teniéndose en cuenta que el concepto de novación es objeto de interpretación restrictiva por la doctrina de esta Sala y nunca se presume, de tal manera que no puede declararse en virtud de sólo presunciones por muy razonables que se presenten éstas (sentencias de 24 de febrero de 1964, 11 de febrero de 1965, 2 de junio de 1968 y 25 de enero de 1991)". Esta doctrina ha sido recogida y aplicada más recientemente en las SSTS de 29 de abril de 2005 (RC n.º 4129/1998), de 11 de julio de 2007 (RC n.º 1980/2000) de 22 de mayo de 2009 (RC n.º 425/2004)».

En relación con el arrendamiento de temporada ¿cuál es su finalidad? En relación con esta cuestión, señala la **sentencia de la AP de Málaga n.º 228/2022, de 25 de mayo, ECLI:ES:APMA:2022:1332**, que:

«(...) reiteradas sentencias del Tribunal Supremo han establecido, con criterio uniforme seguido de forma constante por la Jurisprudencia de las Audiencias Provinciales, que la calificación de arrendamiento de temporada no deriva del plazo concertado sino de la finalidad de la ocupación, ajena a la ocupación como residencia habitual del arrendatario, siendo ocasional y esporádica; de manera que el arrendamiento se hace en atención, no a la necesidad del arrendatario de establecer su vivienda, sino para ocuparla de una forma accidental y en épocas determinadas por razón de circunstancias distintas de la instalación de la residencia permanente y domicilio habitual. El requisito de la temporalidad no está relacionado con el plazo acordado sino con la causa y finalidad de la ocupación que viene determinada por la transitoriedad. Así la STS de 15 diciembre 1999, dice que la nota esencial del arrendamiento de temporada es la de haberse convenido el uso durante un plazo concertado para habitar transitoriamente y por razones diversas de modo que la ocupación responde a exigencias circunstanciales, esporádicas o accidentales determinantes del contrato y elevadas expresamente a la condición de causa por las partes y no a la necesidad de habitar como residencia habitual y permanente (...)».

En el mismo sentido cabe citar la **sentencia de la AP de Vizcaya n.º 206/2018, de 14 de junio, ECLI:ES:APBI:2018:1498**.

Así, como ejemplo de lo anterior, la **sentencia de la AP de Baleares n.º 27/2017, de 2 de febrero, ECLI:ES:APIB:2017:163**, dispone lo siguiente:

«(...) la disponibilidad del local por el arrendatario durante el invierno no desnaturalice la esencia del contrato como de temporada al quedar demostrado que sólo se usa el local durante la temporada turística. Tampoco impide la calificación del contrato como arrendamiento de temporada el hecho de que la renta se pague anualmente o semestralmente o el pago por parte del arrendatario de gastos o suministros devengados durante todo el año dado que ello se deriva de la disponibilidad que mantiene sobre el local, no del hecho de explotarlo permanentemente como se exige para que su arrendamiento pueda ser considerado como sujeto a la ley especial locativa.

Del mismo modo, no excluye la consideración del arrendamiento como de temporada la prolongada duración del mismo (desde 1974 hasta la fecha de interposición de la demanda iniciadora del presente litigio) dado que el requisito de la temporalidad no guarda relación con el plazo de duración cronológico, sino con la finalidad a que va encaminado el arrendamiento (sentencia del Tribunal Supremo de 30 de junio de 1976), de modo es que de temporada el arrendamiento cuando la cesión del uso del inmueble viene referida a un período de tiempo durante el cual se efectúa frecuentemente una cosa (sentencia del Tribunal Supremo de 22 de diciembre de 1979), en el caso de autos la venta de souvenirs, coincidente con la temporada turística».

A mayor abundamiento, la jurisprudencia, a título de ejemplo cabe citar la **sentencia de la AP de Málaga n.º 531/2022, de 27 de septiembre, ECLI:ES:APMA:2022:2113**, que con referencia a la meritada **sentencia del Tribunal Supremo n.º 790/2011, de 4 de abril, ECLI:ES:TS:2011:2145**, determina como elementos configuradores del arrendamiento de temporada:

- Elemento negativo: «*(...) de no constituir la residencia habitual del locatario y no tener vocación de permanencia o de satisfacer la necesidad de vivienda del arrendatario*».

- Elemento positivo: «*(...) de la limitación temporal u ocasional de los períodos de ocupación, verificados de manera más o menos discontinua y con una mayor o menor frecuencia, pero siempre interrumpidos por la preferencia otorgada al hogar habitual, único que cubre la necesidad permanente de ocupación, frente a las motivaciones de mera conveniencia, comodidad o capricho determinantes del arriendo*».

Para concluir, los arrendamientos de temporada «*(...) no satisfacen la necesidad permanente que el arrendatario tiene de ocuparla para que le sirva de residencia habitual de la familia, sino para desarrollar de una manera accidental, en épocas determinadas, actividades distintas de aquellas que vienen pautadas por los cotidianos hábitos de vida, responsabilidades y exigencias laborales, siendo indiferente la mayor o menor frecuencia de su utilización, así como la duración del arriendo, ya que el requisito de temporalidad de la ocupación guarda relación, no con el plazo de vigencia cronológico, sino con la finalidad a la que va encaminado el arrendamiento determinante de su ocupación*» (SAP de Pontevedra n.º 520/2016, de 10 de noviembre, ECLI:ES:APPO:2016:2197).

Régimen aplicable al contrato de arrendamiento para uso distinto de vivienda

En lo que se refiere al régimen aplicable al contrato de arrendamiento para uso distinto del de vivienda, habrá de estarse a lo previsto en el artículo 4.3 de la LAU conforme al cual se regirán por la voluntad de las partes, en su defecto, por lo determinado en el título III de la LAU y, supletoriamente, por lo establecido en el Código Civil.

Lo anterior se entiende sin perjuicio de lo dispuesto en el artículo 4.1 de la LAU por el que se establece, de forma imperativa, el sometimiento de todos los contratos regulados en la LAU a lo previsto en: el título I de la LAU relativo al ámbito de la ley, en el título IV de la LAU relativo a las disposiciones comunes —fianza y formalización del arrendamiento—, así como a los apartados 2 a 6 del artículo 4 de la LAU.

CUESTIÓN

¿Qué precepto de la LAU regula la duración del arrendamiento para uso distinto de vivienda?

Para responder a esta cuestión resulta especialmente interesante la **sentencia de la Audiencia Provincial de Jaén n.º 238/2022, de 2 de marzo, ECLI:ES:APJ:2022:289**, que aglutinando distintos pronunciamientos del Tribunal Supremo señala:

«A diferencia de lo dispuesto para los arrendamientos de vivienda, la LAU nada dice acerca de la duración de los arrendamientos para uso distinto de vivienda, por lo que en esta materia se aplicará de forma supletoria lo establecido en el Código Civil, en concreto, lo dispuesto en los siguientes artículos:

- Artículo 1543 del CC: 'En el arrendamiento de cosas, una de las partes se obliga a dar a la otra el goce o uso de una cosa por tiempo determinado y precio cierto';

- Artículo 1581 del CC: 'Si no se hubiese fijado plazo al arrendamiento, se entiende hecho por años cuando se ha fijado un alquiler anual, por meses cuando es mensual, por días cuando es diario. En todo caso cesa el arrendamiento, sin necesidad de requerimiento especial, cumplido el término'.;

- Artículo 1566 del CC: 'Si al terminar el contrato, permanece el arrendatario disfrutando quince días de la cosa arrendada con aquiescencia del arrendador, se entiende que hay tácita reconducción por el tiempo que establecen los artículos 1577 y 1581, a menos que haya precedido requerimiento''; y

- Artículo 1569.1ª del CC: 'El arrendador podrá desahuciar judicialmente al arrendatario por alguna de las causas siguientes: 1ª Haber expirado el término convencional o el que se fija para la duración de los arrendamientos en los artículos 1577 y 1581'.

En consecuencia, y respondiendo a las alegaciones que contiene el recurso interpuesto sobre la menor duración del contrato que se ha declarado 'resuelto' en la sentencia con relación a los dos que le precedieron, debe afirmarse que en este tipo de contratos de arrendamiento de inmuebles, a diferencia de los de vivienda, la duración es la libremente pactada por las partes, cualquiera que ésta sea.

Y tampoco reviste mayor incidencia sobre la cuestión el destino al que se dedique el inmueble objeto del contrato, (...)».

A TENER EN CUENTA. Resultan especialmente interesantes en esta materia, ambas con referencia a la cláusula rebus sic stantibus, la **sentencia del Tribunal Supremo n.º 591/2014 de 15 de octubre, ECLI:ES:TS:2014:5090**, con ocasión de la resolución de un contrato de arrendamiento de un edificio destinado a la actividad hotelera, y la **sentencia del mismo Alto Tribunal n.º 19/2019, de 15 de enero, ECLI:ES:TS:2019:57**, que trata sobre quién debe asumir el riesgo de la disminución de los rendimientos de la explotación del negocio originado por el menoscabo de la situación económica y las alteraciones del mercado.

¿Qué regula la LAU sobre los arrendamientos para su uso distinto de vivienda?

|| Enajenación de la finca arrendada

Señala en este punto el artículo 29 de la LAU que *«el adquirente de la finca arrendada quedará subrogado en los derechos y obligaciones del arrendador, salvo que concurran en el adquirente los requisitos del artículo 34 de la Ley Hipotecaria».*

> **A TENER EN CUENTA.** El artículo 34 de la Ley Hipotecaria hace referencia al tercero de buena fe.

En relación con lo anterior, la **Audiencia Provincial de Barcelona en su sentencia n.º 803/2019, de 18 de julio, ECLI:ES:APB:2019:9463**, determina que, *«(...) el régimen establecido por el precepto transcrito es, como regla general, la subrogación del adquirente del inmueble en la condición de parte arrendadora (en aras a mantener en lo posible la indemnidad del arrendatario), salvo que, no deseando dicha consecuencia (la subsistencia del arriendo), acredite (a través del procedimiento declarativo correspondiente) reunir los requisitos establecidos en el artículo 34 de Ley Hipotecaria (lo que incluiría que no quede acreditado que conocía la existencia del arrendamiento del inmueble) (...)».*

> **CUESTIÓN**
>
> **¿Quién tendrá la legitimación activa para reclamar las rentas devengadas?**
>
> La Audiencia Provincial de A Coruña señala en su **sentencia n.º 368/2009, de 18 de septiembre, ECLI:ES:APC:2009:2638**, que:
>
> *«(...) Para la eficacia de la transmisión de la finca en favor de la actora y la consiguiente subrogación en la posición de arrendadora no se precisa de la forma de escritura pública porque el contrato de compraventa se perfecciona por el mero consentimiento (artículos 1.258 y 1.278 del Código civil), ni el previo consentimiento de los arrendatarios, sino que la subrogación de la compradora en la posición del originario arrendador se produce "ex lege", desde el momento de la adquisición del inmueble.*
>
> *De ahí que, en las resoluciones dictadas por las distintas Audiencias Provinciales en casos de transmisión de inmuebles arrendados, se considera que el anterior propietario carece de legitimación activa para la reclamación de rentas devengadas con anterioridad. Al respecto se razona en la sentencia de la Audiencia Provincial de Valladolid (Sección 1ª) de 16 de julio de 2004 que "naturalmente resulta que entre esos derechos se encuentra el de percibir las rentas correspondientes al local adquirido, tanto las ya devengadas y no satisfechas, como las que se devenguen en el futuro,*

pues nada especifica el precepto al respecto, salvo que en relación con esta cuestión, que viene igualmente determinada por el mandato del artículo 1.212 del Código Civil al referirse a la subrogación de un tercero en los derechos del acreedor, se acreditase la existencia expresa de un acuerdo o pacto al respecto, por medio del cual se reservase el primitivo acreedor el crédito de rentas devengadas con anterioridad a la transmisión". Se dice también en ella que "dado el carácter absoluto de los términos legales al respecto de las consecuencias de la subrogación en la posición del antiguo arrendador, sin especificarse momento temporal alguno - Código Civil y Ley de Arrendamientos Urbanos -, es evidente que cuando se reclama por quien ha perdido la condición de propietario-arrendador el pago de unas rentas devengadas durante el periodo en que se ostentaba dicha cualidad, debe acreditarse cumplidamente, pues así lo exige el artículo 217 de la Ley de Enjuiciamiento Civil, que al tiempo de la transmisión se hizo expresa reserva del crédito que se hubiera generado por rentas vencidas y no satisfechas en dicho momento, pues de otro modo el crédito generado pasa, al igual que el resto de derechos derivados del contrato de arrendamiento, al nuevo propietario"».

JURISPRUDENCIA

Sentencia del Tribunal Supremo n.º 783/2021, de 15 de noviembre, ECLI:ES:TS:2021:4141

«(...) respecto de los arrendamientos para uso distinto del de vivienda, el título III sólo contempla una norma para el caso de enajenación de la finca, el art. 29 que mantiene su redacción original y escuetamente dispone:

(...)

De esta norma resulta que el adquirente que reúna los requisitos del art. 34LH no quedará subrogado en los derechos y obligaciones del arrendador en ningún caso ni durante plazo alguno. No existe ninguna otra previsión legal para esta modalidad de arrendamientos de uso distinto al de vivienda en función de que la duración del arrendamiento sea o no superior a cinco años, ni sobre indemnización al arrendatario a cargo del enajenante. Tampoco para el caso de que la causa de la pérdida del derecho del arrendador no sea su enajenación voluntaria, sino su extinción o resolución por enajenación forzosa derivada de una ejecución hipotecaria o de sentencia judicial u otra de las causas previstas en el art. 13.1LAU para el caso de los arrendamientos de viviendas ('ejercicio de un retracto convencional, la apertura de una sustitución fideicomisaria, [...] o el ejercicio de un derecho de opción de compra'). Además, la regulación del art. 29 LAU puede ser desplazada o modificada por pacto en contrario conforme al art. 4.3 de la ley (sin perjuicio de la imperatividad de las normas sobre oponibilidad y publicidad de los derechos). En el caso, no consta este pacto en contrario.

Esta regulación, y en particular la ausencia de norma específica referida a la enajenación forzosa del inmueble arrendado para uso distinto de vivienda (como es el caso de la litis), ha suscitado en la doctrina de los autores y de las Audiencias opiniones contrapuestas acerca de la cuestión jurídica sometida a la presente controversia: (i) para unos resulta aplicable el art. 1571CC ('venta quita renta': el contrato se extingue tras la enajenación forzosa, salvo si el arrendamiento consta inscrito en el Registro con anterioridad al gravamen que se ejecuta); (ii) otros postulan la aplicación analógica del art. 13LAU, tesis que sigue el juzgado de primera instancia; y (iii) para otros, el precepto aplicable es el art. 29LAU que regula la enajenación de la finca arrendada, al entender que el término 'enajenación' denota un concepto amplio en que se puede incluir la venta forzosa, tesis a la que se adscribe la sentencia impugnada».

|| Conservación, mejora y obras del arrendatario

En este punto, el **artículo 30 de la LAU,** remite a la regulación del contrato de arrendamiento de vivienda, en concreto, serán de aplicación a los arrendamientos para usos distintos del de vivienda los siguientes artículos:

- Conservación de la vivienda **(artículo 21 de la LAU).**
- Obras de mejora **(artículo 22 de la LAU).**
- Obras del arrendatario **(artículo 23 de la LAU).**
- Habitabilidad de la vivienda **(artículo 26 de la LAU).**
- Elevación de renta por mejoras desde el comienzo del arrendamiento **(artículo 19 de la LAU).**

Asimismo, el artículo 31 de la LAU, en cuanto al derecho de adquisición preferente en el arrendamiento para uso distinto del de vivienda, remite al artículo 25 de la misma LAU relativo a los arrendamientos de vivienda como se analizará en el tema relativo al derecho de tanteo y retracto en dichos contratos.

|| Cesión del contrato y subarriendo

A tenor de lo establecido en el artículo 32 de la LAU, el arrendatario podrá subarrendar la finca o ceder el contrato de arrendamiento sin necesidad de contar con el consentimiento del arrendador cuando en la finca arrendada se ejerza una actividad empresarial o profesional.

Ahora bien, el arrendador tiene derecho a una elevación de la renta en vigor:

- Un 10 % en el caso de producirse un subarriendo parcial.
- Un 20 % en el caso de cesión del contrato o el subarriendo total de la finca arrendada.

No obstante, a nivel jurisprudencial se han fijado las diferencias entre la figura del subarriendo y la de cesión del contrato. En este sentido, respecto del subarriendo, la **sentencia de la AP de Zaragoza n.º 478/2018, de 21 de noviembre, ECLI:ES:APZ:2018:2673,** citando al Tribunal Supremo —**STS n.º 542/1997, de 18 de junio, ECLI:ES:TS:1997:4328**— señala:

> «(...) según el concepto general de subcontrato, el subarrendatario no es sino un arrendatario respecto a su arrendador, el cual es subarrendador porque a su vez, es arrendatario de otro, el propietario-arrendador. La LAU no define el subarriendo. Lo permite en el art. 32 LAU 1994, que lo posibilita aun "sin necesidad de contar con el consentimiento del arrendador", aunque dada la naturaleza dispositiva podrá existir pacto en contrario. En la cesión de contrato hay una transmisión de la posición de contratante y en el subcontrato hay una explotación de dicha posición, lo que no impide que, jurídicamente, al ceder el arrendamiento se transmita la posición jurídica en esa explotación.
>
> En cuanto al régimen jurídico aplicable al subarriendo, debe tenerse en cuenta que en este caso, a diferencia de la cesión, estamos ante un

nuevo contrato de arrendamiento que pactan el arrendatario (subarrendador) y otra persona (subarrendatario), mediante el cual se permite a ésta usar total o parcialmente la finca a cambio de un precio. El subarrendatario se obliga, pues, con el arrendatario-subarrendador, de modo que surge una nueva relación, además de la que ya existía entre arrendador y arrendatario, que no desaparece y de la cual depende el subarriendo. Esta dependencia del subarriendo respecto al contrato principal llega hasta el punto que la extinción de éste conlleva inevitablemente la del subarriendo.

Sin embargo, la dependencia del subarriendo respecto al contrato de arrendamiento primitivo tiene mucho más interés durante la vida de ambos, ya que el contrato principal condiciona el objeto y el régimen jurídico del subarriendo, lo cual va a afectar a las relaciones entre subarrendador y subarrendatario y, también, a las relaciones entre arrendador y subarrendatario (...)».

En cuanto a la cesión del local, la **sentencia de la AP de Lleida n.º 121/2018, de 15 de marzo, ECLI:ES:APL:2018:105**, establece:

«El traspaso consiste en la cesión del local hecha por el arrendatario a un tercero, a cambio de un precio, reconociendo en tales supuestos el art. 32-2 de la LAU al arrendador el derecho a la elevación de la renta en un 10 % de la renta en vigor. Se trata, en esencia, de una transmisión de los derechos arrendaticios, manteniendo la misma relación arrendaticia establecida entre las primitivas partes contratantes puesto que dicha relación únicamente sufre una novación subjetiva, en virtud de la cual un tercero ingresa en la posición del arrendatario, desapareciendo éste de la relación jurídica y siendo sustituido en todos sus derechos y obligaciones por la persona a cuyo favor se ha realizado el traspaso (...)».

A TENER EN CUENTA. El cambio producido en la persona del arrendatario por consecuencia de la fusión, transformación o escisión de la sociedad arrendataria no se reputará cesión, sin embargo, el arrendador tendrá derecho a dicha elevación de la renta (artículo 32.3 de la LAU).

CUESTIONES

1. ¿Es necesario notificar la cesión o el subarriendo?

Según el apartado cuarto del artículo 32 de la LAU la cesión y el subarriendo deberán notificarse de forma fehaciente al arrendador en el plazo de un mes desde que los mismos se hubieran concertado.

En este sentido, la **Audiencia Provincial de Ourense en su sentencia n.º 223/2019, de 7 de junio, ECLI:ES:APOU:2019:372**, determina que, «(...) el artículo 35 de la LAU de 1994 sanciona con la resolución no el subarriendo inconsentido o la cesión inconsentida, sino los llevados a cabo incumpliendo lo dispuesto en el artículo 32, que lo único que exige es la notificación en forma fehaciente al arrendador en el plazo de un mes desde que el subarriendo o la cesión se hubiera concertado; equiparándose esa notificación al conocimiento efectivo de la modificación operada, siendo contrario a la buena fe, en tales casos, invocar la falta de cumplimiento de tal requisito (...)».

2. ¿Es aplicable el precepto de referencia a los casos de arrendamiento de negocio?

A título ilustrativo podemos mencionar la sentencia de la Audiencia Provincial de Jaén n.º 720/2018, de 4 de julio, ECLI:ES:APJ:2018:1282, que, citando numerosas sentencias del Tribunal Supremo, expone lo siguiente:

«(...) habrá que poner de manifiesto en primer lugar, y a la vista de que el apelante mantiene que debe de ser de aplicación el art. 32 de la LAU, que nos encontramos ante un arrendamiento de industria, más bien un subarriendo de industria, y es que conforme a constante jurisprudencia del Tribunal Supremo (por todas STS de 18-3-09, 7-7-06, 24-5-06, 21-2-00, 8-6-98, etc) se puede decir: a) El arrendamiento de local de negocio sometido a la legislación especial de arrendamientos urbanos, en él, lo cedido a cambio de la renta, es el elemento inmobiliario, esto es, el local. Es decir, un espacio construido y apto para que en él se explote un negocio, actividad negocial que tendrá que instalar el arrendatario haciendo las obras de adaptación necesarias para ello, tramitar las oportunas licencias administrativas, contratar con los distintos suministradores, etc. b) A diferencia del anterior, en el arrendamiento de industria, el objeto del arrendamiento está determinado por dos elementos claramente diferenciables: De un lado, el local de negocio propiamente dicho, esto es, el habitáculo, el inmueble en el que se desarrollará la actividad negocial. Y de otro, el negocio o empresa instalada, y se caracteriza porque lo que se arrienda es un todo patrimonial, una unidad patrimonial con vida propia y susceptible de ser inmediatamente explotada o pendiente para serlo, de meras formalidades administrativas.

Es decir, el arriendo se reputará de industria, cuando el arrendatario recibiera, además del local, el negocio o industria en él establecido, o, en palabras del Tribunal Supremo (STS de 8-11-82, 4-5-83, 31-1-86 ...) el arrendamiento lo es de industria cuando la finalidad del contrato comprende, además del local, la entrega de una universalidad de elementos materiales y aptos para el ejercicio en el mismo de una determinada actividad industrial con la consiguiente preexistencia y continuidad de actividad económica, señalando como tal (STS de 12-5-86), cuando lo cedido sea un conjunto de elementos debidamente organizados y aptos para la realización de una finalidad productiva (maquinaria, menaje, mobiliario, etc,) esenciales para los fines del contrato, en cuanto constituyen partes integrantes de esa unidad patrimonial.

Habría que decir igualmente que en relación al régimen jurídico y la normativa aplicable a los arrendamientos de industria, la doctrina del Tribunal Supremo asienta que nos encontramos ante un arrendamiento excluido de lo regulado por la Ley de Arrendamientos Urbanos, y que se ha remitir a las normas del Código Civil(STS de 18 de marzo de 2009).

La distinción entre los arrendamientos de industria y de locales de negocio exige actualmente determinar caso por caso si los elementos que se entregan con el inmueble o la base física del negocio eran o no suficientes para que el arrendatario desenvolviese su actividad mercantil. (...)

Pues bien, no cabe duda de que lo que en su día se subarrendó era una cafetería con todos los elementos necesarios para su funcionamiento, por lo que en ningún caso sería de aplicación el art. 32 de la LAU».

3. ¿Es necesario el consentimiento del arrendador?

Tal y como dispone la Audiencia Provincial de Toledo en su sentencia n.º 124/2017, de 17 de mayo, ECLI:ES:APTO:2017:505, «(...) Conforme al art 32 de la LAU el arrendatario puede ceder el contrato de arrendamiento sin necesidad de contar con el consentimiento del arrendador, si bien para ser eficaz ha de notificar la cesión de forma fehaciente al arrendador en el plazo de un mes de la fecha de la cesión».

|| Muerte del arrendatario

Al caso de fallecimiento del arrendatario se refiere el artículo 33 de la LAU. En resumen, el citado artículo dispone que para que se produzca la subrogación en los derechos y obligaciones del arrendatario finado deben darse las circunstancias siguientes:

| Continuidad en el ejercicio de la actividad empresarial o profesional

Señala la **sentencia de la AP de Huesca n.º 27/2014, de 26 de febrero, ECLI:ES:APHU:2014:68**:

> «(...) Dispone el art. 33 LAU que la muerte del arrendatario es causa de extinción del contrato, si bien permite la subrogación 'cuando en el local se ejerza una actividad empresarial o profesional, el heredero o legatario que continúe el ejercicio de la actividad podrá subrogarse en los derechos y obligaciones del arrendatario hasta la extinción del contrato'. Ninguno de estos dos requisitos se ha cumplido, pues no consta que el recurrente —heredero de la arrendataria— continúe el ejercicio de la actividad empresarial. Y tampoco se ha producido la notificación por escrito que permitiría al heredero continuar el arriendo. En consecuencia, el contrato se extinguió con el fallecimiento de la arrendataria (...)».

En el mismo sentido la **sentencia de la AP de Jaén n.º 188/2013, de 10 de diciembre, ECLI:ES:APJ:2013:1485**, establece:

> «El art. 33 de la L.A.U. de 1994 establece que en caso de fallecimiento del arrendatario, cuando en el local se ejerza una actividad empresarial el heredero que continúe en el ejercicio de la actividad podrá subrogarse en los derechos y obligaciones del arrendatario hasta la finalización del contrato. El contrato de arrendamiento se subscribió entre el Sr. (...) y el Ayuntamiento de (...), si bien en el documento obrante en autos, de fecha 14 de Mayo de 1998, a través de carta remitida por Don. (...) manifiesta que su hijo (...) le sucede como arrendatario, el cual desarrollará en la actividad del local que consiste en venta de maquinaria e instalaciones de riego. Queda patente pues que antes del fallecimiento Don. (...) éste manifiesta que le sucede en el arrendamiento su hijo (...), por lo que la relación jurídico procesal está perfectamente constituida al dirigirse la demanda contra el citado (...), pues en el año 1998 en que se produce la subrogación en el arrendamiento no existía la Comunidad hereditaria que ahora pretende el apelante que ha de ser traída al proceso por entender que ostenta la condición de arrendatario, pues ni siquiera consta que se haya constituido en Comunidad de bienes ni dado de alta para el ejercicio de la actividad desarrollada en el local de venta de maquinaria, sin que los recibos que se expiden a nombre de hijos de (...) sea motivo para considerar a la referida Comunidad hereditaria arrendataria del local (...)».

| Notificación escrita al arrendador

La sentencia de la AP de Pontevedra n.º 15/2013, de 17 de enero, ECLI:ES:APPO:2013:198, señala:

«Invoca también el recurso el incumplimiento de la notificación 'por escrito' exigida por el art. 33, al igual que el art. 16 L.A.U. No se ha acreditado la entrega del escrito que manifiestan los demandados durante aquélla decisiva conversación. Frente a la interpretación estricta y literal de ese requisito formal, entendemos más acertada la interpretación flexible mantenida por numerosas Audiencias que entiende suficiente la notificación incluso verbal cuando permite al arrendador tener perfecto conocimiento del hecho del fallecimiento y de la existencia de personas en las que se dan los requisitos de parentesco, unido a la manifestación clara y explícita de la voluntad de subrogación. En este sentido la sentencia de 8 de marzo de 2012 de la Audiencia Provincial de Madrid, Sección 19.ª, que acepta este criterio flexible, si bien rechaza la subrogación por falta de prueba suficiente, al contrario de lo que sucede en este caso. Semejante criterio sigue la sentencia de 19 de septiembre de 2012 de la Audiencia de Barcelona, Sección 13.ª, que califica aquél requisito como ad probationem y no ad solemnitatem, por lo que la forma escrita sólo facilitará la prueba, pero no se excluirá la subrogación en aquéllos supuestos en que quede cumplidamente probado que se efectuó la notificación al arrendador por cualquier medio en plazo».

Asimismo, la **sentencia de la AP de Toledo n.º 192/2011, de 8 de julio,** ECLI:ES:APTO:2011:681:

«Lo primero a destacar es que, aún en caso de fallecimiento, por los problemas que suscita el requisito de la notificación de la subrogación al arrendador dentro de los dos meses siguientes a la fecha del fallecimiento del arrendatario, por ser muchas las veces de imposible cumplimiento, al no poderse determinar en tan corto plazo quién es el heredero, no constando en la norma qué consecuencias tiene la falta de notificación, se ha llegado incluso a sostener que no es posible hacer una interpretación extensiva y mucho menos analógica de la misma, y convertir la notificación en requisito constitutivo de la transmisión "mortis causa", cuya falta de lugar a la resolución del contrato».

CUESTIÓN

En caso de fallecimiento del arrendatario, ¿sería posible una subrogación tácita?

Conforme a lo dispuesto por la **sentencia de la Audiencia Provincial de Tenerife n.º 25/2018, de 24 de enero, ECLI:ES:APTF:2018:877,** «(...) contrariamente a lo que considera la sentencia recurrida entendemos que se ha producido una subrogación tácita de la demandada en los contratos de arrendamiento suscritos por su fallecida madre, fundamentalmente, por el hecho de haber continuado en la posesión del local durante ocho meses tras el fallecimiento de ésta y por haber seguido pagando durante ese tiempo la renta convenida, todo ello con la aquiescencia del arrendador, lo que colma los dos elementos esenciales del contrato de arrendamiento (posesión del arrendatario y pago de la renta al arrendador), y ello con independencia de que la intención de la demandada fuera seguir explotando los negocios, traspasarlos o devolverlos al arrendador, lo que carece de importancia a los efecto de que aquí se trata, siendo lo trascendente que fue ella la que interactuó con el arrendador».

|| Indemnización al arrendatario

Conforme al artículo 34, párrafo primero, de la LAU, en el caso de extinción del arrendamiento de una finca por el transcurso del término convencional del mismo, el arrendatario tendrá derecho a una **indemnización a cargo del arrendador**, siempre que:

- Durante los **últimos cinco años** se haya venido ejerciendo en la referida finca una actividad comercial de venta al público.

- El **arrendatario haya manifestado con cuatro meses** de antelación a la expiración del plazo su voluntad de renovar el contrato por:
  - Un mínimo de cinco años más, y por
  - una renta de mercado.

CUESTIÓN

¿Qué se considerará renta de mercado?

A efectos del artículo 34 de la LAU, se estimará renta de mercado la que:

- Acuerden las partes.
- En defecto de pacto, la que determine el árbitro designado por las partes.

Como ejemplo de lo anterior, con ocasión de un juicio verbal de desahucio por expiración del plazo contractual, la **sentencia de la Audiencia Provincial de Ciudad Real n.º 301/2014, de 12 de diciembre, ECLI:ES:APCR:2014:1330**, expone que:

«(...) es también un hecho que la arrendataria en su comunicación de fecha 26/09/2012 ya manifiesta a su arrendadora su voluntad de proceder en los términos del Art. 34 LAU, esto es de prorrogar el contrato por otros cinco años pagando por el mismo una renta de mercado, manifestación que desde luego se hace en los cuatro meses previos a la expiración de la prórroga anual del contrato siendo que en el local se venía ejerciendo desde hacía más de cinco años, véase el contrato celebrado por la arrendadora con el padre de la actual arrendataria en el año 2001 (folio 49) una actividad comercial de venta al público lo que desde luego le daba derecho, en caso de no continuar la relación arrendaticia, a percibir la correspondiente indemnización».

Por otro lado, de acuerdo con lo dispuesto en el párrafo segundo del artículo 34 de la LAU, la cuantía de la indemnización se establecerá de la manera siguiente:

- El **arrendatario inicia en el mismo municipio, dentro de los seis meses siguientes a la expiración del arrendamiento, el ejercicio de la misma actividad** a la que viniera estando dedicada: la indemnización comprenderá los gastos del traslado y los perjuicios derivados de la pérdida de clientela ocurrida con respecto a la que tuviera en el local anterior, calculada con respecto a la habida durante los seis primeros meses de la nueva actividad.

- El **arrendatario inicia dentro de los seis meses siguientes a la extinción del arrendamiento una actividad diferente o no iniciara actividad alguna,** y el **arrendador o un tercero desarrollan en la finca** dentro del mismo plazo **la misma actividad o una afín** a la desarrollada por el arrendatario: la indemnización será de una mensualidad por año de duración del contrato, con un máximo de dieciocho mensualidades.

CUESTIÓN

¿Qué se entiende por actividad afín?

Conforme al artículo 34 de la LAU, se considerarán afines las actividades típicamente aptas para beneficiarse, aunque solo en parte de la clientela captada por la actividad que ejerció el arrendatario.

A TENER EN CUENTA. Si no existe acuerdo entre las partes sobre la cuantía de la indemnización, ésta será fijada por el árbitro designado por aquellas.

La **Audiencia Provincial de Madrid en su sentencia n.º 117/2019, de 26 de marzo, ECLI:ES:APM:2019:3145,** expone que *«ya en relación con la cuantificación de la indemnización solicitada, y en aplicación de lo previsto en el artículo 34 en su punto segundo de la LAU, debe acogerse la suma de 96.000 euros solicitada por la parte actora, en tanto dicho precepto legal especifica que dicha indemnización puede alcanzar hasta la suma de una renta mensual por año de duración contractual, hasta un máximo de dieciocho mensualidades, por lo que la cantidad solicitada, se acomoda a la previsión legal. No pudiéndose examinar la petición de nombramiento de árbitro para fijar la indemnización, que el escrito de oposición al recurso lleva a efecto la parte demandada, en tanto, dicha petición, no fue llevada a cabo ni examinada en la primera instancia».*

RESOLUCIÓN RELEVANTE

Sentencia de la Audiencia Provincial de Valladolid n.º 573/2020, de 17 de septiembre, ECLI:ES:APVA:2020:1154

«El derecho a indemnización reconocido al arrendatario por el art 34 LAU requiere como presupuesto esencial que este haya manifestado al arrendador su voluntad de renovar el contrato por un mínimo de 5 años con 4 meses de antelación a que expire por transcurso del término contractual. Dada la fecha en que finalizaba el contrato de arrendamiento que nos ocupa, 31 de enero de 2019, el arrendatario debería haber manifestado al arrendador dicha voluntad de renovar el contrato a inicios de octubre de 2018 para que pudiera gozar en su caso de ese derecho indemnizatorio. Sin embargo, nos encontramos con que, como antes quedó expuesto y resulta documentalmente acreditado, lo hizo el 3 de noviembre de 2018, es decir con prácticamente un mes de retraso.

El relato de los hechos acaecidos inter partes desvela que la propiedad primero comunicó al hoy apelante su intención de vender el local a un tercero pero manteniendo el arriendo, luego le ofreció el que lo comprase él y, ante la oferta de precio realizada

---

por este, dejó transcurrir el tiempo sin dar respuesta al menos por escrito respecto de su aceptaban o no el precio ofrecido, procediendo luego a comunicarle su intención de no renovar el contrato prácticamente cuando expiraba el plazo que este tenía para anunciar su intención de prorrogarlo por otros 5 años mas cara a pode reclamar la indemnización contemplada en el art. 34 LAU. Si el hoy apelante entiende que tal proceder fue torticero, engañoso, engatusándole con la posibilidad de comprar el inmueble y dejando pasar el tiempo con el único fin de privarle del ejercicio del derecho a obtener dicha indemnización que considera le corresponde, habrá de ejercitar las correspondientes acciones para conseguirla, alegando lo que a su entender constituye un fraude de ley y abuso de derecho por parte de la propiedad. Ahora bien, una cosa es el debate que se suscita respecto de tales extremos y otra muy distinta que ello, caso de ser así, pueda enervar la expiración del contrato de arrendamiento por transcurso del plazo pactado, que es a lo que se contrae la presente litis. No puede forzarse a la propiedad a prorrogar contra su voluntad un contrato de arrendamiento cuando con antelación comunicó al arrendatario inequívocamente su intención de no renovarlo haciendo uso del derecho que la ley le confiere al efecto».

|| Resolución de pleno derecho

En lo que respecta a la resolución de los contratos de arrendamiento para usos distintos del de vivienda, el **artículo 35 de la LAU**, por un lado, se remite a las causas de resolución de pleno derecho previstas para el arrendamiento de vivienda en el artículo 27.2, letras a), b), d) y e) de la LAU, que son las siguientes:

- La falta de pago de la renta o, en su caso, de cualquiera de las cantidades cuyo pago haya asumido o corresponda al arrendatario.

- La falta de pago del importe de la fianza o de su actualización.

- La realización de daños causados dolosamente en la finca o de obras no consentidas por el arrendador cuando el consentimiento de este sea necesario.

- Cuando en la vivienda tengan lugar actividades molestas, insalubres, nocivas, peligrosas o ilícitas.

Por otro lado, prevé la resolución de pleno derecho del contrato, también, en el caso de cesión o subarriendo del local incumpliendo lo previsto en el artículo 32 de la LAU.

6.
CONTRATO DE ARRENDAMIENTO PARA USO TURÍSTICO

Régimen jurídico del contrato de arrendamiento de vivienda para uso turístico

El concepto de vivienda de uso turístico viene definido en el artículo 5.e) de la Ley de Arrendamientos Urbanos, de la siguiente manera:

> «Quedan excluidos del ámbito de aplicación de esta ley (LAU):
> (...)
> e) La cesión temporal de uso de la totalidad de una vivienda amueblada y equipada en condiciones de uso inmediato, comercializada o promocionada en canales de oferta turística o por cualquier otro modo de comercialización o promoción, y realizada con finalidad lucrativa, cuando esté sometida a un régimen específico, derivado de su normativa sectorial turística».

En suma, en el arrendamiento de vivienda para uso turístico se cede temporalmente el uso de una vivienda:

- Amueblada y equipada en condiciones de uso inmediato.
- Comercializada o promocionada en canales de oferta turística u otro modo de comercialización o promoción.
- Con finalidad lucrativa.
- Sometida a un régimen específico (normativa sectorial turística).

Por otro lado, el **apartado 12 del artículo 17 de la Ley 49/1960, de 21 de julio, sobre propiedad horizontal**, establece el *quorum* legal exigido para la adopción de acuerdos relacionados con el tema que nos ocupa, de manera que:

> «El acuerdo por el que se limite o condicione el ejercicio de la actividad a que se refiere la letra e) del artículo 5 de la Ley 29/1994, de 24 de noviembre, de Arrendamientos Urbanos, en los términos establecidos en la normativa sectorial turística, suponga o no modificación del título constitutivo o de los estatutos, requerirá **el voto favorable de las tres quintas partes del total de**

los propietarios que, a su vez, representen las tres quintas partes de las cuotas de participación. Asimismo, esta misma mayoría se requerirá para el acuerdo por el que se establezcan cuotas especiales de gastos o un incremento en la participación de los gastos comunes de la vivienda donde se realice dicha actividad, siempre que estas modificaciones no supongan un incremento superior al 20 %. Estos acuerdos no tendrán efectos retroactivos».

Así, en un caso de adquisición de una vivienda habilitada como piso turístico con la oportuna autorización administrativa conferida al anterior propietario, el **Tribunal Superior de Justicia de Cataluña en su sentencia, n.° 4/2019, de 24 de enero. ECLI:ES:TSJCAT:2019:428**, dispone que, *«(...) si la comunidad ha cambiado los Estatutos prohibiendo para lo sucesivo el destino turístico de los pisos y ha inscrito la limitación en el Registro de la Propiedad, sin exención permanente para alguno de los pisos, el nuevo adquirente no podrá ejercitar dicha actividad, debiendo cesar en la misma si así lo requiere la comunidad».*

RESOLUCIONES RELEVANTES

Sentencia del Juzgado de lo Contencioso-Administrativo de Barcelona, n.° 60/2017, de 24 de febrero, ECLI:ES:JCA:2017:845

«A la vista de lo anterior, la única prueba que presenta la administración sobre la realización de la 'actividad' sancionada es la existencia de unos anuncios en Internet ofreciendo el alquiler de la vivienda propiedad de los recurrentes.

Pues bien, esta actividad probatoria es manifiestamente insuficiente para poder sancionar en la forma que lo hace la administración. Y es así porque la mera existencia de un anuncio en Internet no acredita el hecho típico es decir la cesión, que debe ser real y efectiva y por un tiempo continuo igual o inferior a 31 días; tampoco acredita la existencia de contraprestación económica; y tampoco acredita la reiteración que debe ser de un mínimo de dos veces en el periodo de un año».

Sentencia del Juzgado de lo Contencioso-Administrativo de Barcelona, n.° 20/2017, de 26 de enero. ECLI:ES:JCA:2017:760

«La ley del derecho a la vivienda, aplicable según el anterior artículo transcrito, establece en su artículo 124.1.i) que son infracciones graves en materia de calidad del parque inmobiliario destinar una vivienda a una actividad económica sin disponer del título habilitante pertinente».

Legislación sectorial turística aplicable

Andalucía	Ley 13/2011, de 23 de diciembre, del Turismo de Andalucía.
Aragón	Decreto Legislativo 1/2016, de 26 de julio, del Gobierno de Aragón, por el que se aprueba el texto refundido de la Ley del Turismo de Aragón.
Cantabria	Ley 5/1999, de 24 de marzo, de Ordenación del Turismo de Cantabria.
Castilla la Mancha	Ley 8/1999, de 26 de mayo, de Ordenación del Turismo de Castilla-La Mancha.
Castilla y León	Ley 14/2010, de 9 de diciembre, de Turismo de Castilla y León.

Cataluña	Ley 13/2002, de 21 de junio, de turismo de Cataluña.
Comunitat Valenciana	Ley 15/2018, 7 de junio, de la Generalitat, de turismo, ocio y hospitalidad de la Comunidad Valenciana
Extremadura	Ley 2/2011, de 31 de enero, de desarrollo y modernización del turismo de Extremadura.
Galicia	Ley 7/2011, de 27 de octubre, del turismo de Galicia.
Illes Balears	Ley 8/2012, de 19 de julio del turismo de las Illes Balears.
Islas Canarias	Ley 7/1995, de 6 de abril, de ordenación del turismo de Canarias.
La Rioja	Ley 2/2001, de 31 de mayo, de turismo de la Rioja.
Madrid	Ley 1/1999, de 12 de marzo, de Ordenación del Turismo de la Comunidad de Madrid.
Murcia	Ley 12/2013, de 20 de diciembre, de Turismo de la Región de Murcia.
Navarra	Ley Foral 7/2003, de 14 de febrero, de Turismo.
País Vasco	Ley 13/2016, de 28 de julio, de Turismo.
Principado de Asturias	Ley 7/2001, de 22 de junio, de Turismo.

6.1. Prohibiciones de vivienda de uso turístico en comunidades de propietarios

El **nuevo artículo 17.12** de la Ley de Propiedad Horizontal (LPH, en adelante) introducido por el Real Decreto-ley 7/2019, de 1 de marzo, elimina el rígido *quorum* legal de la unanimidad para la adopción de acuerdos de prohibición o regulación de uso turístico de vivienda. Así, el citado precepto establece que:

«El acuerdo por el que se limite o se condicione el ejercicio de la actividad a que se refiere la letra e) del artículo 5 de la Ley 29/1994, de 24 de noviembre, de Arrendamientos Urbanos, en los términos establecidos en la normativa sectorial turística, suponga o no modificación del título constitutivo o de los estatutos, requerirá el **voto favorable de las tres quintas partes** del total de los propietarios que, a su vez, **representen las tres quintas partes de las cuotas de participación.** Asimismo, esta misma mayoría se requerirá para el acuerdo por el que se establezcan cuotas especiales de gastos o un incremento en la participación de los gastos comunes de la vivienda donde se realice dicha actividad, siempre que estas modificaciones **no supongan un incremento superior al 20 %. Estos acuerdos no tendrán efectos retroactivos**».

Por su parte, el apartado 6 del citado artículo 17 de la LPH establece que *«los acuerdos no regulados expresamente en este artículo, que impliquen la aprobación o modificación de las reglas contenidas en el título constitutivo de la propiedad horizontal o en los estatutos de la comunidad, requerirán para su validez, la unanimidad del total de los propietarios que, a su vez, representen el total de las cuotas de participación».* Debido a la rigidez de este requisito, resultaba en la práctica casi imposible la aprobación de normas limitativas o prohibitivas del ejercicio de determinadas actividades en el inmueble, impidiendo pues que la comunidad pudiese dotarse del marco regulatorio que mejor se ajustase a sus particularidades e intereses concretos.

En este sentido, la LPH contemplaba un derecho de veto del propietario disidente que impedía la aprobación de normas que prohibieran la actividad de arrendamiento de viviendas para uso turístico en el edificio, produciéndose a nuestro juicio una vulneración del principio jurídico de la primacía del interés comunitario sobre el individual del propietario.

Para dotar a las comunidades de propietarios de un mayor dinamismo en su funcionamiento y garantizar la eficacia de su facultad autorregulatoria, el RD-ley 7/2019, de 1 de marzo, ha rebajado el quórum legal de la unanimidad a una mayoría de 3/5 de propietarios y cuotas para la adopción de este tipo de acuerdos específicos.

A TENER EN CUENTA. No es necesario que esta mayoría cualificada se produzca en el seno de la junta de propietarios, ya que estamos ante un acuerdo de formación sucesiva.

La reforma se limita a esta modificación estatutaria concreta de limitación de actividad de viviendas para uso turístico, y, por tanto, a salvo de lo que digan los tribunales, continúa siendo exigible la unanimidad para adoptar acuerdos de modificación de estatutos sobre limitaciones de otra tipología de alojamiento turístico (hostal, pensión, etc.), u otras actividades (bar restaurante, discoteca, etc.).

RESOLUCIÓN ADMINISTRATIVA

Resolución de 16 de octubre de 2020, de la Dirección General de Seguridad Jurídica y Fe Pública, en el recurso interpuesto contra la calificación de la registradora de la propiedad de Madrid n.º 27, por la que se suspende la inscripción de determinada cláusula de los estatutos de una comunidad de propietarios.

«(...) esta nueva norma (art. 17.12 LPH) reduce la mayoría necesaria para adoptar el acuerdo que limite o condicione el alquiler turístico en el marco de la normativa sectorial que regule el ejercicio de la actividad de uso turístico de viviendas y del régimen de usos establecido por los instrumentos de ordenación urbanística y territorial, pero no permite que esa excepción a la norma general de la unanimidad alcance a otros acuerdos relativos a otros usos de la vivienda, como es el mero alquiler vacacional o el referido en la norma estatutaria debatida, «se prohíbe a los propietarios de viviendas el alquiler de corta duración o cualquier otra modalidad de alquiler que suponga un continuo y excesivo tránsito y estancia de personas ajenas a la Comunidad» en régimen distinto al específico derivado de la normativa sectorial turística».

JURISPRUDENCIA

Primer pronunciamiento del Tribunal Supremo sobre la interpretación y aplicación del artículo 17.12 de la LPH

Sentencias n.º 1232/2024, de 3 de octubre, ECLI:ES:TS:2024:4790 y n.º 1233/2024, de 3 de octubre, ECLI:ES:TS:2024:4791

A través de estas dos sentencias declara que las comunidades de propietarios puedan prohibir la actividad de alquiler turístico por medio de acuerdos adoptados en junta de propietarios por mayoría de tres quintos. Para ello toma en consideración su jurisprudencia en la que declara la legalidad de la prohibición estatutaria de alquiler de viviendas turísticas (citando, por ejemplo, las STS n.º 358/2018, 1643/2023 o 105/2024).

«(...) La cuestión controvertida, que constituye el objeto de este proceso y del recurso de casación, consiste en determinar si la expresión normativa del art. 17.12 LPH, referente al «acuerdo por el que se limite o condicione el ejercicio de la actividad a que se refiere la letra e) del artículo 5 de la Ley 29/1994, de 24 de noviembre, de Arrendamientos Urbanos», permite la prohibición de tal destino. O si, por el contrario, una decisión de tal clase constituye un acto jurídico contra legem (contra lo dispuesto en la ley), impugnable por la vía del art. 18 LPH; toda vez que, de acuerdo con la interpretación literal por la que opta la sentencia recurrida, "condicionar" o «limitar» no comprende prohibir. Cabe precisar que no nos encontramos ante un supuesto de interpretación de una norma estatutaria bajo los condicionantes restrictivos antes explicitados con la oportuna cita jurisprudencial, sino ante la interpretación de un concreto precepto legal, a los efectos de dilucidar si la nueva redacción del art. 17.12 LPH permite a la comunidad de vecinos adoptar un acuerdo, por las mayorías explicitadas, que vede el uso de alquiler turístico.

(...)

Desde un punto de vista semántico, la expresión legal "limite o condicione" establece dos supuestos distintos y alternativos, uno de menor intensidad (el condicionamiento) y otro de mayor alcance (la limitación), y dentro de esta última nada impide que la limitación pueda llegar a la prohibición de la actividad. Según el Diccionario de la Real Academia de la Lengua, "limitar" no solo significa "poner límites a algo", sino también, «fijar la extensión que pueden tener la autoridad o los derechos y facultades de alguien». Es decir, la posibilidad de limitación conferida legalmente a las comunidades de propietarios de limitar la actividad de pisos turísticos en el inmueble puede suponer también su completa prohibición, que sería el máximo del límite. Interpretación gramatical que queda reforzada por el significado de "límite" en el Diccionario Panhispánico del Español Jurídico: "Delimitación de un territorio, de un derecho o del ámbito de las competencias administrativas o jurisdiccionales". Lo que ha hecho el legislador es permitir que las comunidades puedan delimitar el ejercicio de la actividad de pisos turísticos, lo que, en su caso, incluye la posibilidad de su prohibición.

(...) Conforme a estas intenciones expresas del legislador, el espíritu y finalidad de la norma no es contrario, sino que propicia precisamente la interpretación de que la limitación de la actividad del alquiler turístico comprenda su prohibición.

(...)

Por otra parte, atribuir dichas facultades a los propietarios encuentra su fundamento en la consideración de que el desarrollo de una actividad de tal clase puede generar molestias y perjuicios -de ahí la posibilidad de condicionarla o restringirla que nadie cuestiona, puesto que si se tratase de una actividad meramente inocua la modificación carecería de sentido- que la realidad social constata, especialmente en zonas de mayor incidencia turística, en las que el ocio difícilmente se concilia con el descanso de los ocupantes de las viviendas con fines residenciales, que son, en su caso, quienes

> *adoptarán el acuerdo limitativo, siempre que reúnan la mayoría cualificada de los 3/5 del número de propietarios y cuotas de participación impuesta por la ley, que respeta la regla de la proporcionalidad de la medida en cuanto a los intereses en conflicto.*
>
> *(...)*
>
> *Finalmente, el art. 17.12 LPH supone una **excepción a la regla de la unanimidad** (cada vez más en retroceso, tras las últimas reformas legales, como demuestra la modificación de la LPH por el Real Decreto-ley 8/2023, de 27 de diciembre), al introducir la **doble mayoría de tres quintos** por lo que sería contradictorio someter la **prohibición de los alquileres turísticos al régimen de unanimidad**, puesto que ello sería tanto como hacerla imposible, ya que **bastaría el voto en contra del propietario del piso en el que se pretende ejercer la actividad para impedirlo».***

El Tribunal Supremo también hace referencia a las **molestias y perjuicios derivados del alquiler turístico** y las posibilidades que el art. 17.12 de la LPH oferta a los propietarios, al señalar:

> *«Tampoco consideramos que las únicas posibilidades que el art. 17.12 LPH oferta a los propietarios con respecto a las molestias y perjuicios derivados del alquiler turístico sean las del art. 7.2LPH; es decir, una vez producidos, reaccionar frente a ellos a través de lo dispuesto en este precepto, cuando las **propias normas estatutarias posibilitan vedar de antemano determinadas actividades** que permitan delimitar a los copropietarios la finalidad fundamentalmente residencial de sus inmuebles, sin que la vida vecinal se vea alterada por actividades económicas que la experiencia demuestra introducen un elemento perturbador en la convivencia comunitaria. En este sentido, los intereses de la colectividad expuestos en el RDL 7/2019, y los generales de los propietarios de los pisos y locales, convergen en cuanto a la problemática derivada del alquiler turístico, siempre que concurran los presupuestos del art. 17.12 LPH, que operan como excepción al régimen de la unanimidad. Como ya se ha expuesto, el **Tribunal Constitucional ha reconocido que las restricciones legales o estatutarias al derecho de goce de los pisos en comunidades de vecinos no son, por sí mismas, contrarias al art. 33 CE**, siempre que obedezcan a la función social de la propiedad privada (SSTC 301/1993, de 21 de octubre, y 28/1999, de 8 de marzo). Dentro de esta función social, es una aspiración legítima de una comunidad de propietarios la evitación de potenciales molestias para el resto de los vecinos (art. 7.2 LPH) y de posibles conflictos de convivencia entre los propietarios y los indeterminados y ocasionales usuarios de uno o varios de los departamentos».*

El problema que surge ahora es el de la **retroactividad del acuerdo comunitario prohibitivo de uso turístico**. Y no sólo respecto de actividades ya implantadas legalmente en el inmueble, sino de potenciales usos turísticos futuros legalizables, por no estar prohibidos por el ordenamiento urbanístico.

La cuestión no planteaba problemática con anterioridad a la entrada en vigor del RD-ley 7/2019, de 1 de marzo, ya que se exigía unanimidad para la adopción de este tipo de acuerdos comunitarios, tal como hemos expuesto anteriormente. En la práctica, los propietarios de los elementos privativos en los que se había implantado la actividad de uso turístico o que estaban interesado en implantarla en un futuro, se oponían al acuerdo e imposibilitaban que el mismo se adoptara legítimamente, impugnado judicialmente el mismo si fuere necesario.

No obstante, y con motivo de la modificación legal del RD-ley 7/2019, de 1 de marzo, que rebaja a una mayoría de 3/5 de propietarios y cuotas el *quorum* legal exigible para la adopción de acuerdos de esta naturaleza es una problemática de rabiosa actualidad sobre la que aún no existe un criterio claro en los tribunales.

La problemática estriba en la **interpretación que debe darse a la locución genérica utilizada por el legislador español «estos acuerdos no tendrán efectos retroactivos» del nuevo art. 17.12 de la LPH.**

El nuevo precepto legal, tal como se propuso desde la Abogacía Española podría haber sido más conciso en cuanto al alcance de dicha irretroactividad, y determinar si el acuerdo vincula a los propietarios que se encuentren en alguna de las siguientes situaciones:

- **Propietarios disidentes que en el momento de la adopción del acuerdo no hubieran iniciado la actividad de uso turístico** en su vivienda ni hubieran realizado actos preparatorios para ello, pero que tenían expectativas de realizar dicha actividad en un futuro.

- **Propietarios disidentes que, aun no habiendo iniciado dicha actividad,** hubieran realizado actos preparatorios para ello, como es la solicitud de la habilitación administrativa necesaria para realizar dicha actividad.

- **Propietarios disidentes que hubieran iniciado la actividad** en el momento de adopción del acuerdo de prohibición.

Tampoco el precepto legal exige que el propietario tenga que oponerse al acuerdo para que no le vincule, lo cual entendemos como un requisito necesario en virtud de la doctrina de los actos propios (SSTS de 9 de abril de 2015 y de 6 de febrero de 2014).

En la línea de la doctrina jurisprudencial de la Sala de lo Civil y lo Penal del TSJ de Cataluña (**sentencia n.º 33/2016, de 19 de mayo, ECLI:ES:TSJCAT:2016:3181, y sentencia n.º 74/2018, de 13 de septiembre, ECLI:ES:TSJCAT:2018:5827), el nuevo acuerdo prohibitivo de la actividad de uso turístico no debería afectar a todo propietario que se oponga al acuerdo, con independencia de si en el momento de adopción del acuerdo estaba desarrollando la actividad o no, ya que lo relevante es que en el momento en que dicho comunero adquirió la vivienda, lo hizo libre de limitaciones dominicales, esto es, confiando legítimamente en que tenía incólume la facultad de goce y disfrute sobre la finca.** De lo contrario, se estaría legitimando que la comunidad pudiera menoscabar el contenido esencial del derecho de propiedad del comunero sobre su finca en contra de su voluntad.

Otra cuestión que debemos plantearnos es si la comunidad de propietarios que con anterioridad a la entrada en vigor del RD-ley 7/2019 de reforma de la LPH sometió a la junta el acuerdo de prohibición de arrendamiento de vivienda para uso turístico, y dicho acuerdo no fue alcanzando por no haber obtenido el quórum de la unanimidad que exigía la redacción anterior a la reforma (art. 17.6 de la LPH), y decide volver a someter el acuerdo a junta aprovechando que el quórum ahora exigible es tan solo de 3/5 de propietarios y cuotas, si dicho acuerdo sería válido. En otras palabras, **si la comunidad de propietarios está facultada para volver a tratar un asunto que ya fue tratado recientemente para obtener un resultado distinto del que obtuvo en su momento.**

Sobre esta cuestión, la jurisprudencia menor de forma cuasi unánime (**SAP de Alicante n.º 144/2018, de 22 de marzo, ECLI:ES:APA:2018:157; SAP de**

Asturias n.º 217/2017, de 23 de junio, ECLI:ES:APO:2017:1960; y SAP de Madrid n.º 225/2010, de 7 de mayo, ECLI:ES:APM:2010:7324) ha considerado que la junta de la comunidad de propietarios es soberana para volver a tratar los asuntos que considere oportunos las veces que considere necesario ya que puede cambiar de parecer y las decisiones no son para siempre, revisando, rectificando, y/o revocando acuerdos anteriores en el tiempo mediante la adopción de nuevos acuerdos, siempre y cuando se cumplan los quórums legales necesarios en cada momento, y siempre y cuando no se lesionen derechos adquiridos previamente.

El principio de seguridad jurídica del artículo 9.3 de la Constitución española también impone la necesidad de que la modificación estatutaria de prohibición de uso turístico se inscriba en el Registro de la Propiedad para dotarlo de eficacia frente a terceros que no eran propietarios en el momento en que se adoptó el acuerdo, con independencia de si lo han consultado o no. En virtud del principio jurídico de publicidad registral, si dichos estatutos han sido publicados registralmente, el ulterior adquirente de un piso o local no podrá alegar eficazmente su ignorancia o desconocimiento.

El artículo 5 de la LPH establece que el «*(...) un estatuto privativo no perjudicará a terceros si no ha sido inscrito en el registro de la propiedad*». Su homónimo catalán es el art. 553-11.3 del Código Civil de Cataluña, el cual señala que *«las normas de los estatutos que no estén inscritas en el Registro de la Propiedad no perjudican a terceros de buena fe»*.

Por su parte, el artículo 8.4 de la Ley Hipotecaria establece que será inscribibles *«aquellas reglas contenidas en el título y en los estatutos que configuren el contenido y ejercicio»* de la propiedad horizontal.

La inscripción de los estatutos no es constitutiva, ni, por tanto, obligatoria, de manera que su falta de inscripción en nada afecta a su valor normativo para los propietarios que lo eran en el momento en que se adoptó. Respecto de los terceros de buena fe, no les vincula si no han sido inscritos. En palabras del Tribunal Supremo, en **sentencia n.º 720/2015, de 29 de diciembre, ECLI:ES:TS:2015:5690**:

> «Es cierto que no se encuentran inscritos, pero también lo es que la inscripción no es constitutiva ni, por tanto, obligatoria; de manera que su falta en nada afecta al valor normativo de los Estatutos para quienes son propietarios cuando se aprobaron.
>
> Respecto a los terceros afirma el último inciso del párrafo tercero del artículo 5 LPH que "[...] no perjudicará a terceros sino ha sido inscrito en el Registro de la Propiedad".
>
> Ahora bien, ello será (STS de 25 de abril de 2013) si se trata de terceros de buena fe que no han tenido conocimiento de ese acuerdo estatutario; lo que se compadece mal con la fecha de su adopción y ejecución sin haber sido objeto de impugnación, sobre todo si se tiene en cuenta que consistía en un tema tan cotidiano y notorio como la contribución mensual a los gastos generales de la Comunidad».

Así pues, **no es requisito indispensable para que el adquirente futuro quede vinculado por dicha modificación estatutaria que esta haya sido inscrita en el Registro de la Propiedad,** cuando ha tenido conocimiento del mismo por otros medios, siempre que en el procedimiento judicial se pruebe efectivamente dicha circunstancia. En otras palabras, la modificación estatutaria no será oponible a futuros adquirentes de pisos o locales que sean terceros de buena fe.

Aun cuando el tercero adquirente sea de buena fe, podrá serle oponible el acuerdo estatutario si tras conocerlo, lo consiente de forma expresa o tácita. El tercero debe pues poner de manifiesto su disidencia tan pronto tenga conocimiento de dicho acuerdo estatutario si no quiere quedar vinculado.

Una cuestión relevante en la práctica es los **requisitos de acceso al Registro de la Propiedad de un acuerdo de modificación de título constitutivo o estatutos comunitarios prohibitivo o limitativo de uso turístico.**

En este sentido, la última doctrina de la DGRN en resolución de 27 de julio de 2018, siguiendo el criterio de las resoluciones de la DGRN de 18 de julio, de 11 de mayo, y de 17 de enero de 2018, declara que es necesario el consentimiento individualizado y expreso del propietario afectado en documento público para que el acuerdo comunitario de prohibición de destinar los locales del inmueble a cualquier de las siguientes actividades: restauración, actividades dedicadas a gimnasio o que empleen música para su actividad, y actividades de salón de juegos o recreativos, y supermercados.

A TENER EN CUENTA. En la actualidad —desde el año 2020— la Dirección General de los Registros y del Notariado (DGRN) se denomina Dirección General de Seguridad Jurídica y Fe Pública (DGSJFP).

En la citada resolución, la DGRN —por ser la resolución de fecha 2018— considera insuficiente que el acuerdo se haya adoptado por unanimidad como exige el art. 17.6 de la LPH para la adopción de acuerdos de esta naturaleza, exigiendo además el consentimiento expreso de los propietarios perjudicados por dicho acuerdo comunitario. En este sentido, argumenta la DGRN que el art. 17.4 de la Ley de Propiedad Horizontal exige el consentimiento expreso de los propietarios afectos en estos casos:

«Ningún propietario podrá exigir nuevas instalaciones, servicios o mejoras no requeridos para la adecuada conservación, habitabilidad, seguridad y accesibilidad del inmueble, según su naturaleza y características.

No obstante, cuando por el voto favorable de las tres quintas partes del total de los propietarios que, a su vez, representen las tres quintas partes de las cuotas de participación, se adopten válidamente acuerdos, para realizar innovaciones, nuevas instalaciones, servicios o mejoras no requeridos para la adecuada conservación, habitabilidad, seguridad y accesibilidad del inmueble, no exigibles y cuya cuota de instalación exceda del importe de tres mensualidades ordinarias de gastos comunes, el disidente no resultará obligado, ni se modificará su cuota, incluso en el caso de que no pueda privársele de la mejora o ventaja. Si el disidente desea, en cualquier tiempo, participar de las ventajas de la innovación, habrá de abonar su cuota en los gastos de realización y mantenimiento, debidamente actualizados mediante la aplicación del correspondiente interés legal.

No podrán realizarse innovaciones que hagan inservible alguna parte del edificio para el uso y disfrute de un propietario, si no consta su consentimiento expreso».

A nuestro juicio, el citado precepto no es aplicable para acuerdos de limitación o prohibición de usos de elementos privativos, ya que no estamos ante una «innovación».

La Ley de Propiedad Horizontal no exige que los acuerdos comunitarios de limitación y/o prohibición de uso de elementos privativos cuenten con el consentimiento expreso de los perjudicados, siendo suficiente con que el acuerdo alcance el quórum de la unanimidad (art. 17.6 de la LPH), por ser un acuerdo de naturaleza estatutaria.

Si conforme a lo que establece la DGRN fuera aplicable el art. 17.4 de la LPH a esta tipología de acuerdos comunitarios, sería ineficaz la nueva medida legal prevista en el art. 17.12 de la LPH de rebajar el quórum a los 3/5 de propietarios y cuotas para la aprobación de acuerdos prohibitivos de arrendamiento de vivienda para uso turístico, ya que conforme a esta doctrina de este centro directivo siempre sería necesario el consentimiento expreso de los propietarios afectados, convirtiéndose así en un derecho de veto del propietario a la aprobación de este tipo de acuerdos.

Todo ello evidencia que debe modificarse de forma urgente la doctrina administrativa de la DGRN para adaptarse a la voluntad del legislador de 2019, que tal como ha quedado patente en la reciente reforma expuesta (RD-ley 7/2019, de 1 de marzo) es la de flexibilizar el régimen de adopción de acuerdos de modificación del título constitutivo y/o de estatutos comunitarios, permitiendo así que las comunidades de propietarios puedan adecuar la ordenación legal a sus circunstancias e intereses concretos, en la línea de lo que hizo el legislador catalán en el año 2015 (Ley 5/2015, de 13 de mayo, de modificación del Libro Quinto del Código Civil de Cataluña, relativo a Derechos Reales). De tal forma que la exigencia de la regla de la unanimidad para la adopción de acuerdos comunitarios debe quedar reservada a los supuestos estrictamente necesarios.

Una utilización excesiva de este elevado *quórum* impide un funcionamiento dinámico y autónomo de la comunidad de propietarios, e impide en la práctica que la comunidad pueda dotarse del marco normativo estatutario que mejor se ajuste a sus particularidades e intereses concretos.

Los efectos negativos de una aplicación excesiva de la regla de la unanimidad ya fueron puestos de manifiesto por el legislador español en el Preámbulo de la reforma de la Ley de Propiedad Horizontal de 1999 (Ley 8/1999, de 6 de abril, de Reforma de la Propiedad Horizontal):

> «Se considera así hoy en día que la regla de la unanimidad es en exceso rigurosa, en cuanto obstaculiza la realización de determinadas actuaciones que son convenientes para la comunidad de propietarios e incluso, por razones medioambientales o de otra índole, para el resto de la colectividad. Se ha considerado así conveniente flexibilizar el régimen de mayoría para el establecimiento de determinados servicios (porterías, ascensores, supresión de barreras arquitectónicas que dificulten la movilidad de personas con minusvalías, servicios de telecomunicación, aprovechamiento de la energía solar, etc.)».

Respecto de aquellos propietarios ausentes en la junta que no se opusieron al acuerdo en el plazo legal de los treinta días del art. 17.8 de la LPH, considera la Resolución comentada que su consentimiento es «presunto», y no «expreso», y, por tanto, no puede tenerse por otorgado a efectos de permitir el acceso del acuerdo comunitario al registro de la propiedad.

Sobre esta cuestión del consentimiento del ausente, ya se ha pronunciado por su parte la Dirección General de Derecho y Entidades Jurídicas de Cataluña con motivo de la regulación catalana de propiedad horizontal que en su redacción anterior a la reforma de 2015 (Ley 5/2015, de 13 de mayo, de modificación del libro quinto del Código civil de Cataluña, relativo a los derechos reales), y a diferencia de la regulación de la Ley de Propiedad Horizontal, exigía de forma expresa en el artículo 553-25.4 que *los acuerdos que disminuyan las facultades de uso y goce de cualquier propietario o propietaria requieren que este los consienta expresamente*. Al respecto, declaró como doctrina administrativa (resoluciones de 21 de abril de 2010, de 28 de octubre de 2013, de 9 y 14 de octubre de 2014) que la propia ley declara que la «no oposición» del ausente en plazo se debe equiparar a «consentimiento» a pesar de que no haya una exteriorización de voluntad en dicho sentido, ya que se trata de un «consentimiento legal», en el sentido de que lo impone la ley, y como tal «consentimiento» produce los efectos que le son propios, debiendo considerarse respecto de los acuerdos limitadores de las facultades de los propietarios otorgado el «consentimiento expreso» que exige el precepto legal.

Por el contrario, dice la resolución de 7 enero de 2015, si el propietario afectado asistió, debe consentir expresamente el acuerdo en junta, siendo necesaria una declaración de voluntad expresa e inequívoca de aprobación del acuerdo limitativo, sin que pueda considerarse la abstención como una manifestación en este sentido.

Y en este sentido, declara la citada resolución de 7 de enero de 2015 que:

> «(...) considerando que es la ley —el art. 553-26.2, in fine— la que impone en la «no oposición» del propietario no asistente a la junta el significado de «consentimiento» al acuerdo adoptado, no se vulnera la necesaria concurrencia de un consentimiento cuya existencia sanciona la propia ley, ni el principio de tracto sucesivo, así como tampoco la exigencia de interpretación estricta de las limitaciones del derecho de propiedad, en la medida que la restricción impuesta al propietario no asistente está amparada por una disposición legal.
>
> Esta medida no supone desprotección de los propietarios no asistentes. Convocados en forma y conociendo el orden del día, han podido acudir a la Junta y defender sus derechos, no sólo votando en contra, sino también absteniéndose simplemente en la votación. No habiendo acudido a la reunión, el artículo 553-26.2 CCC les concede todavía la oportunidad de defenderse, requiriendo su consentimiento "expreso" para la validez del acuerdo limitativo de sus facultades, de manera que, si no lo consienten el acuerdo es válido y no puede acceder al Registro de la Propiedad. Pero el que no puede hacer el propietario no asistente es persistir en su actitud abstencionista, que puede obstaculizar la adopción de acuerdos que requieran unas determinadas mayorías o que recojan el interés mayoritario o casi unánime de la comunidad. Es por eso, que, en este caso, la ley atribuye un valor positivo a la abstención o al silencio del propietario no asistente a la Junta. En este sentido, pues, el consentimiento necesario para que un acuerdo que disminuya las facultades de goce y disfrute de

cualquier propietario o propietaria sea válido se produce no sólo cuando éste lo consiente expresamente, sino también cuando la ley —que puede hacerlo y que, además, es la única que puede hacerlo— lo establece».

Conforme a dicha doctrina administrativa, la ley atribuye directamente a dicha actitud del ausente el sentido de una declaración de voluntad en sentido positivo que se equipara al consentimiento expreso que exigía el precepto legal de la normativa catalana de propiedad horizontal (art. 553-25.4 del Código Civil de Cataluña).

A mayor abundamiento, la RGDRN de 27 de julio de 2018, siguiendo el criterio de la resolución anterior de 17 de enero de 2018, exige un requisito de forma para la inscripción del acuerdo comunitario de prohibición de uso consistente en que el consentimiento de todos los propietarios debe otorgarse en escritura pública, no siendo válido a estos efectos, el consentimiento expresado en el acta comunitaria en cumplimiento de lo exigido por la LPH, tanto si se trata de propietarios asistentes que dieron su consentimiento en junta como si se trata de ausentes que no se opusieron, o de terceros adquirentes que ratificaron dicho acuerdo en nueva junta o de cualquier otra forma que no sea la de otorgamiento de escritura pública.

Dicho requisito de forma no solamente no está amparado en ningún precepto de la Ley de Propiedad Horizontal, que debemos recordar que su rango jerárquico de ley no es inferior al de la Ley Hipotecaria, como parece deducirse de la lectura de dichas resoluciones administrativas, sino que infringe el sistema legal de adopción de acuerdos comunitarios que establece dicha normativa legal especial, creando una distinta que no tiene amparo legal, más allá de una interpretación estricta y carente de sistemática de las limitaciones del derecho de propiedad y del principio hipotecario de tracto sucesivo, que parecen olvidar la naturaleza especial de la comunidad de bienes en propiedad horizontal (art. 396 del Código Civil) y el principio de legalidad que la ampara, y que debe ser respetado.

En este sentido, se ha pronunciado la RDGDEJ de 7 de enero de 2015, al declarar que el acuerdo normativo de limitación de uso de elementos privativos que cumple con el quórum legal de la normativa legal de propiedad horizontal no infringe el principio de tracto sucesivo ni la exigencia de interpretación estricta de las limitaciones del derecho de propiedad, en la medida que está amparado por una disposición legal y, por tanto, debe inscribirse dicho acuerdo comunitario.

Debemos recordar que la doctrina de la DGRN no es de aplicación en Cataluña, siendo la doctrina aplicable en dicha comunidad autónoma la de la Dirección General de Derecho y Entidades Jurídicas de Cataluña, a la que hemos hecho referencia.

RESOLUCIONES RELEVANTES

Sentencia TSJ Cataluña n.º 74/2018, de 13 de septiembre, ECLI:ES:TSJCAT:2018:5827

«Cuando la demandante adquirió el piso que pretende destinar a vivienda de uso turístico, los estatutos de la comunidad no restringían ni limitaban el destino o activi-

dades de los pisos, por lo que impugnó el acuerdo adoptado en junta que modificaba los estatutos de la comunidad para prohibir el uso turístico en todos los elementos privativos del edificio y que tomó cuando tuvo conocimiento de su intención, no antes, a pesar de que dicha actividad ya se regulaba administrativamente desde años antes. Y la modificación estatutaria se realizó cuando la demandante ya había consolidado su expectativa al uso después prohibido por tener concedida licencia administrativa para iniciar la actividad por la ausencia de prohibición, por lo que no estaba obligada a pedir autorización a la comunidad para darle a su elemento privativo el uso que estimase oportuno. El acuerdo comunitario ahora impugnado es válido, por adoptarse con la mayoría exigida, pero no puede afectar a la demandante. Y es irrelevante que en ese momento no estuviese generalizado dicho uso turístico».

Sentencia TSJ Cataluña n.º 4/2019, de 24 de enero, ECLI:ES:TSJCAT:2019:428

«Aunque se adquiera una vivienda habilitada como piso turístico con la pertinente autorización administrativa concedida al anterior titular, si la comunidad ha cambiado los estatutos prohibiendo para lo sucesivo el destino turístico de los pisos y ha inscrito la limitación en el Registro de la Propiedad, el nuevo adquirente no podrá ejercitar dicha actividad».

Sentencia de la Audiencia Provincial de Alicante n.º 117/2024, de 26 de febrero, ECLI:ES:APA:2024:358

«En quinto lugar, la modificación introducida por la reforma del art 17.12 de la LPH supone un intento de clarificación de esta cuestión, así como de evitar la litigiosidad y facilitar la actuación de la comunidad y el desarrollo de la convivencia vecinal, abandonando la regla de la unanimidad del art 17.6 de la LPH para introducir la regla de una mayoría cualificada, así lo indica la sentencia recurrida y la jurisprudencia que en la misma se cita, la cual resulta coherente con la postura jurisprudencial que se venía manteniendo con anterioridad a dicha reforma, a la que se ha hecho referencia en el párrafo precedente, y como dice la SAP de Segovia de 21/04/2020, citada en la resolución recurrida, señala .

Dicho criterio interpretativo ha sido también sostenido por la resolución de la DGRN de 1 de junio de 2020, publicada en BOE de 10 de julio de 2020 ...".

En el mismo sentido se pronuncia la DGSJFP en la Resolución de 21 de diciembre de 2022, en recurso interpuesto contra la calificación registral por la que se suspende la inscripción de determinada norma de una comunidad de propietarios en la que " se prohíbe y se limita a los propietarios y ocupantes, bajo cualquier título o derecho real o personal de uso y disfrute de los diferentes pisos del edificio, la realización en cualquiera de ellos, la actividad de apartamentos turísticos en los términos definidos en el R.D. Ley 21/2018, de 14 de diciembre".

En esta Resolución no se confirma la decisión del Registro de la Propiedad de suspensión de la inscripción del acuerdo comunitario, declarando:

"No obstante, uno de los supuestos en que la misma ley exceptúa la unanimidad es el contemplado en el apartado 12 del citado art. 17 Ley de Propiedad Horizontal, introducido en dicha Ley por el Real Decreto-ley 7/2019, de 1 de marzo, de medidas urgentes en materia de vivienda y alquiler, que reduce la mayoría necesaria al voto favorable de las tres quintas partes del total de los propietarios que, a su vez, representen las tres quintas partes de las cuotas de participación para adoptar el acuerdo, suponga o no modificación del título constitutivo o de los estatutos, por el que se limite o condicione el ejercicio de lo que se conoce como alquiler o explotación turística de las viviendas ...

Esta Dirección General ha entendido que esa norma introducida en la LPH por el RD. Ley 7/2019 es aplicable a los acuerdos sobre el alquiler turístico en el marco de la normativa sectorial que regule el ejercicio de la actividad de uso turístico de viviendas y del régimen de usos establecido por los instrumentos de ordenación urbanística y territorial, pero no permite que esa excepción a la norma general de la unanimidad alcance a otros acuerdos relativos a otros usos de la vivienda, como es, por ejemplo, el mero alquiler vacacional (cfr. las Resoluciones de 5 y 16 de junio y 16 de octubre de 2020 y 15 de enero, 8 de junio y 1 de diciembre de 2021).

Igualmente, ha puesto de relieve que, al permitir dicha norma limitar o condicionar la actividad de alquiler de índole turística de las viviendas también admite que se establezca una prohibición absoluta de dicha actividad (cfr. las Resoluciones de 16 de junio y 5 de noviembre de 2020 y 15 y 22 de enero de 2021). Cabe recordar lo que expresamente se afirmó en la Resolución de 16 de junio de 2020":

En los mismos términos podemos citar otras resoluciones de Tribunales Provinciales, tales como: a- la SAP. Pontevedra -sección 6ª- de 17 de marzo de 2023 (" el contenido de la prohibición es expresa, clara y sencilla, no es contraria a la moral o al orden público, y atiende a un interés legítimo del resto de los comuneros"); b- la SAP. Guipúzcoa -sección 2ª- de 20 de mayo de 2022 (" Es cierto que el citado precepto no utiliza la expresión, sino pero, pero entre las diversas acepciones de dicho verbo, la primera es; y prohibir el desarrollo de una concreta actividad en las viviendas privativas del inmueble constituye un límite a su uso, no una prohibición absoluta del mismo"); y c- la SAP. Cantabria -sección 2ª- de 28 de noviembre de 2022 (" el acuerdo obtenido en la junta de la comunidad alcanza el régimen de mayoría expresamente exigido por el art. 17.12 LPH y, además, no supone una modificación del título constitutivo o de los estatutos que pudiera determinar la exigencia de unanimidad), entre otras.

Es cierto que existen resoluciones judiciales que mantienen un criterio discrepante con el anterior, como las citadas en la sentencia de primera instancia, y que el Tribunal Supremo todavía no ha dictado sentencia que resuelva definitivamente la cuestión, pero sí se han publicado varias sentencias del Alto Tribunal que abordan la validez de las prohibiciones estatutarias del ejercicio de la citada actividad, concretamente las SSTS. 1643/2023, de 27 de noviembre, 1671/2023, de 29 de noviembre, 95/2024, de 29 de enero, y 105/2024, de 30 de enero.

Y si bien en la primera se expone que "En este caso, no se trata de la aplicación de dicho precepto recientemente reformado", y en la segunda que " no se plantea en este caso la interpretación y aplicación del art. 17.12 LPH, en la redacción dada por el Real Decreto-ley 7/2019, de 1 de marzo, de medidas urgentes en materia de vivienda y alquiler", las dos confirman la validez de las prohibiciones contenidas en los estatutos de ejercer en las viviendas de la comunidad la actividad de apartamentos de uso turístico, siempre que la norma estatutaria se ajuste a la doctrina jurisprudencial tradicional, conforme a la cual las limitaciones al derecho de propiedad, para que sean válidas y eficaces, deben ser interpretadas de modo restrictivo, constar de manera expresa y aparecer inscritas en el Registro de la Propiedad para tener eficacia frente a terceros (SSTS. 358/2018, de 15 de junio, y 728/2011, de 24 de octubre)».

6.2. Fiscalidad de los arrendamientos de uso de vivienda turística

Un propietario que alquila la vivienda para uso turístico, directamente o a través de alguna plataforma digital como puede ser Airbnb o Booking, tiene obligaciones fiscales y de Seguridad Social. Así, nos centraremos en las siguientes:

- Impuesto sobre Actividades Económicas (IAE)

- IVA
- IRPF
- Declaraciones informativas

IAE

A tenor de lo dispuesto por la Agencia Tributaria, el Impuesto sobre Actividades Económicas (IAE) es un impuesto que grava el desarrollo en el territorio español de actividades económicas, las cuales pueden ser empresariales, profesionales o artísticas. Este impuesto se estructura en unas tarifas que clasifican las mencionadas actividades económicas, componiéndose de divisiones, agrupaciones, grupos y epígrafes. Asimismo, se divide en tres secciones:

- Sección 1.ª: actividades empresariales.
- Sección 2.ª: actividades profesionales.
- Sección 3.ª: actividades artísticas.

Todo ello se regula en el Real Decreto Legislativo 1175/1990, de 28 de septiembre, por el que se aprueban las tarifas y la instrucción del Impuesto sobre Actividades Económicas.

Con carácter general, la actividad de simple alquiler de viviendas (casas, pisos o apartamentos), cuando quien alquile no preste servicios adicionales propios de la actividad de hospedaje, se reconduciría al **epígrafe 861.1 de la sección primera de las Tarifas del IAE, de «alquiler de viviendas»**, contenida en la **división 8 «Instituciones financieras, seguros, servicios prestados a las empresas, alquileres»**. Ahora bien, el alquiler de pisos turísticos es una modalidad de alojamiento de reciente implantación, que consiste, básicamente, en ofrecer un servicio de alojamiento temporal por estancias cortas, generalmente a turistas, durante un periodo inferior al año, y que, normalmente, conlleva la prestación de algún servicio como cambio de ajuar doméstico, limpieza del inmueble a la entrada y salida, etc. En esa medida, entiende la Dirección General de Tributos que la actividad de arrendamiento o subarrendamiento de inmuebles con fines turísticos exige el alta en el **grupo 685 por «alojamientos turísticos extrahoteleros»**, comprendido en la división 6 «Comercio, restaurantes y hospedaje, reparaciones», de la sección primera de las Tarifas del IAE.

En este sentido, el criterio sentado por el Centro Directivo en la **consulta vinculante V0068-23, de 20 de enero de 2023,** es el siguiente:

> «- En el grupo 685 de la sección primera de las Tarifas se clasifican aquellas actividades que tengan la naturaleza de servicios de hospedaje, pero que se presten en establecimientos distintos a los hoteles y moteles, hostales y pensiones, fondas y casas de huéspedes, hoteles-apartamentos, empresas organizadas o agencias de explotación de apartamentos privados, y campamentos turísticos tipo camping.
>
> En particular, tienen su encuadre en dicho grupo 685 los servicios de hospedaje prestados en pisos, apartamentos, fincas rústicas, casas rurales

y hospederías en el medio rural, así como albergues juveniles y similares que no tengan, objetivamente, la condición de ninguno de los establecimientos enumerados en el párrafo anterior.

La clasificación en el grupo 685 se realiza por aplicación del procedimiento previsto en la regla 8ª de la Instrucción, que permite clasificar en una rúbrica las actividades que no tienen clasificación específica en las Tarifas del impuesto.

Los servicios de hospedaje se caracterizan por extender la atención a los clientes más allá de la mera puesta a su disposición de un inmueble o parte del mismo.

Es decir, la actividad de hospedaje se caracteriza, a diferencia de la actividad de alquiler de viviendas, porque generalmente comprende la prestación de, al menos, algún servicio, entre los que se encuentra la limpieza de inmuebles, cambio de ropa, custodia de maletas, puesta a disposición del cliente de vajilla, enseres y aparatos de cocina, e incluso, en ocasiones, prestación de servicios de alimentación.

- Por el contrario, el simple alquiler de inmuebles (casas, pisos o apartamentos), sin que el titular de la actividad de alquiler preste, al menos, algún servicio al inquilino de entre los citados en el punto anterior, considerados propios de la actividad de hospedaje, constituye una actividad propia del epígrafe 861.1 de la sección primera de las Tarifas, "Alquiler de viviendas"».

Al margen de la obligación de alta censal, conviene tener en cuenta que se encuentran exentos del IAE, entre otros sujetos, según el artículo 82.1.c) del Real Decreto Legislativo 2/2004, de 5 de marzo, por el que se aprueba el texto refundido de la Ley Reguladora de las Haciendas Locales:

- Las personas físicas.

- Los sujetos pasivos del Impuesto sobre Sociedades, las sociedades civiles y las entidades a que se refiere el artículo 35.4 de la Ley General Tributaria, que tengan un importe neto de la cifra de negocios inferior a 1.000.000 de euros.

- En el caso de contribuyentes por el IRNR, la exención solo alcanzará a los que operen en España mediante establecimiento permanente, siempre que tengan un importe neto de la cifra de negocios inferior a 1.000.000 de euros.

IVA

En principio, **el arrendamiento de un inmueble, cuando se destine para su uso exclusivo como vivienda, se encontrará sujeto y exento del IVA**, en los términos que señala el artículo 20.Uno.23.º de la Ley del Impuesto sobre el Valor Añadido (en adelante LIVA). Ahora bien, esta **exención no comprende** (entre otros supuestos y a lo que aquí interesa):

- Los **arrendamientos de apartamentos o viviendas amueblados cuando el arrendador se obligue a la prestación de alguno de los servicios complementarios propios de la industria hotelera**, tales como los de restaurante, limpieza, lavado de ropa u otros análogos.

- Los **arrendamientos de edificios o parte de los mismos para ser subarrendados**, con excepción de los destinados a su posterior arrendamiento por entidades gestoras de programas públicos de apoyo a la vivienda o por sociedades acogidas al régimen especial de entidades dedicadas al arrendamiento de viviendas establecido en el Impuesto sobre Sociedades.

La **consulta vinculante de la Dirección General de Tributos V0308-19, de 14 de febrero de 2019**, aclaró qué ha de entenderse por *«servicios complementarios propios de la industria hotelera»* a estos efectos. En ella se indica que tales servicios constituyen un complemento normal del servicio de hospedaje prestado a los clientes, por lo que no pierden su carácter de servicio de hostelería, especificando que se considerarán tales los servicios de limpieza del interior del apartamento o de cambio de ropa en el apartamento, ambos prestados con periodicidad. Por el contrario, no se consideran servicios complementarios propios de la industria hotelera:

- Servicio de limpieza del apartamento prestado a la entrada y a la salida del periodo contratado por cada arrendatario.
- Servicio de cambio de ropa en el apartamento prestado a la entrada y a la salida del periodo contratado por cada arrendatario.
- Servicio de limpieza de las zonas comunes del edificio (portal, escaleras y ascensores) así como de la urbanización en que está situado (zonas verdes, puertas de acceso, aceras y calles).
- Servicios de asistencia técnica y mantenimiento para eventuales reparaciones de fontanería, electricidad, cristalería, persianas, cerrajería y electrodomésticos.

Por lo tanto, el arrendamiento del inmueble para su uso exclusivo como vivienda estará exento del IVA, siempre y cuando no se trate de alguno de los supuestos excluidos de la exención. De lo contrario, estará sujeto y no exento del impuesto; esto sucederá, en particular, cuando se alquile a personas jurídicas (dado que no los pueden destinar directamente a viviendas, por lo que será irrelevante que se presten o no servicios propios de la industria hotelera), cuando se presten por el arrendador los servicios propios de la industria hotelera o en el caso de arrendamientos de viviendas que sean utilizadas por el arrendatario para otros usos distintos del de vivienda, tales como oficinas o despachos profesionales, etc.

A TENER EN CUENTA. En caso de prestarse servicios propios de la industria hotelera, el arrendamiento de un apartamento turístico no estará exento del IVA y deberá tributar al tipo reducido del 10 % como un establecimiento hotelero por aplicación del artículo 91.2.2.º de la LIVA y de acuerdo con el criterio de la Dirección General de Tributos (**consulta vinculante V0714-15, de 4 de marzo de 2015**). Ahora bien, si, por ejemplo, el piso o apartamento se alquilase por el propietario a una empresa gestora de alquileres, que luego es quien lo alquila a terceros como vivienda turística, el primer arrendamiento entre el propietario y la empresa de alquileres estaría sujeto al IVA general del 21 %.

Cuando el arrendamiento se encuentre exento del IVA, la operación estará sujeta al Impuesto sobre Transmisiones Patrimoniales y Actos Jurídicos Documentados, en su modalidad de transmisiones patrimoniales onerosas, al tipo de gravamen previsto por cada comunidad autónoma, o en su defecto, el estatal. Por contra, si el arrendamiento no está exento de IVA, la operación no tributará por el ITPyAJD, sino por el IVA.

CUESTIÓN

Si una persona física realiza el arrendamiento turístico de una vivienda, ¿tiene que presentar los modelos 303 y 390 del IVA?

Tomando como referencia lo establecido por la **consulta vinculante de la DGT V0644-18**, 12 de marzo de 2018, si una persona física realiza exclusivamente prestaciones de servicios consistentes en arrendamientos de vivienda exentos del IVA conforme al artículo 20 de la LIVA, que no originan derecho a la deducción, no existiría obligación de «presentar los modelos 303 y 390, en virtud de lo previsto en el artículo 71 del Reglamento del Impuesto sobre el Valor Añadido».

IRPF

Los rendimientos derivados de un alquiler turístico podrán tener, a los efectos del IRPF del arrendador, la consideración de rendimientos de actividades económicas o del capital inmobiliario, según los casos.

Cuando el alquiler de la vivienda de uso turístico no se limite a la mera puesta a disposición de parte de los inmuebles durante períodos de tiempo, sino que se complemente con la **prestación de servicios propios de la industria hotelera, tales como restaurante, limpieza, lavado de ropa y otros análogos, las rentas derivadas de los mismos tendrán la calificación de rendimientos de actividades económicas** en el IRPF del arrendador, a tenor de lo dispuesto en el artículo 27.1 de la Ley del Impuesto sobre la renta de las personas físicas (LIRPF, en adelante). En caso contrario, esto es, **si la persona física arrendadora no presta tal tipo de servicios, se trataría de rendimientos del capital inmobiliario**; salvo que concurran las circunstancias que señala el artículo 27.2 de la LIRPF, que determina que el arrendamiento de inmuebles se realice **como actividad económica cuando para la ordenación de tal actividad se utilice, al menos, una persona empleada con contrato laboral y a jornada completa**.

En el **caso de que tributen como rendimientos del capital inmobiliario**, el rendimiento neto se fijará deduciendo de los rendimientos íntegros (el importe que por todos los conceptos deba satisfacer el arrendatario, incluido, en su caso, el correspondiente a todos aquellos bienes cedidos con el inmueble y excluido el IVA o, en su caso, el IGIC) una serie de gastos, tal y como prevé el artículo 23.1 de la LIRPF:

- **Todos los gastos necesarios para la obtención de los rendimientos** (los intereses de los capitales ajenos invertidos en la adquisición o mejora del bien, los gastos de reparación y conservación, los tributos y recargos no estatales, así como las tasas y recargos estatales, cualquiera que sea su denominación, siempre que incidan sobre los rendimientos computados o sobre el bien o derecho productor de aquéllos y no tengan carácter sancionador, entre otros).

- Las cantidades destinadas a la amortización del inmueble y de los demás bienes cedidos con este, siempre que respondan a su depreciación efectiva, en las condiciones que reglamentariamente se determinen. Tratándose de inmuebles, se entiende que la amortización cumple el requisito de efectividad si no excede del resultado de aplicar el 3 % sobre el mayor de los siguientes valores: el coste de adquisición satisfecho o el valor catastral, sin incluir el valor del suelo. En el supuesto de rendimientos derivados de la titularidad de un derecho o facultad de uso o disfrute, será igualmente deducible en concepto de depreciación, con el límite de los rendimientos íntegros, la parte proporcional del valor de adquisición satisfecho, en las condiciones que reglamentariamente se determinen.

Para calcular dichas deducciones solo se podrá tener en cuenta el período de tiempo que la vivienda ha estado efectivamente alquilada, aunque este todo el año anunciada. Por ejemplo, si la vivienda ha estado todo el año disponible en la plataforma Booking pero no ha estado alquilada ningún día del año no se podrá deducir ningún gasto.

Por otro lado, si el inmueble no estuvo alquilado durante todo el año, deberá declararse la renta imputada correspondiente en el IRPF del arrendador, por los períodos de tiempo que permaneció desocupada (artículo 85 de la LIRPF).

A TENER EN CUENTA. El artículo 23.2 de la LIRPF ha sido modificado por la DF 2.ª de la Ley 12/2023, de 24 de mayo, por el derecho a la vivienda, en relación con los incentivos fiscales a los arrendamientos de inmuebles destinados a vivienda, modificación que se explicará en el tema correspondiente a los aspectos fiscales de los arrendamientos de vivienda. Se establecen distintos porcentajes de deducciones aplicables a los contratos celebrados a partir de la entrada en vigor de la citada norma, esto es, el 26 de mayo de 2023, si bien esta modificación entra en vigor el 1 de enero de 2024 conforme a la DF 9.ª de la Ley 12/2023, de 24 de mayo.

Declaraciones informativas

En el año 2018 se estableció una nueva obligación de suministro de información relativa a las cesiones de viviendas con fines turísticos a través del «Modelo 179, Declaración informativa trimestral de la cesión de uso de viviendas con fines turísticos», que deben presentar las personas o entidades que intermedien en la cesión de uso de viviendas con fines turísticos, sean analógicos o digitales, y, en particular, las denominadas «plataformas colaborativas» que intermedien en dichas cesiones. En esa obligación se incluyen las cesiones de viviendas turísticas y el alquiler de temporada.

A TENER EN CUENTA. La sentencia del Tribunal Supremo n.º 1106/2020, de 23 de julio, ECLI:ES:TS:2020:2494, declaró nulo el apartado 11 del artículo primero del Real Decreto 1070/2017, de 29 de diciembre, por el que se introduce en el Reglamento General de las actuaciones y procedimientos de gestión e inspección tributaria aprobado por Real Decreto 1065/2007, de 27 de julio, un nuevo artículo 54 ter. Sin embargo, el Real Decreto 366/2021, de 25 de mayo, por el que se desarrolla el procedimiento de presentación e ingreso de las auto-liquidaciones del Impuesto sobre las Transacciones Financieras y se modifican otras normas tributarias, ha reestablecido la obligación de informar sobre los apartamentos turísticos, y con ello se **ha reincorporado** al cuerpo normativo del RGAT el artículo 54 ter, desde el 26 de junio de 2021. En desarrollo de esta obligación de informar se ha dictado la Orden HAC/612/2021, de 16 de junio, por la que se aprueba el modelo 179, «Declaración informativa trimestral de la cesión de uso de viviendas con fines turísticos» y se establecen las condiciones y el procedimiento para su presentación.

RESOLUCIONES RELEVANTES

Resoluciones de la Dirección General de Tributos, V2545-17, de 9 de octubre de 2017 y V2655-18, de 2 de octubre de 2018

Si el arrendamiento de vivienda que se realiza directamente por el propietario a los consumidores finales que lo destinan a vivienda turística, en las condiciones señala-das, estará sujeto y exento del Impuesto sobre el Valor Añadido. Adicionalmente, la entidad mediadora, habrá de facturar al consultante por el servicio de mediación, por el importe de su comisión, operación sujeta y no exenta del impuesto. El tipo impo-sitivo a aplicar a esta operación de mediación es el general del 21 %. Y estará sujeto y no exento del IVA cuando se alquile a personas jurídicas (dado que no los pueden destinar directamente a viviendas) o se presten por el arrendador los servicios propios de la industria hotelera, o en los arrendamientos de viviendas que sean utilizadas por el arrendatario para otros usos, tales como oficinas o despachos profesionales, etc.

Resoluciones de la Dirección General de Tributos, V1481-22, de 21 de junio, V0285-15, de 26 de enero y V1188-15, de 16 de abril

Si el alquiler de la vivienda de uso turístico no se limita a la mera puesta a dis-posición de la misma durante periodos de tiempo, sino que se complementa con la prestación de servicios propios de la industria hotelera tales como restaurante, limpieza, lavado de ropa y otros análogos, las rentas derivadas de los mismos ten-drán la calificación de rendimientos de actividades económicas mientras que si no lo hace estaríamos ante rendimientos del capital inmobiliario, salvo que concurrieran las circunstancias previstas en el apartado 2 del artículo 27 de la LIRPF, en cuyo caso, también podríamos estar ante rendimientos derivados de actividades económicas.

Resolución de la Dirección General de Tributos, V0432-19, de 28 de febrero de 2019

En una cesión de vivienda de finalidad turística para estancias cortas, a efectos informativos será válido cualquier documento oficial que permita la identificación completa de los beneficiarios. Y deberá conservarse la copia del documento de iden-tificación de las personas beneficiarias durante el plazo de prescripción de 4 años.

7.
DERECHO DE TANTEO Y DE RETRACTO EN EL CONTRATO DE ARRENDAMIENTO DE VIVIENDA Y EN EL ARRENDAMIENTO DE VIVIENDA DE USO TURÍSTICO

Como establece el preámbulo de la Ley 29/1994, de 24 de noviembre, de Arrendamientos Urbanos, *«(...) se mantiene el **derecho de adquisición preferente** en favor del arrendatario para el supuesto de enajenación de la vivienda arrendada durante la vigencia del arrendamiento aunque referido a condiciones de mercado, por entenderse que constituye un instrumento que sin suponer una grave onerosidad para el arrendador incrementa las posibilidades de permanencia del arrendatario en la vivienda»*.

Es decir, y tal y como establece el artículo 25.1 de la Ley de Arrendamientos Urbanos, en caso de que tenga lugar la venta de la vivienda arrendada, el arrendatario tendrá derecho de adquisición preferente sobre esta, conforme a las condiciones que explicaremos a lo largo del presente.

Derecho de tanteo

Conforme al artículo 25.2 de la LAU, el arrendatario podrá ejercitar un **derecho de tanteo** sobre la finca arrendada en un **plazo de treinta días naturales** a contar desde el siguiente en que se le notifique en forma fehaciente la decisión de vender la finca arrendada, el precio y las demás condiciones esenciales de la transmisión.

En este sentido, la jurisprudencia define el antedicho derecho de tanteo. Así, la **sentencia de la Audiencia Provincial de Sevilla n.º 22/2015, de 22 de enero, ECLI:ES:APSE:2015:321**, citando la **sentencia del Tribunal Supremo n.º 611/2001, de 14 de junio, ECLI:ES:TS:2001:5094**, lo define como *«(...) un derecho de adquisición preferente, que opera entre el contrato transmisivo y la transmisión misma, a diferencia del retracto, que se ejercita tras la transmisión, invalidando ésta (...)»*.

Y, en relación a la notificación fehaciente, la **sentencia de la AP de Málaga n.º 593/2004, de 20 de julio, ECLI:ES:APMA:2004:3519**, precisa que:

> «(...) por notificación fehaciente de las condiciones de la venta ha de entenderse aquella cuya certeza pueda constar por medio escrito, y no afecta a la fehaciencia la discutida representación de que pudiera gozar la persona que se identificaba como mandatario verbal. Cuando la norma impone la comunicación fehaciente, quiere significar la posibilidad de poder constatar que la notificación se efectuó en tiempo y forma, porque interesa a ambas partes, por razones contrarias, poder probar el contenido y la fecha de la comunicación. Por tanto será fehaciente, en este sentido, aquella notificación que pueda cumplir esta finalidad.
>
> (...)
>
> (...) no existe causa que justifique que el arrendatario tenga que conocer en este momento la identidad del adquirente, que le es indiferente a los efectos de la adquisición por tanteo, pues basta que conozca de los términos de la oferta hecha por el adquirente, que podrá controlar en la preceptiva notificación de la escritura o documento en que se formalice la venta (...)».

Asimismo, la **sentencia de la AP de Madrid n.º 175/2012, de 5 de marzo, ECLI:ES:APM:2012:4974**, añade que *«(...) la notificación de la transmisión no es un requisito indispensable cuando de las pruebas practicadas se llega al convencimiento de que el arrendatario, aún faltando aquélla, ha tenido conocimiento suficiente por otros medios de la transmisión y de las condiciones en que se ha efectuado (...)».*

En la misma línea, la **sentencia de la AP de Madrid n.º 516/2022, de 2 de diciembre, ECLI:ES:APM:2022:18712**, establece:

> «(...) para el ejercicio de la acción de retracto se precisa que no hubiesen transcurrido 30 días naturales desde la notificación fehaciente de las condiciones en que se efectuó la compraventa (art 1218 código civil) siendo de significar que el art 25 LAU señala que tal plazo comienza su cómputo desde el siguiente en que se notifique la decisión de vender la finca arrendada, cuando se acredite que el retrayente conoce de forma fehaciente las condiciones en que se efectuó la compraventa .
>
> Lo cual conduce a no caber considerar efectuada tal notificación al no darse a conocer el precio de la transmisión, máxime cuando el TS enerva el requisito de tal notificación fehaciente de las condiciones esenciales en que se efectuó la compraventa únicamente cuando se acredite de forma indubitada que el retrayente contaba con toda la información, es decir, los datos concretos de la compraventa a fin de poder ejercitar la acción, no bastando con que este tuviese posibilidad de obtener tal información (...)».

CUESTIÓN

¿Cuándo caducarán los efectos de la referida notificación?

Según el apartado segundo del artículo 25 de la LAU, los efectos de dicha notificación caducarán a los ciento ochenta días naturales siguientes a la misma.

RESOLUCIÓN RELEVANTE

Sentencia de la Audiencia Provincial de Madrid n.º 155/2020, de 3 de junio, ECLI:ES:APM:2020:5863

«(...) dice así el art. 25.2 LAU que 'El arrendatario podrá ejercitar un derecho de tanteo sobre la finca arrendada en un plazo de treinta días naturales, a contar desde el siguiente en que se le notifique en forma fehaciente la decisión de vender la finca arrendada'; y, de otro, que el párrafo segundo del art.25.2 LAU lo que regula es la vinculación legal del arrendador a la oferta legal de venta durante plazo de 180 días de tal forma que si en este plazo el arrendador no ha formalizado el contrato, en el caso de que desee vender la vivienda, ya sea al mismo comprador o a otro, incluso en las mismas condiciones y precio, debe volver a notificarlo al arrendatario.

Como afirma la STS de 19 de diciembre de 1991 (ROJ: STS 7162/1991 - ECLI:ES:TS:1991:7162) ' el tanteo se presenta como una oferta legal de venta, que no aflora por la decisión del propietario, sino sólo cuando pretende enajenar el bien dado en arriendo, ya que el precepto citado se lo impone como carga y obligación de notificar fehacientemente al inquilino su propósito de vender o de ceder solutoriamente, con indicación del precio ofrecido, designación e identificación de los compradores y relación de las condiciones esenciales de la transmisión, dando lugar a una efectiva vinculación en cuanto el arrendador no puede desistir de su decisión, ni puede quedar sin efecto la misma, en el caso de que abdicaran de la compra los designados como posibles adquirentes (Sentencias de 2 de julio de 1951 y 19 de mayo de 1952)'».

Derecho de retracto

Asimismo, en el supuesto anterior previsto para el derecho de tanteo, el arrendatario podrá ejercitar el derecho de retracto con sujeción a lo establecido en el **artículo 1518 del Código Civil**, el cual establece:

«El vendedor no podrá hacer uso del derecho de retracto sin reembolsar al comprador el precio de la venta, y además:
1º Los gastos del contrato y cualquier otro pago legítimo hecho para la venta.
2º Los gastos necesarios y útiles hechos en la cosa vendida».

Entonces **¿en qué casos procede el derecho de retracto?** Pues, conforme al artículo 25.3 de la LAU, cuando:

- No se le hubiese hecho al arrendatario la notificación prevenida.
- Se hubiese omitido en ella cualquiera de los requisitos exigidos.
- Cuando resultase inferior el precio efectivo de la compraventa o menos onerosas sus restantes condiciones esenciales.

CUESTIÓN

¿Cuándo decaerá el derecho de retracto?

El último inciso del apartado tercero del artículo 25 de la LAU dispone que «el derecho de retracto caducará a los treinta días naturales, contados desde el siguiente a la notificación que en forma fehaciente deberá hacer el adquirente al arrendatario de las condiciones esenciales en que se efectuó la compraventa, mediante entrega de copia de la escritura o documento en que fuere formalizada».

Ahora bien, en relación con el cómputo del plazo a efectos de caducidad, la jurisprudencia de la Sala de lo Civil del Tribunal Supremo ha precisado en la **STS n.º 828/2010, de 17 de diciembre, ECLI:ES:TS:2010:7352**, que «(...) debe modularse el rigor del mandato contenido el artículo 25.3 LAU, en el sentido de que pese a que el precepto establece que el derecho de retracto caduca a los treinta días naturales, contados desde el siguiente a la notificación que en forma fehaciente debe hacer el adquirente al arrendatario de las condiciones esenciales en que se efectuó la compraventa, tal notificación no resulta necesaria cuando aparezca probado que el arrendatario ha tenido pleno y exacto conocimiento de la venta o transmisión y de sus condiciones. Este será el momento de inicio del cómputo del plazo de caducidad que establece el artículo 25. 3 LAU (STS 24 de abril de 2007 [RC n.º 2440/2000] entre otras)».

RESOLUCIÓN RELEVANTE

Sentencia de la Audiencia Provincial de Lugo n.º 631/2022, de 9 de noviembre, ECLI:ES:APLU:2022:940

«Pues bien, La STS 683/16, 21 noviembre nos dice: ' para que comience a correr el plazo de caducidad para el ejercicio del retracto, es necesario que la adquirente cumpla escrupulosamente la exigencia contenida en el artículo 25.3 LAU o que acredite de modo indubitado que el retrayente contaba con toda la información necesaria para poder optar por el ejercicio de su derecho y no simplemente que estaba en condiciones de obtenerla.

Cabe citar al respecto la sentencia de esta sala núm. 828/2010, de 17 diciembre, según la cual 'debe modularse el rigor del mandato contenido el artículo 25.3 LAU, en el sentido de que pese a que el precepto establece que el derecho de retracto caduca a los treinta días naturales, contados desde el siguiente a la notificación que en forma fehaciente debe hacer el adquirente al arrendatario de las condiciones esenciales en que se efectuó la compraventa, tal notificación no resulta necesaria cuando aparezca probado que el arrendatario ha tenido pleno y exacto conocimiento de la venta o transmisión y de sus condiciones. Este será el momento de inicio del cómputo del plazo de caducidad que establece el artículo 25. 3 LAU (STS 24 de abril de 2007 [RC n.º 2440/2000] entre otras)'.

La STS 497/07, 24 de abril, abundando en la misma línea, nos dice claramente que ' La jurisprudencia de esta Sala ya había modulado el rigor del mandato contenido en el apartado segundo del artículo 48 de la Ley de Arrendamientos Urbanos de 24 de diciembre de 1964, que constituye el precedente legislativo del actual artículo 25.3 de la vigente ley locativa, afirmando que, no obstante los tajantes términos del precepto, devenía innecesaria la práctica de la notificación en forma cuando aparecía probado que el arrendatario ya había tenido pleno y exacto conocimiento de la venta o transmisión y de sus condiciones, a partir de cuyo momento debía contarse el plazo de caducidad establecido en la norma.

Este criterio jurisprudencial, recogido, entre otras, en las sentencias de 6 de marzo de 2000, 14 de noviembre de 2002, 13 de marzo de 2004, y 14 de diciembre de 2006, mantiene plenamente su vigencia tras la publicación de la Ley 29/94, de 24 de noviembre, de Arrendamientos Urbanos, y es aplicable a los retractos ejercitados con arreglo a sus disposiciones, tanto más cuanto el legislador ha hecho desaparecer de la redacción del artículo 25.3 de la vigente ley la expresión 'en todo caso' que contenía el artículo 48.2 de la anterior ley de arrendamientos. Se completa, por otra parte, con la doctrina conforme a la cual la publicidad registral del actor traslativo de dominio no desplaza el deber legal impuesto por la norma, ni tiene virtualidad de cara a considerar acreditado el conocimiento completo y exacto de las condiciones de la venta, advirtiendo la jurisprudencia de esta Sala acerca de la claridad y rotundidad del mandato legal, eliminado la ficción del Registro y su consiguiente presunción de conocimiento de los hechos inscritos (Sentencia de 14 de diciembre de 2006, que cita las de 22 de junio de 1962, 6 de febrero de 1965 y 19 de diciembre de 1968)».

Normas comunes a los derechos de tanteo y retracto

Conforme al artículo 25.4 de la LAU, los citados derechos de adquisición preferente (tanteo o retracto del arrendatario) tendrán preferencia sobre cualquier otro derecho similar, salvo:

- El retracto reconocido al condueño de la vivienda.

- El convencional que figurase inscrito en el Registro de la Propiedad al tiempo de celebrarse el contrato de arrendamiento.

Asimismo, a efectos de inscripción en el Registro de la Propiedad de los títulos de venta de viviendas arrendadas deberá justificarse que han tenido lugar, en sus respectivos casos, las notificaciones explicadas con anterioridad, con los requisitos en ellos exigidos (art. 25.5 de la LAU).

No obstante, si la vivienda vendida no estuviese arrendada, para que sea inscribible la adquisición, deberá el vendedor declararlo así en la escritura, bajo la pena de falsedad en documento público.

¿Cuándo no habrá lugar a los derechos de tanteo o retracto? Según el artículo 25.7 de la LAU, cuando:

- La vivienda arrendada se venda conjuntamente con las restantes viviendas o locales propiedad del arrendador que formen parte de un mismo inmueble.

- Se vendan de forma conjunta por distintos propietarios a un mismo comprador la totalidad de los pisos y locales del inmueble.

¿Qué sucederá en estos casos? La legislación sobre vivienda podrá establecer el derecho de tanteo y retracto, respecto a la totalidad del inmueble, en favor del órgano que designe la Administración competente en materia de vivienda, resultando de aplicación lo explicado con anterioridad a efectos de:

- La notificación.
- El ejercicio de tales derechos.

A TENER EN CUENTA. El arrendatario tendrá los derechos de tanteo y retracto regulados en el artículo que nos ocupa si en el inmueble solo existiera una vivienda. (Artículo 25.7 de la LAU).

NORMAS COMUNES A LOS DERECHOS DE TANTEO Y RETRACTO

ART. 25.4 LAU → Derechos de tanteo y retracto tienen preferencia sobre cualquier otro derecho similar → EXCEPCIÓN

Retracto reconocido al condueño de la vivienda

Convencional que figure inscrito en el RP al tiempo de celebrarse el contrato de arrendamiento

Inscripción en Registro de Propiedad → requisitos exigidos ex. art. 25.5 LAU

No han lugar los derechos de tanteo y retracto

Cuando la vivienda arrendada se venda conjuntamente con las restantes viviendas o locales propiedad del arrendador que formen parte de un mismo inmueble.

Art. 25.7 LAU

Cuando se vendan de forma conjunta por distintos propietarios a un mismo comprador la totalidad de los pisos y locales del inmueble.

La legislación sobre vivienda podrá establecer el derecho de tanteo y retracto, respecto a la totalidad del inmueble, en favor del órgano que designe la Administración competente en materia de vivienda, resultando de aplicación lo explicado con anterioridad a efectos de:

- Notificación
- Ejercicio de tales derechos

CUESTIONES

1. ¿Podrán el arrendatario renunciar al derecho de adquisición preferente?

Según el apartado octavo del artículo 25 de la LAU, no obstante lo dispuesto en los apartados 1 a 7 de dicho precepto, las partes podrán pactar la renuncia del arrendatario al citado derecho de adquisición preferente. En este caso, debe el arrendador comunicarle al arrendatario su intención de vender la vivienda con una antelación mínima de 30 días a la fecha de formalización del contrato de compraventa.

2. ¿Qué sucederá cuando la venta, además de sobre la vivienda arrendada, recaiga sobre los demás objetos alquilados como accesorios de esta por el arrendador del artículo 3 de la LAU (arrendamiento para uso distinto del de vivienda)?

En ese caso, conforme al artículo 25.6 de la LAU, el arrendatario no podrá ejercitar los derechos de adquisición preferente solo sobre la vivienda.

RESOLUCIÓN RELEVANTE

Resolución, de 11 de octubre de 2018, de la Dirección General de los Registros y del Notariado (actual Dirección General de Seguridad Jurídica y Fe Pública)

«(...) en los supuestos de transmisión judicial de una finca, se dan los derechos de tanteo y retracto establecidos en la Ley y que, por consiguiente, es necesario para su inscripción que se justifique haberse hecho las notificaciones oportunas para su ejercicio o, en otro caso, la manifestación de inexistencia de arrendamientos sobre la finca adjudicada (...).

(...)

Sin embargo, como también puso de relieve la citada Resolución de 24 de marzo de 2017, respecto de los contratos de arrendamiento concertados con posterioridad a la Ley 4/2013, de 4 de junio, de medidas de flexibilización y fomento del mercado del alquiler de viviendas deberá tenerse en cuenta para determinar la existencia del derecho de retracto, si el arrendamiento ha tenido acceso o no al Registro de la Propiedad, puesto que de este extremo dependerá la continuación o no del arrendamiento tras la adjudicación de la finca.

(...)

(...) resulta la extinción del contrato de arrendamiento salvo que se hubiese inscrito en el Registro de la Propiedad con anterioridad al derecho, en este supuesto la hipoteca, que se ejecuta y que determina la extinción del derecho del arrendador y en consecuencia del propio contrato de arrendamiento y con él sus derechos accesorios como el derecho de retracto.

Consecuentemente con lo anterior y en cuanto al ejercicio de retracto, habrá que distinguir si el contrato de arrendamiento tuvo o no acceso al Registro de la Propiedad y si lo hizo «con anterioridad a los derechos determinantes de la resolución del derecho del arrendador». Esto es, con anterioridad a la hipoteca que se ejecuta.

En este último caso la persistencia del arrendamiento tras la adjudicación de la vivienda, provocará que el arrendatario pueda, en su caso, ejercitar su derecho de retracto contra el adjudicatario en los términos previstos en el artículo 25.

En el caso de que el arrendamiento se haya inscrito en el Registro de la Propiedad con posterioridad a la hipoteca, puesto que el contrato de arrendamiento se extinguirá «ipso iure» conforme a lo dispuesto en el artículo 13.1 de la Ley de Arrendamientos Urbanos antes transcrito, no habrá lugar a retracto, sin perjuicio de que si la inscripción se produjo con anterioridad a la expedición de la preceptiva certificación de cargas el arrendatario haya debido ser convenientemente notificado.

Si el arrendamiento de vivienda no ha accedido al Registro de la Propiedad, lógicamente no habrá lugar a derecho alguno.

(...)

No obstante, cuando se trata de contratos de arrendamiento para un uso distinto del de vivienda (que es el caso objeto de este expediente), tanto antes como después de la mencionada reforma de la Ley de Arrendamientos Urbanos, al no estar sometidos a un plazo mínimo imperativo, el arrendamiento se extinguirá en cualquier momento en que el derecho del arrendador quede resuelto como consecuencia de la ejecución hipotecaria, a menos que dicho arrendamiento constase inscrito en el Registro con anterioridad a la hipoteca que se ejecuta (vid. artículo 29 de la Ley de Arrendamientos Urbanos)».

Los derechos de adquisición preferente en el arrendamiento para uso distinto del de vivienda

En relación con los derechos de adquisición preferente en los contratos de arrendamiento para usos distintos del de vivienda, el artículo 31 de la Ley de Arrendamientos Urbanos se remite a lo previstos en el artículo 25 de la misma ley sobre los citados derechos en los arrendamientos de vivienda.

Pues bien, tendrá, entonces, el arrendatario derecho de tanteo sobre la finca arrendada en un plazo de 30 días naturales desde que se le notifique la decisión de la venta, el precio y las demás condiciones esenciales de la misma. Así como, en su caso, tendrá derecho de retracto ante la omisión de la referida notificación, cuando esta no cumpla los requisitos o el precio efectivo de la venta sea inferior o las condiciones menos onerosas.

A tenor de lo anterior, el Tribunal Supremo en la **sentencia n.º 683/2016, de 21 de noviembre, ECLI:ES:TS:2016:5133**, en un caso en el que se denuncia la vulneración del artículo 31 de la LAU en relación con el artículo 25 de la LAU, determina que:

«(...) El primero de los motivos del recurso denuncia la infracción del artículo 31 en relación con el 25, ambos de la LAU y la doctrina jurisprudencial en virtud de la cual el arrendatario puede ejercer **el derecho de retracto previsto en la LAU aun cuando al tiempo de ejercerlo no esté en posesión física o material del inmueble arrendado**, bastando con que lo posea de forma mediata o jurídica (como sucede en caso de subarriendo). Cita en apoyo de su tesis las SSTS de 2 de noviembre de 2006, 18 de marzo de 2010 y 25 de febrero de 2011 . Afirma que, aunque el arrendatario no ocupe físicamente el inmueble arrendado al tiempo de ejercitarse el derecho de retracto arrendaticio, ello no implica la pérdida de la condición de «ocupante» del mismo, pues detenta la posesión mediata y por ello tiene derecho a ejercer tal derecho como cualquier otro arrendatario, máxime cuando el mismo se le reconoce por el arrendador en el contrato de arrendamiento aunque el citado arrendatario no vaya a poseer la cosa arrendada porque la va a subarrendar -con consentimiento del arrendador- (...).

(...) a partir de la entrada en vigor de la LAU 1994 que no se refiere expresamente a la «ocupación» por el arrendatario de la vivienda o local a retraer, como condición necesaria para poder ejercer tal derecho..

Así, la sentencia de esta sala núm. 1073/2006, de 2 noviembre, dice que "es al arrendatario, y no al subarrendatario, a quien se le reconoce el derecho de adquisición preferente, en cuanto conserva la situación posesoria característica del arrendamiento, mediata o inmediata, según los casos, con presencia en dos relaciones distintas y coexistentes con el arrendador y con el subarrendatario, y esta especial relación con la vivienda o local es lo que le permite disfrutar de los derechos y de las obligaciones propias de la Ley, entre otros, el de poder retraer para el supuesto de enajenación de la vivienda o local arrendado durante la vigencia del arrendamiento (...) Es evidente, por tanto, que manteniéndose el derecho de adquisición preferente, en la vieja y nueva Ley de Arrendamientos Urbanos, lo que no es posible, sin una referencia expresa, es reconocer al arrendatario un derecho -subarriendo- y negarle otro -retracto- cuando lo ejercita y mantiene en legal forma..."».

CUESTIONES

1. ¿Se reconoce un derecho de adquisición preferente al subarrendatario?

Para responde a esta cuestión resulta interesante la citada STS n.º 683/2016, de 21 de noviembre, ECLI:ES:TS:2016:5133, así como, la sentencia del Tribunal Supremo n.º 1073/2006, de 2 de noviembre, ECLI:ES:TS:2006:7270, señalando esta última que «(...) es al arrendatario, y no al subarrendatario, a quien se le reconoce el derecho de adquisición preferente, en cuanto conserva la situación posesoria característica del arrendamiento, mediata o inmediata, según los casos, con presencia en dos relaciones distintas y coexistentes con el arrendador y con el subarrendatario, y esta especial relación con la vivienda o local es lo que le permite disfrutar de los derechos y de las obligaciones propias de la Ley, entre otros, el de poder retraer para el supuesto de enajenación de la vivienda o local arrendado durante la vigencia del arrendamiento (...)».

Igualmente, en un caso en el que una finca, propiedad de una mercantil, fue arrendada por una fundación, que a su vez, cedió aquella en arriendo a otra empresa, la sentencia de la AP de Cádiz n.º 205/2015, de 30 de septiembre, ECLI:ES:AP-CA:2015:1382. determina que, «(...) se ha de plantear si la subarrendataria tiene derecho de retracto en relación con la venta de la finca realizada por la adjudicataria de la misma en subasta pública y al respecto, la doctrina y la jurisprudencia son concluyentes, mientras que el efecto de toda cesión arrendaticia, es que el cesionario sustituye al cedente en la misma, pasando a ser sujeto de toda la gama de derechos y obligaciones que del contrato se derivan, en el subarriendo, el subarrondatario no tiene los derechos que la Ley atribuye al arrendatario, en concreto la Ley de Arrendamientos Urbanos en el art. 31 en relación con el art. 25, atribuye el derecho de adquisición preferente al arrendatario no al subarrendatario, es un privilegio que la Ley especial concede exclusivamente al arrendatario; en este caso, sin embargo, tratándose de un contrato de subarriendo de uso distinto al de vivienda, su régimen jurídico es, en primer lugar, la voluntad de las partes (art. 4.3 de la LAU) pero en ningún caso el arrendatario puede conceder al subarrendatario el derecho de adquisición preferente, podrá concederlo el propietario al arrendatario, pero no el arrendatario al subarrendatario máxime cuando en el contrato de arrendamiento originario, celebrado entre la propietaria (...) y la arrendataria (...), no consta concedido a la arrendataria dicho derecho por voluntad de la propietaria y con posibilidad de transmitirlo a una posible subarrendataria (...)».

2. ¿Existe un derecho de tanteo o retracto en la venta de la vivienda arrendada junto con otras viviendas o locales, que formen parte del mismo inmueble, propiedad del arrendador?

A esta cuestión responde de forma negativa el artículo 25.7 de la LAU cuando dice que «No habrá lugar a los derechos de tanteo o retracto cuando la vivienda arrendada se venda conjuntamente con las restantes viviendas o locales propiedad del arrendador que formen parte de un mismo inmueble ni tampoco cuando se vendan de forma conjunta por distintos propietarios a un mismo comprador la totalidad de los pisos y locales del inmueble (...)». En este mismo sentido, resulta interesante la sentencia de la AP de Madrid n.º 221/2017, de 17 de mayo, ECLI:ES:APM:2017:6776.

RESOLUCIÓN RELEVANTE

Sentencia de la Audiencia Provincial de Tenerife n.º 145/2020, de 13 de mayo, ECLI:ES:APTF:2020:1078

«De acuerdo con la Exposición de Motivos de la reforma de 1994, se justifica la diferenciación entre arrendamientos de viviendas y de uso distintos de vivienda, en

la idea de conceder medidas de protección al arrendatario sólo allí donde la finalidad del arrendamiento sea la satisfacción de la necesidad de vivienda del individuo y de su familia, pero no en otros supuestos en los que se satisfagan necesidades económicas, recreativas o administrativas; no podemos olvidar que el derecho a la vivienda digna y adecuada está reconocido en el artículo 47 CE, como un principio rector de la política social y económica y por tanto como un mandato para los diversos poderes del Estado para desarrollar mecanismos que permitan el acceso a dicha vivienda, y entre estos mecanismos siempre se ha contado con el derecho de tanteo y retracto a favor de los arrendatarios de viviendas. Es cierto que el artículo 31 LAU extiende los derechos del artículo 25 LAU a otros arrendamientos de uso distinto de vivienda, pero tal remisión debe entenderse a inmuebles arrendados que cumplan igualmente finalidades legalmente protegidas, como favorecer el mantenimiento de la actividad comercial. Es difícil encontrar una justificación al cumplimiento de ninguna finalidad ni constitucional o legal en relación con el uso aislado de una plaza de garaje. Sin duda alguna su posesión, y más en zonas de aparcamiento dificultoso como son las zonas de playa en verano, es una comodidad para su propietario, pero no podemos elevar esta condición a una finalidad legalmente protegida por normas pensadas para el cumplimiento de otros fines de contenido social.'».

8.
EL DESAHUCIO POR IMPAGO DE RENTAS O CANTIDADES DEBIDAS AL ARRENDADOR

El juicio verbal de desahucio por falta de pago de rentas u otras cantidades debidas por el arrendamiento es otro de los procesos de recobro de la posesión contemplados en nuestro ordenamiento jurídico, por el cual en caso de que el arrendatario incumpla su obligación de pago de la renta pactada, el arrendador está facultado para interponer demanda solicitando el desahucio y la recuperación de la vivienda, así como el abono de las rentas impugnadas u otras cantidades debidas por el arrendatario, cuando se acumulare esta acción de reclamación dineraria.

Ámbito de aplicación

Reiterando lo expuesto, el **artículo 250.1.1.º de la Ley de Enjuiciamiento Civil** establece que se decidirán en juicio verbal, cualquiera que sea su cuantía, las demandas *«que versen sobre reclamación de cantidades por impago de rentas y cantidades debidas y las que, igualmente, con fundamento en el impago de la renta o cantidades debidas por el arrendatario, o en la expiración del plazo fijado contractual o legalmente, pretendan que el dueño, usufructuario o cualquier otra persona con derecho a poseer una finca rústica o urbana dada en arrendamiento, ordinario o financiero o en aparcería, recuperen la posesión de dicha finca».*

La finalidad de este proceso es doble, por un lado, nos encontramos ante **el ejercicio de la facultad del arrendador a resolver el contrato de arrendamiento por el incumplimiento de la obligación principal de todo arrendatario,** que es el pago de la renta, y por otro **recuperar la plena posesión de la vivienda cedida en arrendamiento.**

Normativa aplicable

Además del citado **art. 250.1.1.º de la LEC,** que determina el cauce por el que se sustancia el proceso de desahucio por falta de pago, es importante señalar qué precepto legal fundamenta esta acción judicial.

En el caso de contratos de arrendamiento de vivienda, se encuentra en el **artículo 27 de la Ley 29/1994 de 24 de noviembre, de Arrendamientos Urbanos** —en adelante LAU—, que establece que:

> «1. El incumplimiento por cualquiera de las partes de las obligaciones resultantes del contrato dará derecho a la parte que hubiere cumplido las suyas a exigir el cumplimiento de la obligación o a promover la resolución del contrato de acuerdo con lo dispuesto en el artículo 1.124 del Código Civil.
>
> 2. Además, el arrendador podrá resolver de pleno derecho el contrato por las siguientes causas:
>
> a) La falta de pago de la renta o, en su caso, de cualquiera de las cantidades cuyo pago haya asumido o corresponda al arrendatario (...)».

El **artículo 35 de la LAU**, que se refiere a contratos de arrendamiento para uso distinto de vivienda, nos remite nuevamente a este **artículo 27 de la LAU**.

Encontramos de igual modo fundamento para el ejercicio de esta acción judicial de desahucio en el CC para aquellos contratos de arrendamiento sobre bienes inmuebles no sujetos a la LAU (ej. solar sin edificar), salvo que se rijan por otra ley especial, cuando establece en su artículo 1569.2 del CC:

> «El arrendador podrá desahuciar judicialmente al arrendatario por alguna de las causas siguientes:
>
> 2.ª Falta de pago en el precio convenido».

RESOLUCIÓN RELEVANTE

Sentencia del Juzgado de Primera Instancia de Pamplona/Iruña n.º 309/2021, de 10 de noviembre, ECLI:ES:JPI:2021:1771

«Por ello, el pago de la renta verificado fuera del plazo contractualmente fijado y después de presentada la demanda no excluye la aplicación de la causa de resolución prevista en el artículo 27. 2. a) y 35 de la Ley de Arrendamientos Urbanos de 1994 y artículo 114. 1º de la LAU de 1964.

En este sentido, el Auto de la Sala Primera, del Tribunal Supremo de 7 de abril de 2021 (JUR 2021, 125670), Rec. 3095/2018, establece que ' la cuestión planteada sobre la equiparación o no del impago de la renta con el mero retraso, es una cuestión ya resuelta por esta sala, como se establece en la STS 180/2014 de 27 de marzo (RJ 2014, 1530) (recurso 141/2011):

'[...] Esta decisión, tal y como ha razonado el recurrente, es contraria a la jurisprudencia de esta Sala, que reiteradamente ha declarado que el retraso en el pago de la renta, aunque se trate de una sola mensualidad de la misma, puede dar lugar a la resolución del contrato por falta de pago. Esta doctrina se funda en los siguientes argumentos, tal y como ha declarado, entre muchas otras, la sentencia de esta Sala de 10 de noviembre de 2010:

'A) La primera causa específica de resolución mencionada en el artículo 114.1 de la Ley de Arrendamientos Urbanos se refiere a la falta de pago de la renta o de las cantidades que a esta se asimilan.

'B) Por ser el contrato de arrendamiento urbano oneroso y conmutativo, es evidente que la primera obligación del arrendatario es la de pagar la renta; por otra parte,

salvo cuando las partes hayan acordado que su abono se efectúe en un solo momento, este contrato es de tracto sucesivo y el impago de una sola mensualidad de renta puede motivar la resolución contractual.'

De este modo se ha declarado, como doctrina jurisprudencial, que el pago de la renta del arrendamiento de vivienda fuera de plazo y después de presentada la demanda de desahucio no excluye la resolución del contrato, y esto aunque la demanda se funde en el impago de una sola mensualidad de renta, sin que el arrendador venga obligado a soportar que el arrendatario se retrase de ordinario en el abono de las rentas periódicas [...] porque al arrendador no le es indiferente el momento en que se le pague la renta estipulada'.

En el mismo sentido, la Sentencia del Tribunal Supremo de 26 de marzo de 2009 (recurso 1507/2004) indica que: 'dentro del cuidadoso equilibrio entre los derechos del arrendador y del inquilino que la legislación arrendaticia urbana busca en cada etapa histórica, con normas que protegen al arrendatario, como la prórroga forzosa antes y la duración mínima del contrato ahora, y otras que amparan al arrendador frente a los incumplimientos de aquél, como la actual reducción de las oportunidades de enervación del desahucio a una sola, al arrendador no le es indiferente el momento en que se le pague la renta estipulada, y el abuso de derecho estará no tanto en el arrendador que pretenda resolver el contrato por impago puntual de la renta cuanto en el arrendatario que persista en su impuntualidad. Por eso la enervación del desahucio no puede entenderse ya como un 'derecho procesal' que menoscabe el derecho sustantivo del arrendatario a que se le pague la renta puntualmente, sino como una oportunidad que la propia ley administra cuidadosamente atendiendo a razones sociales de cada momento histórico, y de ahí que no quepa obligar al arrendador a interponer una demanda tras otra cuando resulta que no depende de él el momento en que sus reclamaciones vayan a ser conocidas por el inquilino y, en cambio, sí depende de éste el pago puntual de la renta'».

Naturaleza jurídica del juicio verbal de desahucio

El **juicio verbal de desahucio** por falta de pago es un proceso sumario, tal y como se desprende de lo dispuesto en la LEC.

En primer lugar, el artículo 444.1 de la LEC establece que:

«1. Cuando en el juicio verbal se pretenda la recuperación de finca, rústica o urbana, dada en arrendamiento, por impago de la renta o cantidad asimilada sólo se permitirá al demandado alegar y probar el pago o las circunstancias relativas a la procedencia de la enervación».

Así como el **artículo 447.2 de la LEC** apunta lo siguiente:

«2. **No producirán efectos de cosa juzgada las sentencias que pongan fin a los juicios verbales sobre tutela sumaria de la posesión ni las que decidan sobre la pretensión de desahucio o recuperación de finca**, rústica o urbana, dada en arrendamiento, por impago de la renta o alquiler o por expiración legal o contractual del plazo, y sobre otras pretensiones de tutela que esta Ley califique como sumarias».

En base al primer precepto citado, se restringen los medios de prueba y las alegaciones de la parte demandada, en tanto que no podrá oponer cualesquiera excepciones o defensas que tenga por conveniente, ni en lo que atañe a los medios de prueba de que intente valerse para acreditar la veracidad de sus alegaciones, y se establece en el siguiente precepto legal la ausencia de cosa juzgada de la sentencia que pone fin al proceso.

El carácter plenario o sumario de un determinado proceso influye sobre los efectos que surten de la sentencia de fondo por la que se pone término al mismo.

En su virtud, de ser sumario el proceso, la sentencia de fondo zanjará o resolverá únicamente la parte del conflicto que haya podido ser sometida a la cognición judicial, dejando el resto de los eventuales extremos litigiosos imprejuzgados. Por ello, únicamente podrán sustanciarse y discutirse mediante este proceso el impago de rentas u otras cantidades debidas por el arrendatario, quedando al margen otras cuestiones que tengan la categoría de complejas, y que deban sustanciarse mediante el correspondiente juicio ordinario.

Pese a que nos encontramos ante un proceso de desahucio sustanciado por los cauces del juicio verbal, lo cierto es que el desahucio por falta de pago ha adoptado la técnica del juicio monitorio (arts. 812 a 818 de la LEC). Este rasgo lo aporta el artículo 438.5 de la LEC, en el que aparece configurado el proceso en los siguientes términos, y cuya redacción legal vigente es:

> «5. En los casos de demandas en las que se ejercite la pretensión de desahucio por falta de pago de rentas o cantidades debidas, acumulando o no la pretensión de condena al pago de las mismas, el letrado o letrada de la Administración de Justicia, tras la admisión, y previamente a la vista que se señale, requerirá a la persona demandada para que, en el plazo de diez días, desaloje el inmueble, pague al actor o, en caso de pretender la enervación, pague la totalidad de lo que deba o ponga a disposición de aquel en el tribunal o notarialmente el importe de las cantidades reclamadas en la demanda y el de las que adeude en el momento de dicho pago enervador del desahucio; o en otro caso comparezca ante éste y alegue sucintamente, formulando oposición, las razones por las que, a su entender, no debe, en todo o en parte, la cantidad reclamada o las circunstancias relativas a la procedencia de la enervación.
>
> Si el demandante ha expresado en su demanda que asume el compromiso a que se refiere el apartado 3 del artículo 437, se le pondrá de manifiesto en el requerimiento, y la aceptación de este compromiso equivaldrá a un allanamiento con los efectos del artículo 21.
>
> Además, el requerimiento expresará el día y la hora que se hubieran señalado para que tengan lugar la eventual vista en caso de oposición del demandando, para la que servirá de citación, y el día y la hora exactos para la práctica del lanzamiento en caso de que no hubiera oposición. Asimismo, se expresará que en caso de solicitar asistencia jurídica gratuita el demandado, deberá hacerlo en los tres días siguientes a la práctica del requerimiento, así como que la falta de oposición al requerimiento supondrá la prestación de su consentimiento a la resolución del contrato de arrendamiento que le vincula con el arrendador.
>
> El requerimiento se practicará en la forma prevista en el artículo 161, teniendo en cuenta las previsiones contenidas en apartado 3 del artículo

155 y en el último párrafo del artículo 164, apercibiendo al demandado de que, de no realizar ninguna de las actuaciones citadas, se procederá a su inmediato lanzamiento, sin necesidad de notificación posterior, así como de los demás extremos comprendidos en el apartado siguiente de este mismo artículo.

Si el demandado no atendiere el requerimiento de pago o no compareciere para oponerse o allanarse, el letrado o letrada de la Administración de Justicia dictará decreto dando por terminado el juicio de desahucio y se procederá al lanzamiento en el día y la hora fijadas.

Si el demandado atendiere el requerimiento en cuanto al desalojo del inmueble sin formular oposición ni pagar la cantidad que se reclamase, el letrado o letrada de la Administración de Justicia lo hará constar, y dictará decreto dando por terminado el procedimiento, y dejando sin efecto la diligencia de lanzamiento, a no ser que la parte demandante interese su mantenimiento para que se levante acta sobre el estado en que se encuentre la finca, dando traslado a la parte demandante para que inste el despacho de ejecución en cuanto a la cantidad reclamada, bastando para ello con la mera solicitud.

En los dos supuestos anteriores, el decreto dando por terminado el juicio de desahucio impondrá las costas al demandado e incluirá las rentas debidas que se devenguen con posterioridad a la presentación de la demanda hasta la entrega de la posesión efectiva de la finca, tomándose como base de la liquidación de las rentas futuras el importe de la última mensualidad reclamada al presentar la demanda. Si el demandado formulara oposición, se celebrará la vista en la fecha señalada».

Continúa este artículo señalando:

6. En todos los casos de desahucio, también se apercibirá al demandado en el requerimiento que se le realice que, de no comparecer a la vista, se declarará el desahucio sin más trámites y que queda citado para recibir la notificación de la sentencia que se dicte el sexto día siguiente al señalado para la vista, presencialmente o a través de sede electrónica. Igualmente, en la resolución que se dicte teniendo por opuesto al demandado se fijará día y hora exacta para que tenga lugar, en su caso, el lanzamiento, que deberá verificarse antes de treinta días desde la fecha señalada para la vista, advirtiendo al demandado que, si la sentencia fuese condenatoria y no se recurriera, se procederá al lanzamiento en el día y la hora fijadas, sin necesidad de notificación posterior.

En todos los casos de desahucio y en todos los decretos o resoluciones judiciales que tengan como objeto el señalamiento del lanzamiento, independientemente de que este se haya intentado llevar a cabo con anterioridad, se deberá incluir el día y hora exacta en que tendrá lugar el mismo».

A TENER EN CUENTA. Antes de la entrada en vigor de la reforma operada por el Real Decreto-ley 6/2023, de 19 de diciembre —en vigor desde el 20 de marzo de 2024— el contenido de los apartados 5 y 6 del mencionado 438 de la LEC se encontraba recogido en los apartados 3,4 y 5 del artículo 440 de la LEC.

Con motivo del contenido de este precepto legal se sustanció mediante la técnica monitoria el especial juicio de desahucio por falta de pago de rentas u otras cantidades debidas, pudiendo ser acumulada, en su caso, la reclamación de pago de estas cantidades. Por lo tanto, **a diferencia del proceso monitorio, en el que únicamente se pueden reclamar el pago de deudas dinerarias, en este proceso es posible solicitar además el desalojo del inmueble.**

Mantiene este proceso la forma del juicio verbal, cuyo aspecto monitorio se basa en la necesidad de requerimiento de pago y, en su caso, la oposición. **En el caso que no se oponga la parte requerida, se pondrá fin al proceso mediante decreto sin más trámites, y en el caso de que sí exista oposición, se celebrará vista oral.** Se trata de un proceso que lo que busca es la agilidad y rapidez en la obtención de una respuesta judicial que dirima la controversia.

Impago de rentas

Impago de rentas o de otras cantidades debidas por el arrendatario

El art. 27.2.a) de la Ley de Arrendamientos Urbanos señala que el arrendador podrá resolver el contrato por *«la falta de pago de la renta o, en su caso, de cualquiera de las cantidades cuyo pago haya asumido o corresponda al arrendatario».* Para determinar estas cantidades debemos atender a los dispuesto en el art. 20 de la LAU que se refiere a los gastos generales y de servicios individuales, señalando que los gastos generales para el adecuado sostenimiento del inmueble, sus servicios, tributos, cargas y responsabilidades que no sean susceptible de individualización y que correspondan a la vivienda arrendada o a sus accesorios, sean a cargo del arrendatario.

> **JURISPRUDENCIA**
>
> **Integración del importe del IBI en el concepto de cantidades asimiladas a la renta en los contratos celebrados con anterioridad al 9 de mayo de 1985.**
>
> **Sentencia del Tribunal Supremo n.º 578/2022, de 26 de julio, ECLI:ES:TS:2022:3222**
>
> *«La posibilidad de que el impago del IBI constituya legítimo motivo de resolución del contrato de arrendamiento fue abordada por la sentencia del Pleno de esta Sala 1ª de 12 de enero de 2007 (recurso n.º 2458/2002), en los términos siguientes:*
>
> *"Cuando la causa 1ª del artículo 114 se refiere a cantidades asimiladas a la renta está aludiendo a aquéllas cuyo pago ha de asumir el arrendatario por mandato legal, empleando una fórmula abierta que ha de ser completada con las que en cada momento establezca la legislación aplicable. Si bajo la vigencia del texto refundido de 1964 eran, en determinados supuestos, las correspondientes a diferencias en el coste de servicios y suministros y las derivadas de la repercusión del importe de las obras realizadas por el arrendador, ahora la consideración del texto de la nueva Ley lleva a estimar que esta nueva obligación del arrendatario de satisfacer el importe del IBI ha de merecer igual consideración, de forma que su impago -en cuanto supone el incumplimiento de una obligación dineraria añadida a la esencial de abono de la renta- faculta al arrendador para instar la resolución del contrato. Lo contrario supondría*

forzar a dicho arrendador a emprender anualmente el ejercicio de una acción de reclamación contra el arrendatario incumplidor de una obligación de periodicidad anual de la que ha de responder mientras el contrato esté vigente, cuyo carácter periódico comporta su necesaria asimilación a estos efectos a la obligación, también periódica, de pago de la renta".

Y, en coherencia con lo expuesto, se fijó como doctrina jurisprudencial que:

"[...] el impago por el arrendatario del Impuesto de Bienes Inmuebles y de la repercusión por el coste de los servicios y suministros, en arrendamientos de vivienda existentes en el momento de la entrada en vigor de la nueva Ley de Arrendamientos Urbanos de 24 de noviembre de 1994, ha de considerarse como causa de resolución comprendida en el artículo 114-1ª del Texto Refundido de la Ley de Arrendamientos Urbanos de 1964".

Por otra parte, en sentencias de 15 de junio de 2009, recurso n.º 2320/2004, y 11 de julio de 2011, recurso n.º 642/2008, se ha declarado igualmente como doctrina jurisprudencial:

"[...] que el impago por el arrendatario del Impuesto de Bienes Inmuebles y de la repercusión por el coste de los servicios y suministros, en arrendamientos de vivienda existentes en el momento de la entrada en vigor de la nueva Ley de Arrendamientos Urbanos de 24 de noviembre de 1994, ha de considerarse como causa de resolución comprendida en el artículo 114-1ª del Texto Refundido de la Ley de Arrendamientos Urbanos de 1964". Y en sentencia de 20 de julio de 2011, recurso 352/2009, se reitera la doctrina jurisprudencial de que "el coste de los servicios y suministros, en arrendamientos de vivienda existentes en el momento de la entrada en vigor de la nueva Ley de Arrendamientos Urbanos de 24 de noviembre de 1994, ha de considerarse como cantidades asimiladas a la renta, y su impago es causa de resolución comprendida en el artículo 114-1ª del Texto Refundido de la Ley de Arrendamientos Urbanos de 1964".

El criterio expuesto es reiterado posteriormente en las sentencias 749/2015, de 30 de diciembre y 194/2021, de 12 de abril».

CUESTIÓN

¿El impago de una sola mensualidad de renta es causa de resolución del contrato?

Podría considerarse causa de resolución del contrato como así lo ha establecido alguna audiencia provincial como la de Ceuta, por ejemplo, en sentencia n.º 8/2023, de 18 de enero, ECLI:ES:APCE:2023:22, sin embargo el Tribunal Supremo en sentencia n.º 1065/2024, de 23 de julio, ECLI:ES:TS:2024:4244, entiende que a la hora de determinar el incumplimiento de la obligación de pago del arrendatario deben valorarse las circunstancias concretas del caso, y desestima el desahucio por falta de pago, por encontrarse la parte arrendataria hospitalizada y abonarse en cuanto se apreció el error.

Recuerda que ya ha establecido en varias sentencias que el impago de la renta fuera de plazo y después de presentada la demanda de desahucio no excluye la resolución del contrato de arrendamiento, incluso si la demanda se basa en el impago de una sola mensualidad, pero «(...) sin perjuicio de que las circunstancias del caso concreto sí puedan y deban ser atendidas para valorar si efectivamente ha existido o no incumplimiento contractual».

Y concluye diciendo que: «*La jurisprudencia de la sala no ha cerrado el paso a que, a los efectos de determinar el incumplimiento de la obligación de pago, no deban ser contempladas las concretas circunstancias concurrentes en cada supuesto litigioso. Y, desde esta perspectiva, las anteriormente descritas, de naturaleza excepcional, determinan que no pueda apreciarse concurrente un incumplimiento resolutorio del contrato de arrendamiento».*

En aquellos supuestos en los que exista una discrepancia entre el arrendador y el arrendatario en la cuantía adeudada en casos como actualización de las rentas, no se podrá instar el desahucio en tanto no se solucionen las diferencias, para lo que debe acudirse a un procedimiento ordinario ya que en el juicio sumario no se puede discutir la cuantía de la renta. En este sentido se ha pronunciado la **sentencia de la Audiencia Provincial de Barcelona n.º 567/2010, de 14 de octubre, ECLI:ES:APB:2010:7226,** que señala:

> «El problema se plantea cuando las cantidades "reclamadas" difieran de las realmente "adeudadas" (singularmente cuando no están conformes arrendador y arrendatario sobre la cuantía de la renta vigente, p.e. ante una actualización o incremento); en el "sumario" no se puede discutir la cuantía de la renta, cuestión cuyo adecuado marco es el ordinario (SSTS 14.6.1944, 14.5.1955, 30.11.56, 1.6.1962, 25.6.1964, 15.12.1971 ...) y por ello, la acción se enerva válidamente mediante la consignación de la última cantidad conforme (último renta incontrovertida), remitiéndose a las partes, en su caso al juicio ordinario del art. 249.1.6 LEC para la determinación de la renta o validez del incremento (claro es, siempre que el arrendatario hubiere formulado oposición, en tiempo y forma al incremento, pues en otro caso estaría tácitamente aceptada y, por tanto, conforme)».

8.1. Proceso judicial de desahucio por impago de rentas o cantidades debidas

Competencia para conocer del proceso judicial de desahucio por impago de rentas o cantidades debidas

De acuerdo con lo previsto en los artículos 45 y 52.7.º de la Ley de Enjuiciamiento Civil, así como el artículo 85 de la Ley Orgánica del Poder Judicial, serán competentes para el conocimiento los juzgados de primera instancia del **lugar donde radique la finca**.

El artículo 54.1 de la LEC determina que **estará prohibida la sumisión expresa o tácita de las partes a la competencia de otro tribunal**, al señalar que *«las reglas legales atributivas de la competencia territorial sólo se aplicarán en defecto de sumisión expresa o tácita de las partes a los tribunales de una determinada circunscripción. Se exceptúan las reglas establecidas en los números 1.º y 4.º a 15.º del apartado 1 y en el apartado 2 del artículo 52 y las demás a las que esta u otra Ley atribuya expresamente carácter imperativo. Tampoco será válida la sumisión expresa o tácita en los asuntos que deban decidirse por el juicio verbal»*.

RESOLUCIÓN RELEVANTE

Auto de la Audiencia Provincial de Salamanca n.º 124/2021, de 10 de septiembre, ECLI:ES:APSA:2021:390A

«En el caso de las cláusulas de sumisión expresa, existe un precepto imperativo al respecto. Se trata del artículo 54.2 de la LEC.

> *Dicho precepto establece la invalidez de las cláusulas de sumisión expresa inclui-das en contratos de adhesión, condiciones generales impuestas por un empresario y contratos celebrados con consumidores.*
>
> *De hecho, el artículo 54.2 de la LEC parece conceder al empresario un mayor ám-bito de protección que el derivado del artículo 8.1 de la Ley de Condiciones Generales de la Contratación . Al distinguir entre condiciones generales y contratos de adhesión como supuestos distintos, necesariamente, se están vedando las cláusulas de sumi-sión expresa en contratos que hayan sido predispuestos (es decir, no negociados) no sólo en una pluralidad de supuestos (como en el caso de condiciones generales), sino también de manera individualizada.*
>
> *Lo esencial es que se haya impedido cualquier tipo de negociación sobre la cláu-sula de sumisión expresa. Dicho requisito es el relevante y concurre tanto en los con-tratos de adhesión como en las condiciones generales impuestas.*
>
> *Por ello resulta superfluo el requisito de la aplicación a una generalidad de contra-tos que define las condiciones generales dentro de la Ley de Condiciones Generales de la Contratación, y que por ello es un requisito para la aplicación de dicha ley, pero no para la aplicación del artículo 54.2LEC .*
>
> *La invalidez de las cláusulas de sumisión expresa impuestas por un predisponente a un adherente es imperativa en sentido relativo, ya que es posible la sumisión tácita del adherente al fuero pactado en la cláusula de sumisión expresa, especialmente cuando el adherente es el demandante. Cuando es el demandado la doctrina conside-ra mayoritariamente que no cabe sumisión tácita, aunque para cierta doctrina sí que sería admisible cuando en la cédula de citación se le advierte sobre las consecuencias de no interponer la declinatoria. Junto a este marco regulador, específico y de carác-ter imperativo, también resultan de aplicación las normas generales del Código Civil».*

Inicio del procedimiento de desahucio por impago de rentas o cantidades debidas

|| Requerimiento de pago

El requerimiento previo a **la presentación de la demanda por parte del arrendador no es condición indispensable para interponer la demanda de desahucio**, pero sirve para impedir la enervación de la acción de desahucio.

La Ley de Enjuiciamiento Civil prevé un mecanismo procesal que faculta al arrendatario para impedir el desahucio de la vivienda una vez ya presentada la demanda: **la enervación**. Esto implica que el arrendatario **puede pagar de manera voluntaria la totalidad de las cantidades debidas en el plazo de diez días hábiles desde el requerimiento judicial de pago.**

En palabras de la **Audiencia Provincial de Madrid a través de sentencia n.º 585/2006, de 28 de septiembre, ECLI:ES:APM:2006:7415, la enerva-ción es un supuesto especial de purga de la mora**, reservado exclusivamen-te a los procesos de desahucio por falta de pago de la renta, y ello es así por la naturaleza tan peculiar de este proceso.

Sin embargo, el artículo 22.4 de la LEC en su párrafo segundo señala que **la enervación de la acción de desahucio no es posible** *«(...) cuando el arren-datario hubiera enervado el desahucio en una ocasión anterior, excepto que el* *cobro no hubiera tenido lugar por causas imputables al arrendador, ni cuando el arrendador hubiese requerido de pago al arrendatario por cualquier medio fehaciente con, al menos, treinta días de antelación a la presentación de la demanda y el pago no se hubiese efectuado al tiempo de dicha presentación».*

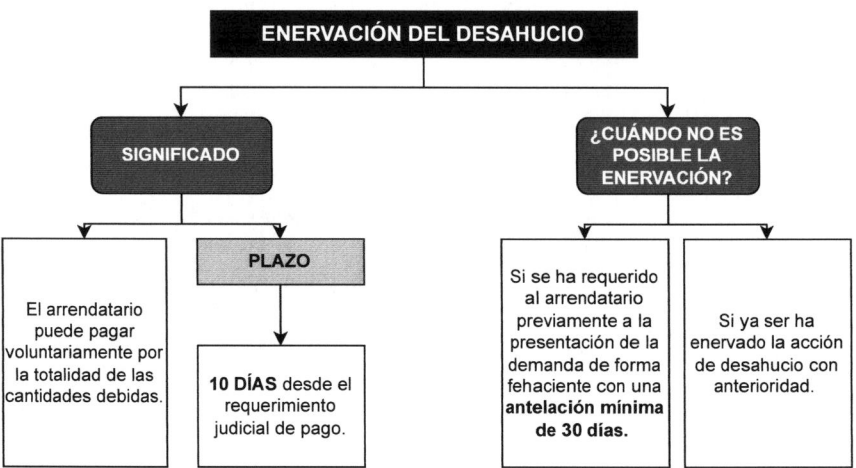

El Tribunal Supremo en la sentencia n.º 493/2022, de 22 de junio, ECLI:ES:TS:2022:2462, aborda la presente cuestión y establece cuáles deben ser los **requisitos básicos de la comunicación previa del arrendador de reclamación de cantidades debidas para impedir la posterior enervación, en la que señala:**

«A los requisitos legales del requerimiento de pago del art. 22 de la LEC hicimos expresa referencia en la sentencia 194/2021, de 12 de abril, como expresión de una consolidada jurisprudencia, y así señalamos:

"En la sentencia 508/2015, de 22 de septiembre, nos hemos pronunciado sobre la interpretación del art. 22.4 LEC y sobre los requisitos del requerimiento de pago a los efectos de impedir la enervación de la acción en el procedimiento de desahucio, con reproducción de la doctrina de la sentencia 302/2014, de 28 de mayo, en los términos siguientes:

"1. La comunicación ha de contener un requerimiento de pago de renta o cantidad asimilada.

2. Ha de ser fehaciente, es decir, por medio que permita acreditar que llegó a conocimiento del arrendatario, con la claridad suficiente.

3. Ha de referirse a rentas impagadas.

4. Debe transcurrir el plazo legalmente previsto, que ha venido fluctuando entre uno y dos meses, en las sucesivas reformas legales.

5. Que el arrendatario no haya puesto a disposición del arrendador la cantidad reclamada.

Sin embargo, en dicho precepto no se exige que se comunique al arrendatario.

1. Que el contrato va a ser resuelto.
2. Que no procederá enervación de la acción de desahucio si no se paga en el plazo preceptivo.
El legislador no obliga al arrendador a que se constituya en asesor del arrendatario, sino tan solo a que le requiera de pago"».

De este modo, **será suficiente una comunicación fehaciente al arrendatario**, es decir, mediante un burofax con acuse de recibo y certificado de contenido, un telegrama con acuse de recibo, un requerimiento notarial, etc.

> **A TENER EN CUENTA.** Téngase especial cuidado con las cartas certificadas, toda vez que, la jurisprudencia no las dota de la fehaciencia necesaria.

En lo que respecta al plazo previo que debe mediar entre este requerimiento fehaciente y la interposición de la demanda, para imposibilitar la enervación por la parte demandante, el artículo 22.4 de la LEC establece un plazo de **treinta días naturales**.

‖ La demanda

Después de la reforma de la Ley de Enjuiciamiento Civil operada con la Ley 42/2015, de 5 de octubre, se establece en el artículo 437 de la LEC que **el juicio verbal iniciará mediante demanda con el contenido y forma propios del juicio ordinario. No obstante, en los juicios verbales en que no se actúe con abogado y procurador el demandante podrá formular una demanda sucinta.**

Por esto, en la materia que nos ocupa, **debemos atender al objeto del proceso para determinar qué tipo de demanda será necesario que se presente. Para el caso de demandas de desahucio por impago de rentas u otras cantidades debidas, o de desahucio por expiración de plazo, o de reclamación de dichas cantidades al arrendatario, se deberá formular demanda ordinaria, ya que se tramitan por juicio verbal por razón de la materia conforme al artículo 250.1.1.º de la LEC**, siendo preceptiva en estos casos la postulación procesal con independencia de cuál sea la cuantía del proceso.

La **determinación de la cuantía** aparece prevista en el **artículo 251.9.º de la LEC** cuando establece que:

> «9.ª En los juicios sobre arrendamientos de bienes, salvo cuando tengan por objeto reclamaciones de las rentas o cantidades debidas, la cuantía de la demanda será el importe de una anualidad de renta, cualquiera que sea la periodicidad con que ésta aparezca fijada en el contrato».

La cuantía del proceso de desahucio por impago de rentas u otras cantidades debidas será el importe de una anualidad de renta, pero entendido de manera dinámica, incluyendo en el importe las actualizaciones que procedan en su caso conforme al contrato.

En el caso de que se acumule a la acción de desahucio por falta de pago o por expiración del plazo contractual, la acción de reclamación de rentas o de otras cantidades debidas, la cuantía de la demanda, de acuerdo con lo previsto en el **artículo 252.2.º de la LEC**, en su tercer párrafo, vendrá determinada por la acción de cuantía más alta, o el importe de la anualidad de rentas, o la cuantía que se reclama en concepto de rentas y otras cantidades debidas:

> «Sin perjuicio de lo anterior, si las acciones acumuladas fueran la de desahucio por falta de pago o por expiración legal o contractual del plazo, y la de reclamación de rentas o cantidades debidas, la cuantía de la demanda vendrá determinada por la acción de mayor valor».

Para los casos de desahucio por falta de pago, el arrendador puede solicitar únicamente el desahucio del inmueble, o bien acumular la acción de reclamación de rentas u otras cantidades debidas.

Si se solicita además del desahucio del inmueble la reclamación de las rentas u otras cantidades debidas, deberemos estar a lo dispuesto en el **artículo 399.5 de la LEC** que establece que estas dos peticiones se tendrán que expresar con la debida separación en el suplico de la demanda.

De acuerdo con el artículo 439.3 de la LEC:

> «No se admitirán las demandas de desahucio de finca urbana por falta de pago de las rentas o cantidades debidas por el arrendatario si el arrendador no indicare las circunstancias concurrentes que puedan permitir o no, en el caso concreto, la enervación del desahucio».

Se trata por lo tanto de un **requisito de procedibilidad de la demanda de desahucio el hecho de indicar si el arrendatario permite o no la enervación del desahucio.**

Este mismo artículo en los apartados 6 y 7 señala:

> «6. En los casos de los números 1.º, 2.º, 4.º y 7.º del apartado 1 del artículo 250, no se admitirán las demandas, que pretendan la recuperación de la posesión de una finca, en que no se especifique:
>
> a) Si el inmueble objeto de las mismas constituye vivienda habitual de la persona ocupante.
>
> b) Si concurre en la parte demandante la condición de gran tenedora de vivienda, en los términos que establece el artículo 3.k) de la Ley 12/2023, de 24 de mayo, por el derecho a la vivienda.
>
> En el caso de indicarse que no se tiene la condición de gran tenedor, a efectos de corroborar tal extremo, se deberá adjuntar a la demanda certificación del Registro de la Propiedad en el que consten la relación de propiedades a nombre de la parte actora.
>
> c) En el caso de que la parte demandante tenga la condición de gran tenedor, si la parte demandada se encuentra o no en situación de vulnerabilidad económica.
>
> Para acreditar la concurrencia o no de vulnerabilidad económica se deberá aportar documento acreditativo, de vigencia no superior a tres meses, emitido, previo consentimiento de la persona ocupante de la vivienda, por los servicios de las Administraciones autonómicas y locales competentes en materia de vivienda, asistencia social, evaluación e información de situaciones de necesidad social y atención inmediata a personas en

situación o riesgo de exclusión social que hayan sido específicamente designados conforme la legislación y normativa autonómica en materia de vivienda.

El requisito exigido en esta letra c) también podrá cumplirse mediante:

1.º La declaración responsable emitida por la parte actora de que ha acudido a los servicios indicados anteriormente, en un plazo máximo de cinco meses de antelación a la presentación de la demanda, sin que hubiera sido atendida o se hubieran iniciado los trámites correspondientes en el plazo de dos meses desde que presentó su solicitud, junto con justificante acreditativo de la misma.

2.º El documento acreditativo de los servicios competentes que indiquen que la persona ocupante no consiente expresamente el estudio de su situación económica en los términos previstos en la legislación y normativa autonómica en materia de vivienda. Este documento no podrá tener una vigencia superior a tres meses.

7. En los casos de los números 1.º, 2.º, 4.º y 7.º del apartado 1 del artículo 250, en el caso de que la parte actora tenga la condición de gran tenedora en los términos previstos por el apartado anterior, el inmueble objeto de demanda constituya vivienda habitual de la persona ocupante y la misma se encuentre en situación de vulnerabilidad económica conforme lo previsto igualmente en el apartado anterior, no se admitirán las demandas en las que no se acredite que la parte actora se ha sometido al procedimiento de conciliación o intermediación que a tal efecto establezcan las Administraciones Públicas competentes, en base al análisis de las circunstancias de ambas partes y de las posibles ayudas y subvenciones existentes en materia de vivienda conforme a lo dispuesto en la legislación y normativa autonómica en materia de vivienda.

El requisito anterior podrá acreditarse mediante alguna de las siguientes formas:

1.º La declaración responsable emitida por la parte actora de que ha acudido a los servicios indicados anteriormente, en un plazo máximo de cinco meses de antelación a la presentación de la demanda, sin que hubiera sido atendida o se hubieran iniciado los trámites correspondientes en el plazo de dos meses desde que presentó su solicitud, junto con justificante acreditativo de la misma.

2.º El documento acreditativo de los servicios competentes que indique el resultado del procedimiento de conciliación o intermediación, en el que se hará constar la identidad de las partes, el objeto de la controversia y si alguna de las partes ha rehusado participar en el procedimiento, en su caso. Este documento no podrá tener una vigencia superior a tres meses.

En el caso de que la empresa arrendadora sea una entidad pública de vivienda el requisito anterior se podrá sustituir, en su caso, por la previa concurrencia de la acción de los servicios específicos de intermediación de la propia entidad, que se acreditará en los mismos términos del apartado anterior».

A TENER EN CUENTA. Los apartados 6 y 7 del art. 439 de la LEC se introducen por la Ley 12/2023, de 24 de mayo, por el derecho a la vivienda, con entrada en vigor el 26 de mayo de 2023.

En cuanto a la **condonación de deudas**, el artículo 437.3 de la LEC dispone:

> «Si en la demanda se solicitase el desahucio de finca urbana por falta de pago de las rentas o cantidades debidas al arrendador, o por expiración legal o contractual del plazo, el demandante podrá anunciar en ella que asume el compromiso de condonar al arrendatario todo o parte de la deuda y de las costas, con expresión de la cantidad concreta, condicionándolo al desalojo voluntario de la finca dentro del plazo que se indique por el arrendador, que no podrá ser inferior al plazo de quince días desde que se notifique la demanda».

Así, es posible que **la parte actora prevea dentro de la demanda la posibilidad de condonar una parte o toda la deuda para el caso de que el demandado desaloje la finca** dentro de un **plazo concreto**, que será fijado por el arrendador y **no podrá ser inferior a quince días**.

En el requerimiento previo al pago se le expondrá a la parte actora la posibilidad del mencionado artículo 437.3 de la LEC de condonación de rentas, y la aceptación equivaldrá a un allanamiento a los efectos del artículo 21 de la LEC, tal y como dispone el segundo párrafo del artículo 438.5 de la LEC:

> «[...] Si el demandante ha expresado en su demanda que asume el compromiso a que se refiere el apartado 3 del artículo 437, se le pondrá de manifiesto en el requerimiento, y la aceptación de este compromiso equivaldrá a un allanamiento con los efectos del artículo 21».

A TENER EN CUENTA. El contenido del 2.º párrafo del mencionado artículo 438.5 de la LEC antes de la entrada en vigor de la reforma operada por el Real Decreto-ley 6/2023, de 19 de diciembre —el 20 de marzo de 2024— se encontraba recogido en el artículo 440.3 de la LEC.

Al amparo de lo previsto en el artículo 549.3 de la LEC en la redacción dada por la Ley por el derecho a la vivienda, en relación con el 437.3 «in fine» de la LEC, **se puede solicitar en la demanda la ejecución directa de la sentencia condenatoria al desahucio o del decreto que ponga fin al referido desahucio**, a fin de que se proceda al lanzamiento el día y hora señalados, sin necesidad de expresa petición mediante la interposición de demanda de ejecución posterior.

> «Igualmente, podrá interesarse en la demanda que se tenga por solicitada la ejecución del lanzamiento en la fecha y hora que se fije por el juzgado a los efectos señalados en el apartado 3 del artículo 549».

En la resolución que se dicte teniendo por opuesto al demandado, el juzgado fijará el día y la hora en la que se producirá el lanzamiento, que **se verificará en el plazo de los treinta días desde la fecha señalada para la vista, y en caso de que la sentencia fuera condenatoria, se procederá al lanzamiento sin más trámites**, así lo establece el art. 438.6 de la LEC:

> «Igualmente, en la resolución que se dicte teniendo por opuesto al demandado se fijará día y hora exacta para que tenga lugar, en su caso, el

lanzamiento, que deberá verificarse antes de treinta días desde la fecha señalada para la vista, advirtiendo al demandado que, si la sentencia fuese condenatoria y no se recurriera, se procederá al lanzamiento en el día y la hora fijadas, sin necesidad de notificación posterior».

> **A TENER EN CUENTA.** El contenido del mencionado artículo 438.6 de la LEC antes de la entrada en vigor de la reforma operada por el Real Decreto-ley 6/2023, de 19 de diciembre —el 20 de marzo de 2024— se encontraba recogido en el artículo 440.4 de la LEC.

Esta previsión **únicamente operará en los casos en los que se solicite además del pago de las rentas u otras cantidades debidas, el desahucio de la vivienda arrendada**, sin que pueda establecerse de manera unilateral en procesos en los que se reclame únicamente rentas o cantidades asimiladas.

> **A TENER EN CUENTA.** La Ley 12/2023, de 24 de mayo, por el derecho a la vivienda, añade un apartado 5 en el art. 440 de la LEC (con entrada en vigor el 26/05/2023). Si bien, el contenido del mencionado precepto, desde del 20 de marzo de 2024, fecha en la que entra en vigor la reforma operada por el Real Decreto-ley 6/2023, de 19 de diciembre, se recoge en el segundo párrafo del artículo 438.6 de la LEC, con el siguiente tenor literal:
>
> «En todos los casos de desahucio y en todos los decretos o resoluciones judiciales que tengan como objeto el señalamiento del lanzamiento, independientemente de que este se haya intentado llevar a cabo con anterioridad, se deberá incluir el día y hora exacta en que tendrá lugar el mismo».

Para esta ejecución inmediata **es requisito indispensable que se solicite de forma expresa en el escrito de demanda, y en caso de que no se solicitase, se deberá presentar demanda ejecutiva una vez dictada sentencia condenatoria de desahucio o decreto que ponga final al referido desahucio**, en los términos del **artículo 549 de la LEC**.

> **CUESTIÓN**
>
> **¿Se pueden reclamar rentas futuras?**
>
> Sí, conforme al art. 220.2 de la LEC la sentencia condenatoria obligará a satisfacer a la parte demandada las rentas debidas que se devenguen después de la presentación de la demanda, tomándose como referencia para la cuantificación de la misma, el importe de la última mensualidad de la renta, en este sentido se pronuncia la **sentencia de la Audiencia Provincial de Barcelona n.º 380/2014, de 23 de julio, ECLI:ES:APB:2014:8083**:
>
> *«(...) en cualquier caso el artículo 220 LEC señala que en los casos de reclamaciones de rentas periódicas, cuando la acción de reclamación se acumule a la acción de desahucio por falta de pago...y el demandante lo hubiere interesado expresamente en su escrito de demanda, la sentencia incluirá la condena a satisfacer también las rentas debidas que se devenguen con posterioridad a la presentación de la demanda hasta la entrega de la posesión efectiva de la finca, tomándose como base de la liquidación de las rentas futuras, el importe de la última mensualidad reclamada al presentar la demanda. Por tanto, se admiten las condenas de futuro, con base en el principio de economía procesal y la evitación de juicios reiterados sobre una obligación predeterminada (SSTS de 29 de diciembre de 2004, 28 de mayo de 2001 y 24 de junio de*

2000). En el presente caso la parte actora solicitó expresamente en su demanda la condena del demandado al pago de las rentas debidas que se devenguen con posterioridad a la demanda y hasta la entrega de la posesión efectiva de la finca, petición reiterada en el acto del juicio, por lo que la inclusión en la sentencia de la condena a satisfacer las rentas devengadas con posterioridad a la demanda y hasta la entrega efectiva de la posesión de la finca fue correcta y ajustada al citado precepto».

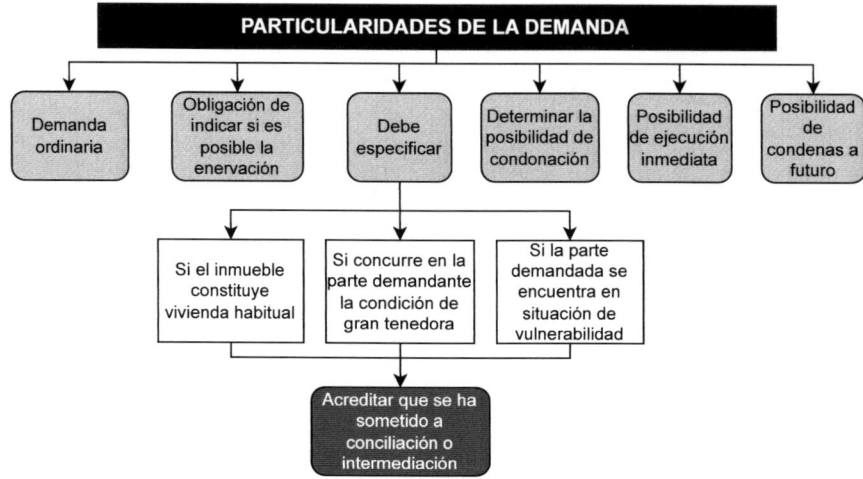

‖ Admisión de la demanda

La admisión de la demanda se efectuará a través de decreto del LAJ. El contenido del referido decreto, así como la citación de la parte demandada, será la genérica como en el resto de procesos que se tramiten por el cauce del juicio verbal, pero habrá que atender a los requisitos especiales para las demandas en las que se ejercite la pretensión de desahucio recogidos en el **artículo 438 en sus apartados 5 y 6 de la LEC**.

> **A TENER EN CUENTA.** Antes del 20 de marzo de 2024, fecha en la ha entrado en vigor la reforma operada por el Real Decreto-ley 6/2023, de 19 de diciembre, el contenido de los apartados 4 y 6 del art. 438, se encontraba recogido en los apartados 3 y 4 del artículo 440 de la LEC.

Cabe señalar que, mediante este proceso únicamente podrán reclamarse las cantidades debidas en cuanto al contrato de arrendamiento, pero sin entrar en otras cuestiones que deban de ser tramitadas por un proceso de carácter plenario, es decir, no pueden exponerse cuestiones complejas dentro de este proceso especial y sumario.

En este sentido la **sentencia de la Audiencia Provincial de Baleares n.º 215/2021, de 30 de abril, ECLI:ES:APIB:2021:966,** señala que **considera inadecuado el juicio de desahucio por falta de pago y por expiración del plazo,** argumentando que, **a lo largo del proceso salió a la luz una cuestión** compleja, es decir, una cuestión que revela la concurrencia de una situación en la que lo que enfrenta a las partes no es únicamente el pago o impago de las rentas, sino la existencia de relaciones contractuales cuyo examen y consecuencias exceden del marco del juicio de desahucio por falta de pago de las rentas.

‖ Requerimiento al demandado

El **requerimiento judicial de pago a la parte demandada es una de las especialidades básicas del proceso de desahucio.** En los casos en los que se ejercite la acción de desahucio por falta de pago de rentas o cantidades debidas, el LAJ, tras la admisión de la demanda y antes de la vista efectuará requerimiento a la parte demandada conforme a los previsto en el artículo 161 de la LEC, tal y como establece el artículo 438.5 de la LEC.

> **A TENER EN CUENTA.** Antes del 20 de marzo de 2024, fecha en la que ha entrado en vigor la reforma operada por el Real Decreto-ley 6/2023, de 19 de diciembre, el contenido del artículo 438.5 de la LEC, se encontraba recogido en el artículo 440.3 de la LEC.

Se requiere por tanto al demandado para que en el **plazo de 10 días**:

1. **Desaloje el inmueble.**
2. **Pague a la parte actora.**
3. **Enerve,** si procede, la acción de desahucio mediante el pago del importe total de las cantidades reclamadas en la demanda, poniendo las mismas a disposición del tribunal o de un notario.
4. Comparezca ante el tribunal y **formule oposición de manera sucinta,** restringiéndose las causas de oposición a que:

   a) **No debe,** en todo o en parte, la cantidad reclamada.

   b) O bien, **las circunstancias relativas a la procedencia de la enervación.**

‖ Citación para la vista

En el mencionado requerimiento se expresará día y hora para la celebración de la vista en caso de que se formule oposición por la parte demandada. Por lo tanto, constituye este requerimiento la propia citación y esta deberá contener los requisitos exigidos para las citaciones de los juicios verbales, previstas en el **artículo 440 de la LEC**.

Se informará a la parte demandada, además, de que en el caso de solicitar asistencia jurídica gratuita deberá hacerlo **dentro de los tres días siguientes a este requerimiento**.

De acuerdo con el **artículo 438.6 de la LEC**:

«(...) se apercibirá al demandado en el requerimiento que se le realice que, de no comparecer a la vista, se declarará el desahucio sin más trámites y que queda citado para recibir la notificación de la sentencia que se dicte el sexto día siguiente al señalado para la vista, presencialmente o a través de sede electrónica. Igualmente, en la resolución que se dicte teniendo por opuesto al demandado se fijará día y hora exacta para que tenga lugar, en su caso, el lanzamiento, que deberá verificarse antes de treinta días desde la fecha señalada para la vista, advirtiendo al demandado que, si la sentencia fuese condenatoria y no se recurriera, se procederá al lanzamiento en el día y la hora fijadas, sin necesidad de notificación posterior».

En relación con **la actividad probatoria**, se advertirá en este requerimiento a los litigantes de que han de concurrir con los medios de prueba de que intenten valerse, con la prevención de que si no asistieren y se propusiere y admitiere su declaración, podrán considerarse admitidos los hechos del interrogatorio conforme a lo dispuesto en el art. 304 de la LEC

Establece también el artículo 440 de la LEC que:

«(...) La citación indicará también a las partes que, en el plazo de los cinco días siguientes a la recepción de la citación, deben indicar las personas que, por no poderlas presentar ellas mismas, han de ser citadas por el Letrado de la Administración de Justicia a la vista para que declaren en calidad de parte, testigos o peritos. A tal fin, facilitarán todos los datos y circunstancias precisos para llevar a cabo la citación. En el mismo plazo de cinco días podrán las partes pedir respuestas escritas a cargo de personas jurídicas o entidades públicas, por los trámites establecidos en el artículo 381».

A TENER EN CUENTA. La Ley 12/2023, de 24 de mayo, por el derecho a la vivienda, añade un apartado 5 en el art. 440 de la LEC (entrada en vigor el 26/05/2023), si bien a partir del 20 de marzo de 2024, fecha en la que entra en vigor la reforma operada por el Real Decreto-ley 6/2023, de 19 de diciembre, el contenido del art. 440.5 de la LEC queda recogido en el segundo párrafo del art. 438.6 de la LEC. El tenor literal es el siguiente:

«En todos los casos de desahucio y en todos los decretos o resoluciones judiciales que tengan como objeto el señalamiento del lanzamiento, independientemente de que éste se haya intentado llevar a cabo con anterioridad, se deberá incluir el día y la hora exacta en los que tendrá lugar el mismo».

CUESTIÓN

En ausencia de la persona destinataria de la notificación, ¿la misma se podrá efectuar a terceras personas?

Sí, de acuerdo con el artículo 161.3 de la LEC podrá efectuarse la entrega en sobre cerrado a cualquier empleado o persona con la que conviva, mayor de catorce años, que se encuentre en ese lugar, o al conserje de la finca, si lo tuviere, advirtiendo al receptor que está obligado a entregar la copia de la resolución o la cédula al destinatario de esta, o darle aviso, si sabe su paradero, advirtiendo en todo caso al receptor de su responsabilidad en relación a la protección de los datos del destinatario. En este sentido se pronuncia la **Audiencia Provincial de Madrid en su sentencia n.º 366/2021, de 15 de octubre, ECLI:ES:APM:2021:12707**, que señala que para la comunicación realizada a un tercero pueda producir efectos deben cumplirse todos los requisitos esenciales de tal comunicación.

Una vez se dicta este requerimiento, se procederá a la notificación de la resolución de la parte demandada conforme a lo previsto en el **artículo 155 de la LEC**, común a todos los procesos arrendaticios, que ha sido objeto de modificación por el **Real Decreto-ley 6/2023, de 19 de diciembre**, en vigor desde el 20 de marzo de 2024.

Para los casos en los que **la comunicación no sea posible, la misma se hará a través de edictos en el tablón Edictal Único**, novedad introducida en el artículo 164 de la LEC por el citado **Real Decreto-ley 6/2023, de 19 de diciembre**.

La **sentencia del Tribunal Constitucional n.º 39/2018, de 25 de abril, ECLI:ES:TC:2018:39** considera que se ha producido una vulneración del derecho a la tutela judicial efectiva sin indefensión (artículo 24.1 de la Constitución Española) que se denuncia en la demanda de amparo, al no haber agotado el órgano judicial que conocía del procedimiento de desahucio los medios de averiguación del domicilio real de la demandada antes de proceder a la comunicación por edictos, cuando, en este caso además, constaba identificado el domicilio de la recurrente en los documentos aportados con la demanda.

A la vista de la anterior sentencia, cabe concluir que **la comunicación a través de edictos debe ser la forma de comunicación última, el juzgado debe** agotar todos los medios necesarios que estén a su alcance para intentar que sea efectiva la notificación personal al demandado, debiendo en todo caso ser subsidiaria la comunicación edictal recogida en el artículo 164 de la LEC.

Por otro lado, nos encontramos con casos de **ocultación fraudulenta del domicilio del demandado**, que consiste, en palabras de nuestro alto tribunal, en una **actuación maliciosa que comporte aprovechamiento deliberado de determinada situación**, llevada a cabo por el litigante vencedor, mediante actos procesales voluntarios que ocasionan una grave irregularidad procesal y originan indefensión (**sentencia del Tribunal Supremo n.º 427/2014, de 22 de julio, ECLI:ES:TS:2014:3178**) en las rentas debidas, la sentencia que ponga fin al procedimiento, sí que tendrán efectos de cosa juzgada.

8.2. Desahucio por expiración del plazo fijado contractualmente

El desahucio por expiración del plazo es un proceso en el que el arrendador pretende la **recuperación del inmueble a la finalización del plazo contractual** fijado por las partes o legalmente establecido.

Nos encontramos ante otro de los procesos de carácter declarativo a seguir dentro de la materia de arrendamientos, tramitado de igual modo por los cauces del juicio verbal ya que el apartado 1.1.º del artículo 250 de la Ley de Enjuiciamiento Civil dispone que:

> «1. Se decidirán en juicio verbal, cualquiera que sea su cuantía, las demandas siguientes:
>
> 1.º Las que versen sobre reclamación de cantidades por impago de rentas y cantidades debidas y las que, igualmente, con fundamento en el impago de la renta o cantidades debidas por el arrendatario, o en la expiración del plazo fijado contractual o legalmente, pretendan que el dueño, usufructuario o cualquier otra persona con derecho a poseer una finca rústica o urbana dada en arrendamiento, ordinario o financiero o en aparcería, recuperen la posesión de dicha finca».

Así pues, el desahucio por expiración del plazo contractual consiste en un proceso judicial habilitado para que el arrendador ejercite su derecho de recuperación del inmueble con ocasión del vencimiento del contrato.

Especialidades respecto al desahucio por expiración del plazo contractual

Tal y como hemos adelantado, el desahucio por expiración del plazo contractual será tramitado, en atención a la materia por los **cauces del juicio verbal** (artículo 250.1.1.º de la Ley de Enjuiciamiento Civil) y, al igual que los otros procesos de desahucio, este se encuentra sometido a las estipulaciones previstas en los artículos 437 a 447 de la LEC. Esta tipología de juicio de desahucio y el relativo al impago de rentas o cantidades debidas tienen prácticamente la misma regulación en la Ley de Enjuiciamiento Civil.

De igual modo, **el juzgado competente para conocer del procedimiento será el juzgado de primera instancia del lugar donde se encuentre el inmueble arrendado.**

Se encuentra **legitimado** activamente el arrendador y pasivamente el inquilino y, además, **la cuantía se determinará mediante la cuantificación de una anualidad de renta**, al preceptuar el apartado 9 del artículo 251 de la LEC que en los juicios sobre arrendamientos de bienes, salvo cuando se tenga por objeto la reclamación de rentas o cantidades debidas, la cuantía de la demanda será el importe de una anualidad de renta, cualquiera que sea la periodicidad con que ésta aparezca fijada en el contrato

Por lo que se refiere a la **acumulación de acciones**, si bien es cierto que el apartado 4 del artículo 437 de la LEC parte de la prohibición de acumulación objetiva de acciones en los juicios verbales, establece algunas excepciones, permitiéndose así, al igual que ocurría en el juicio de desahucio por falta de pago, la acumulación al juicio por expiración legal o contractual del plazo, las acciones en **reclamación de rentas o cantidades análogas vencidas y no pagadas**, con independencia de la cantidad que se reclame, así como, las **acciones ejercitadas contra el fiador o avalista solidario** previo requerimiento de pago no satisfecho.

CUESTIÓN

La acumulación incorrecta de acciones en el proceso de desahucio, ¿impedirá el examen de la petición principal?

No, en este sentido es doctrina constante y reiterada que, en su caso, la acumulación incorrecta de acciones no impide entrar en el examen de la principal, o la formulada en procedimiento adecuado, debiendo rechazarse exclusivamente el pronunciamiento sobre las demás acciones acumuladas indebidamente, sin que ello permita la no acogida global de la demanda, por cuanto el principio de congruencia del artículo 218 de la Ley 1/2000, de 7 de enero de Enjuiciamiento Civil, indudablemente impone el decidir sobre las pretensiones deducidas oportunamente en el pleito, que se enmarquen dentro del ámbito de su naturaleza (**SAP de Barcelona n.º 654/2018, de 5 de noviembre, ECLI:ES:APB:2018:10700**).

A TENER EN CUENTA. El art. 220.2 de la LEC recoge la posibilidad del demandante de interesar en la demanda que la sentencia, el auto o el decreto que se dicten en su momento incluyan la condena a satisfacer también las rentas debidas que se devenguen con posterioridad a la presentación de la demanda hasta la entrega de la posesión efectiva de la finca. En este caso, se tomará como base de la liquidación de las rentas futuras, el importe de la última mensualidad reclamada con la demanda.

RESOLUCIÓN RELEVANTE

Sentencia de la Audiencia Provincial de Melilla n.º 77/2021, de 23 de diciembre, ECLI:ES:APML:2021:168

«La propia ley acude la renta pactada como pauta para cuantificar la indemnización por los perjuicios derivados de la ocupación de la vivienda por el arrendatario contra la voluntad del arrendador una vez extinguido el contrato de arrendamiento.

En concreto, el artículo 220 número 2º de la LECiv., nos dice: ' En los casos de reclamaciones de rentas periódicas, cuando la acción de reclamación se acumule a la acción de desahucio por falta de pago o por expiración legal o contractual del plazo, y el demandante lo hubiere interesado expresamente en su escrito de demanda, la sentencia, el auto o el decreto incluirán la condena a satisfacer también las rentas debidas que se devenguen con posterioridad a la presentación de la demanda hasta la entrega de la posesión efectiva de la finca, tomándose como base de la liquidación de las rentas futuras, el importe de la última mensualidad reclamada al presentar la demanda'.

Desde el momento de la resolución o extinción del contrato de arrendamiento, debe abonarse por la ocupación indebida la renta pactada en el contrato correspondiente a la última mensualidad, ser la contraprestación convenida por las partes por

> *la utilización del inmueble y la imposibilidad del titular de poder disponer del mismo. En este sentido, sentencia núm. 3/2020 de 16 enero de la Audiencia Provincial de Madrid, sección 8ª o sentencia núm. 919/2019 de 22 julio de la Audiencia Provincial de Barcelona, sección 13ª».*

Dotar a este procedimiento de carácter de sumario implica necesariamente que la discusión se limite a los cauces propios de la acción:

1. Determinar la existencia del contrato de arrendamiento válido.

2. Determinar si nos encontramos ante un contrato en vigor o fuera de plazo.

De este modo, tal y como se establecía para el caso de desahucios por falta de pago, se establece la condonación de deuda en el apartado 3.º del artículo 437 de la LEC, precepto que señala que el demandante podrá anunciar en la demanda que asume el compromiso de condonar al arrendatario todo o parte de la deuda y de las costas, con expresión de la cantidad concreta, condicionándolo al **desalojo voluntario de la finca dentro del plazo que se indique por el arrendador, que no podrá ser inferior al plazo de quince días** desde que se notifique la demanda. Igualmente, podrá interesarse en la demanda que se tenga por solicitada la ejecución del lanzamiento en la fecha y hora que se fije por el juzgado a los efectos señalados en el apartado 3 del artículo 549 de la LEC.

Al igual que en el caso del desahucio por falta de pago, de acuerdo con el art. 447 de la LEC, en el caso de allanamiento de la parte demandada la resolución que homologue la transacción declarará que de no cumplirse con el plazo de desalojo establecido, ésta quedará sin efecto, y que se llevará a cabo el lanzamiento sin más trámite y sin notificación alguna al condenado, en el día y hora fijadas en la citación si ésta es de fecha posterior, o en el día y hora que se señale en dicha resolución.

En lo relativo a la admisión de la demanda y contestación, se atenderá del mismo modo que en el caso de desahucio por falta de pago a lo dispuesto en el artículo 438 de la LEC y se realizará mediante lo expuesto en cuanto al régimen de notificaciones.

A TENER EN CUENTA. El Real Decreto-ley 6/2023, de 19 de diciembre, con entrada en vigor el 20 de marzo de 2024, ha modificado el artículo 438 de la LEC. Por lo tanto, en base a dicha modificación, y a partir de la citada fecha, el tenor literal del precepto quedó como sigue:

Artículo 438. Admisión de la demanda y contestación. Reconvención.

«1. El letrado o letrada de la Administración de Justicia, examinada la demanda, la admitirá por decreto o dará cuenta de ella al tribunal en los supuestos del artículo 404 para que resuelva lo que proceda. Admitida la demanda, dará traslado de ella al demandado para que la conteste por escrito en el plazo de diez días conforme a lo dispuesto para el juicio ordinario. Si el demandado no compareciere en el plazo otorgado será declarado en rebeldía conforme al artículo 496.

En los casos en que sea posible actuar sin abogado ni procurador, se indicará así en el decreto de admisión y se comunicará al demandado que están a su disposición en el órgano judicial correspondiente o en la sede judicial electrónica unos formularios o impresos normalizados, que puede emplear para la contestación a la demanda.

2. En ningún caso se admitirá reconvención en los juicios verbales que, según la ley, deban finalizar por sentencia sin efectos de cosa juzgada.

En los demás juicios verbales se admitirá la reconvención siempre que no determine la improcedencia del juicio verbal y exista conexión entre las pretensiones de la reconvención y las que sean objeto de la demanda principal. Admitida la reconvención se regirá por las normas previstas en el juicio ordinario, salvo el plazo para su contestación que será de diez días.

3. El demandado podrá oponer en la contestación a la demanda un crédito compensable, siendo de aplicación lo dispuesto en el artículo 408. Si la cuantía de dicho crédito fuese superior a la que determine que se siga el juicio verbal, el tribunal tendrá por no hecha tal alegación en la vista, advirtiéndolo así al demandado, para que use de su derecho ante el tribunal y por los trámites que correspondan.

4. En los casos del numeral 7.º del apartado 1 del artículo 250, en el emplazamiento para contestar la demanda se apercibirá a la persona demandada de que, en caso de no contestar, se dictará sentencia acordando las actuaciones que, para la efectividad del derecho inscrito, hubiere solicitado el actor. También se apercibirá al demandado, en su caso, de que la misma sentencia se dictará si contesta, pero no presta caución, en cualquiera de las formas previstas en el párrafo segundo del apartado 2 del artículo 64, en la cuantía que, tras oírle, el tribunal determine, dentro de la solicitada por el actor.

5. En los casos de demandas en las que se ejercite la pretensión de desahucio por falta de pago de rentas o cantidades debidas, acumulando o no la pretensión de condena al pago de las mismas, el letrado o letrada de la Administración de Justicia, tras la admisión, y previamente a la vista que se señale, requerirá a la persona demandada para que, en el plazo de diez días, desaloje el inmueble, pague al actor o, en caso de pretender la enervación, pague la totalidad de lo que deba o ponga a disposición de aquel en el tribunal o notarialmente el importe de las cantidades reclamadas en la demanda y el de las que adeude en el momento de dicho pago enervador del desahucio; o en otro caso comparezca ante éste y alegue sucintamente, formulando oposición, las razones por las que, a su entender, no debe, en todo o en parte, la cantidad reclamada o las circunstancias relativas a la procedencia de la enervación.

Si el demandante ha expresado en su demanda que asume el compromiso a que se refiere el apartado 3 del artículo 437, se le pondrá de manifiesto en el requerimiento, y la aceptación de este compromiso equivaldrá a un allanamiento con los efectos del artículo 21.

Además, el requerimiento expresará el día y la hora que se hubieran señalado para que tengan lugar la eventual vista en caso de oposición del demandando, para la que servirá de citación, y el día y la hora exactos para la práctica del lanzamiento en caso de que no hubiera oposición. Asimismo, se expresará que en caso de solicitar asistencia jurídica gratuita el demandado, deberá hacerlo en los tres días siguientes a la práctica del requerimiento, así como que la falta de oposición al requerimiento supondrá la prestación de su consentimiento a la resolución del contrato de arrendamiento que le vincula con el arrendador.

El requerimiento se practicará en la forma prevista en el artículo 161, teniendo en cuenta las previsiones contenidas en apartado 3 del artículo 155 y en el último párrafo del artículo 164, apercibiendo al demandado de que, de no realizar ninguna de las actuaciones citadas, se procederá a su inmediato lanzamiento, sin necesidad de notificación posterior, así como de los demás extremos comprendidos en el apartado siguiente de este mismo artículo.

Si el demandado no atendiere el requerimiento de pago o no compareciere para oponerse o allanarse, el letrado o letrada de la Administración de Justicia dictará decreto dando por terminado el juicio de desahucio y se procederá al lanzamiento en el día y la hora fijadas.

Si el demandado atendiere el requerimiento en cuanto al desalojo del inmueble sin formular oposición ni pagar la cantidad que se reclamase, el letrado o letrada de la Administración de Justicia lo hará constar, y dictará decreto dando por terminado el procedimiento, y dejando sin efecto la diligencia de lanzamiento, a no ser que la parte demandante interese su mantenimiento para que se levante acta sobre el estado en que se encuentre la finca, dando traslado a la parte demandante para que inste el despacho de ejecución en cuanto a la cantidad reclamada, bastando para ello con la mera solicitud.

En los dos supuestos anteriores, el decreto dando por terminado el juicio de desahucio impondrá las costas al demandado e incluirá las rentas debidas que se devenguen con posterioridad a la presentación de la demanda hasta la entrega de la posesión efectiva de la finca, tomándose como base de la liquidación de las rentas futuras el importe de la última mensualidad reclamada al presentar la demanda. Si el demandado formulara oposición, se celebrará la vista en la fecha señalada.

6. En todos los casos de desahucio, también **se apercibirá al demandado en el requerimiento que se le realice que, de no comparecer a la vista, se declarará el desahucio sin más trámites** y que queda citado para recibir la notificación de la sentencia que se dicte el sexto día siguiente al señalado para la vista, presencialmente o a través de sede electrónica. Igualmente, **en la resolución que se dicte teniendo por opuesto al demandado se fijará día y hora exacta para que tenga lugar, en su caso, el lanzamiento,** que deberá verificarse antes de treinta días desde la fecha señalada para la vista, advirtiendo al demandado que, si la sentencia fuese condenatoria y no se recurriera, se procederá al lanzamiento en el día y la hora fijadas, sin necesidad de notificación posterior.

En todos los casos de desahucio y en todos los decretos o resoluciones judiciales que tengan como objeto el señalamiento del lanzamiento, independientemente de que este se haya intentado llevar a cabo con anterioridad, se deberá incluir el día y hora exacta en que tendrá lugar el mismo.

7. Tratándose de un caso de recuperación de la posesión de una vivienda a que se refiere el párrafo segundo del numeral 4.º del apartado 1 del artículo 250, si el demandado o demandados no contestaran a la parte

demanda en el plazo legalmente previsto, se procederá de inmediato a dictar sentencia. La sentencia estimatoria de la pretensión permitirá su ejecución, previa solicitud del demandante, sin necesidad de que transcurra el plazo de veinte días previsto en el artículo 548.

8. El demandado, en su escrito de contestación, deberá pronunciarse, necesariamente, sobre la pertinencia de la celebración de la vista. Igualmente, el demandante deberá pronunciarse sobre ello, en el plazo de tres días desde el traslado del escrito de contestación. Si ninguna de las partes la solicitase y el tribunal no considerase procedente su celebración, dictará sentencia sin más trámites.

En todo caso, bastará con que una de las partes lo solicite para que el Letrado de la Administración de Justicia señale día y hora para su celebración, dentro de los cinco días siguientes. No obstante, en cualquier momento posterior, previo a la celebración de la vista, cualquiera de las partes podrá apartarse de su solicitud por considerar que la discrepancia afecta a cuestión o cuestiones meramente jurídicas. En este caso se dará traslado a la otra parte por el plazo de tres días y, transcurridos los cuales, si no se hubieren formulado alegaciones o manifestado oposición, quedarán los autos conclusos para dictar sentencia si el tribunal así lo considera».

Debemos señalar que nos encontramos, tal y como establece el art. 447 de la LEC, ante un proceso, que al igual que el desahucio por impago de rentas, no producirá efectos de cosa juzgada, excluyéndose pues, y de forma lógica, la reconvención.

En idéntico sentido que el desahucio por impago, se regula la ejecutividad con carácter directo, no siendo pues necesario esperar el plazo de los 20 días de la firmeza de la resolución condenatoria previsto en el artículo 548 de la LEC. De modo que será suficiente la solicitud de su ejecución en la demanda de desahucio para la ejecución directa de las resoluciones que pongan fin al mismo, sin necesidad de más trámites para proceder al lanzamiento en el día y hora exacta señalados en la propia sentencia o en el día y hora exacta que se hubiera fijado al ordenar la realización del requerimiento al demandado, cuando así se haya solicitado en el escrito de demanda, todo ello en base a lo establecido en el artículo 549 en sus apartados 3 y 4 de la LEC.

CUESTIÓN

Cuando se trate de vivienda habitual ¿se puede proceder al lanzamiento directamente?

No, en estos casos el art. 549.4 establece que cuando se trate de vivienda habitual, con carácter previo al lanzamiento deberá haberse procedido en los términos de los apartados 5, 6 y 7 del artículo 441 de la LEC.

A TENER EN CUENTA. El art. 549.3 de la LEC ha sido modificado por la Ley 12/2023, de 24 de mayo, por el derecho a la vivienda, en vigor desde el 26 de mayo del 2023. A su vez, el Real Decreto-ley 6/2023, de 19 de diciembre, en vigor desde el 20 de marzo de 2024, también modifica este precepto, eliminando, en el apartado tercero, la referencia al artículo 440.5 de la LEC, artículo también modificado por el citado real decreto-ley.

8.3. Recursos en materia arrendaticia

El derecho a recurrir en los procesos de desahucio se encuentra regulado en el **artículo 449.1 de la LEC**:

> «1. En los procesos que lleven aparejado el lanzamiento, no se admitirán al demandado los recursos de apelación o casación si, al interponerlos, no manifiesta, acreditándolo por escrito, tener satisfechas las rentas vencidas y las que con arreglo al contrato deba pagar adelantadas».

A TENER EN CUENTA. El artículo 449.1 de la LEC se ha visto afectado por la reforma operada por el Real Decreto-ley 6/2023, de 19 de diciembre, con entrada en vigor el 20 de marzo de 2024. A raíz de la reforma, se elimina la referencia en el referido artículo al recurso extraordinario por infracción procesal.

Nos encontramos, por tanto, ante una gran especialidad en materia de recursos para los procesos de desahucio, según la cual, **para que se admita el recurso de apelación o el de casación, es necesario que se cumplan los siguientes requisitos:**

1. Se exige manifestar, **acreditándolo por escrito, tener satisfechas las rentas vencidas** y las que con arreglo al contrato deba pagar por adelantado.

2. **La sustanciación exige que el demandado recurrente pague los plazos que venzan o los que deban adelantar** y, en caso contrario, los recursos quedarán desiertos.

Es posible que el demandado consigne el pago de varios períodos no vencidos, los cuales se sujetarán a liquidación una vez firme la sentencia, sin que puedan ser considerados novación del contrato.

Con la interposición del recurso deberá acreditarse el pago de estas cantidades, como requisito necesario para su admisibilidad. **Será competente el LAJ que conoció del asunto para determinar la validez de estos documentos y acordar la admisión o inadmisión del recurso.** Es una obligación exigida por la jurisprudencia, como por ejemplo, en el **auto del Tribunal Supremo, rec. 2365/2003, de 3 de mayo de 2007, ECLI:ES:TS:2007:5367A,** que reza como sigue: *«(...) No cabe otra conclusión al advertir que los tres apartados 1°, 2° y 6° del art. 449 LEC regulan el requisito especial exigido al demandado en un procedimiento que lleve aparejado el lanzamiento de acreditar, en el momento de la preparación del recurso, que ha satisfecho las rentas vencidas y las que deba pagar por adelantado, así como las consecuencias de su incumplimiento; (...)».*

Además, en este sentido también cabe hacer mención al **auto del Tribunal Supremo, rec. 124/2004, de 10 de abril de 2007, ECLI:ES:TS:2007:3772A,** que señala:

> «1.- Conviene iniciar esta resolución recordando que esta Sala ha reiterado, que la necesaria consignación para recurrir, prevista en el art 449.1 y 2 LEC 2000, no constituye un mero requisito formal sino una exigencia

sustantiva o esencial, cuya finalidad es asegurar los intereses de quien ha obtenido una Sentencia favorable, debiendo interpretarse tal requisito, sin embargo, de una manera finalista o teleológica atendiendo tanto a la propia finalidad que con su imposición persigue el legislador, que no es otra que asegurar que el sistema de los recursos no sea utilizado como instrumento dilatorio (SSTC 46/89 y 31/92), como al principio de interpretación de las normas procesales en el sentido más favorable a la efectividad del derecho a la tutela judicial efectiva y a la regla general del art. 11.3 LOPJ (SSTC 12 y en aplicación de la misma doctrina constitucional ha venido a distinguir entre el hecho del pago o consignación, en el momento procesal oportuno, y el de su prueba o acreditación, permitiendo la subsanación de la falta de ésta última cuando no se hubiese facilitado justificación de ese extremo, por ser éste un requisito formal susceptible de tal cosa, que sólo puede fundar una resolución de inadmisión del recurso previa la concesión de un plazo para la subsanación sin que se hubiera cumplido con el mencionado requisito (SSTC 344/93, 346/93 y 100/95), lo que no cabe decir del hecho del pago o consignación en sí mismo, que constituye un requisito esencial para acceder a los recursos que no cabe reputar desproporcionado, atendidos los fines a los que está ordenado (cf. SSTC 104/84, 90/86, 87/92, 214/93, 344/93, 346/93, 249/94, 100/95 y 26/96, entre otras)».

La ausencia de pago o falta de consignación de dichas rentas debidas al tiempo de la presentación del recurso implica su inadmisión por ausencia de un requisito esencial, decretándose de manera automática la firmeza de la sentencia que pretendía ser recurrida. No obstante, los tribunales vienen admitiendo la posibilidad de subsanar este requisito cuando se haya producido el pago o consignación, pero el defecto consista en su falta de acreditación, mediante la concesión de un plazo para ello, en este sentido se pronuncia el auto del Tribunal Supremo antes referenciado

En el mismo sentido, cabe citar la sentencia del Tribunal Constitucional n.º 197/2005, de 18 de julio, ECLI:ES:TC:2005:197:

«(...) la condición del pago o consignación de rentas vencidas al tiempo de la interposición del recurso o de las que vayan venciendo durante su tramitación, según lo dispuesto en los arts. 1566 y 1567 LEC 1881 (en la actualidad en el art. 449.1 y 2 de la Ley 1/2000), no constituye un formalismo desproporcionado sino que representa una exigencia esencial para el acceso y la sustanciación de los recursos. Ello se justifica por la propia finalidad de la imposición legal de tal requisito procesal, que es el asegurar los intereses del arrendador que ha obtenido una Sentencia favorable, evitando que el arrendatario se valga del sistema de recursos que la Ley concede como medio para continuar en el goce del inmueble arrendado sin satisfacer la contraprestación de la renta, convirtiendo así el recurso en una maniobra dilatoria del lanzamiento en perjuicio del arrendador (STC 204/1998, de 26 de diciembre, y las allí citadas)».

Al utilizar el artículo 449.1 de la LEC la locución «procesos que llevan aparejado el lanzamiento», se refiere tanto a la acción de desahucio como tal, que pretende tan solo la recuperación de la posesión de la finca, como a la acción acumulada de reclamación de las rentas o cantidades análogas vencidas y no pagadas. Así pues, se mantiene la necesidad de consignar cuando se interese interponer recurso de apelación en las siguientes modalidades:

a) Tanto contra sentencia dictada por los trámites del juicio verbal reclamado el desahucio y subsiguiente lanzamiento por la vía del artículo 250.1 de la ley (desahucio exclusivamente).

b) Contra sentencia en proceso acumulado por los trámites del juicio verbal interesando desahucio y reclamación de rentas.

c) Contra sentencia en proceso ordinario en el que se condena al arrendatario al desalojo de la finca arrendada.

En definitiva, la norma se aplicará a los procesos del **apartado 1.º del artículo 250 de la LEC**, es decir, a los juicios que tengan por objeto la recuperación de una finca rústica o urbana dada en arrendamiento, ordinario o financiero, cuando la demanda tenga por fundamento el impago de la renta o cantidades debidas por el arrendatario. También debe extenderse a las acciones de desahucio por expiración del término; pero no a las acciones de desahucio por precario.

En cuanto a **los casos en que solamente se recurre por la demandada la acción de reclamación de rentas, aquietándose a la condena de desahucio, y siempre que ese aquietamiento no sea meramente formal y el arrendatario apelante haga entrega de la vivienda al actor, tampoco procederá la exigencia de este requisito procesal. En caso contrario, esto es, si a pesar de solamente recurrir la condena pecuniaria, se mantiene la ocupación parece razonable que haya de serle exigible la satisfacción de las rentas para recurrir, pues en otro caso estaría defraudando la finalidad del requisito del art 449.1 de la LEC**. A este respecto cabe mencionar el **auto de la Audiencia Provincial de Madrid n.º 371/2018, de 23 de noviembre, ECLI:ES:APM:2018:4745A, la sentencia de la Audiencia Provincial de Baleares n.º 127/2011, de 24 de marzo, ECLI:ES:APIB:2011:516 y la sentencia de la Audiencia Provincial de Ciudad Real n.º 20/2016, de 4 de febrero, ECLI:ES:APCR:2016:109.**

Recurso de queja

De acuerdo con el **artículo 494 de la LEC**, no cabe recurso de queja en los procesos de desahucio ya que no tienen consideración de cosa juzgada conforme a lo dispuesto en el **artículo 447.2 de la LEC**.

Artículo 494 de la LEC

«Contra los autos en que el tribunal que haya dictado la resolución denegare la tramitación de un recurso de casación, se podrá interponer recurso de queja ante el órgano al que corresponda resolver del recurso no tramitado. Los recursos de queja se tramitarán y resolverán con carácter preferente.

No procederá el recurso de queja en los procesos de desahucios de finca urbana y rústica, cuando la sentencia que procediera dictar en su caso no tuviese la consideración de cosa juzgada».

A TENER EN CUENTA. El artículo 494 de la LEC ha sido objeto de reforma por el Real Decreto-ley 6/2023, de 19 de diciembre, con entrada en vigor el 20 de marzo de 2024. Antes de la entrada en vigor de la referida reforma se podía interponer recurso de queja contra los autos denegatorios de un recurso de apelación, extraordinario por infracción procesal o casación.

RESOLUCIÓN RELEVANTE

Auto de la Audiencia Provincial de Málaga n.º 343/2021, de 15 de septiembre, ECLI:ES:APMA:2021:1477A

«La finalidad del recurso de queja no es la de valorar la pertinencia o no del pronunciamiento contra el que se pretende recurrir en apelación, sino si procede o no inadmitir este recurso, y en el presente tal cuestión debe responderse refiriendo que no cabe la admisión de la apelación y que por ello debe desestimarse la queja. La Ley de Enjuiciamiento Civil en su artículo . 455.1 LEC, dispone que sólo son apelables las sentencias dictadas en toda clase de juicio, los autos definitivos y aquellos otros que la ley expresamente señale, con excepción de las sentencias dictadas en los juicios verbales por razón de la cuantía cuando ésta no supere los 3000 €. En consecuencia, contra la resolución que ahora se pretende recurrir sólo cabría recurso de apelación si fuese definitiva, —lo que no es el caso—, toda vez que no se trata de un auto definitivo, porque según el art. 207.1 LEC sólo son resoluciones definitivas las que ponen fin a la primera instancia y las que decidan los recursos interpuestos contra ellas, lo que no concurre en la que ahora pretende apelarse, porque es obvio que no pone fin a la primera instancia. Esta Sala así lo viene manteniendo en reiteradas ocasiones al resolver recursos de queja ha venido manteniendo, que conforme a lo establecido en el artículo 494 de la Ley de Enjuiciamiento Civil, no tiene otro objeto que la revisión de la resolución que deniega la tramitación de un recurso de apelación -o, en su caso, de casación o extraordinario por infracción procesal-, por parte del órgano competente para la resolución de tal recurso. Es decir, queda por tanto circunscrito, única y exclusivamente, al control sobre la corrección o incorrección de tal denegación, no siendo apto dicho recurso para deducir cualquier otra pretensión. La parte recurrente insiste en la procedencia de la admisión del incidente de nulidad de actuaciones interesada por los motivos expuestos, poniendo de relieve las razones por las que entiende esta procede, efectuando una amplia documentación de las razones por las que procede no solo la admisión a trámite sino asimismo la nulidad interesada. A estos efectos hemos de traer a colación, como según se deriva del artículo 494 de la LEC, el recurso de queja constituye un medio de impugnación devolutivo, que podrá interponerse contra los Autos en que un Tribunal que hubiere dictado la resolución rechace la sustanciación de un recurso de apelación, extraordinario por infracción procesal o casación, sin que pueda extenderse la función revisora a ningún otro supuesto; y en el presente caso, lo que se recurre en queja no es un auto que deniegue la tramitación de un recurso de apelación, sino una providencia. En definitiva, encontrándonos en el campo del recurso de queja, la Sala debe limitarse a examinar si procede o no la queja como primer presupuesto, y lo que no se puede es interponer una queja, y así de conformidad con el texto del artículo 494 de la Ley de Enjuiciamiento Civil, la conclusión de este preceptos es que por la naturaleza de la resolución sobre la que se intenta la queja, no existe precepto legal que expresamente permita este recurso contra la citada resolución, ni tampoco regla general en este sentido».

Ejecución en el proceso arrendaticio

Para abordar la ejecución en este proceso arrendaticio, debemos acudir a lo previsto en el **artículo 549 de la LEC**:

«3. En la sentencia condenatoria de todos los tipos de desahucio, o en los decretos que pongan fin al referido desahucio si no hubiera oposición al requerimiento, la solicitud de su ejecución en la demanda de desahucio será suficiente para la ejecución directa de dichas resoluciones, sin necesidad de ningún otro trámite para proceder al lanzamiento en el día y hora exacta señalados en la propia sentencia o en el día y hora exacta que se hubiera fijado al ordenar la realización del requerimiento al demandado.

4. El plazo de espera legal al que se refiere el artículo anterior no será de aplicación en la ejecución de resoluciones de condena de desahucio por falta de pago de rentas o cantidades debidas, o por expiración legal o contractual del plazo, que se regirá por lo previsto en tales casos.

No obstante, cuando se trate de vivienda habitual, con carácter previo al lanzamiento deberá haberse procedido en los términos de los apartados 5, 6 y 7 del artículo 441 de esta ley».

> **A TENER EN CUENTA.** El art. 549 en sus apartados 3 y 4 de la LEC ha sido modificado por la Ley 12/2023, de 24 de mayo, por el derecho a la vivienda, con entrada en vigor el 26 de mayo de 2023. Asimismo, el apartado 3 sufre otra modificación, en esta ocasión, por el Real Decreto-ley 6/2023, de 19 de diciembre, con entrada en vigor el 20 de marzo de 2024.

Con motivo de la reforma del Real Decreto-ley 7/2019, de 1 de marzo, se hace una **mención especial al caso de la vivienda habitual**. Cuando se trate de una vivienda habitual y **el hogar afectado se encuentre en situación de vulnerabilidad social y/o económica**, se establece que previamente al lanzamiento, el juzgado debe haber procedido en los términos del artículo 441.5 de la LEC:

«5. En los casos de los números 1.º, 2.º, 4.º y 7.º del apartado 1 del artículo 250, siempre que el inmueble objeto de la controversia constituya la vivienda habitual de la parte demandada, se informará a esta, en el decreto de admisión a trámite de la demanda, de la posibilidad de acudir a las Administraciones Públicas autonómicas y locales competentes en materia de vivienda, asistencia social, evaluación e información de situaciones de necesidad social y atención inmediata a personas en situación o riesgo de exclusión social. La información deberá comprender los datos exactos de identificación de dichas Administraciones y el modo de tomar contacto con ellas, a efectos de que puedan apreciar la posible situación de vulnerabilidad de la parte demandada.

Sin perjuicio de lo dispuesto en el párrafo anterior, se comunicará inmediatamente y de oficio por el Juzgado la existencia del procedimiento a las Administraciones autonómicas y locales competentes en materia de vivienda, asistencia social, evaluación e información de situaciones de necesidad social y atención inmediata a personas en situación o riesgo de exclusión social, a fin de que puedan verificar la situación de vulnerabilidad y, de existir esta, presentar al Juzgado propuesta de alternativa de vivienda digna en alquiler social a proporcionar por la Administración competente para ello y propuesta de medidas de atención inmediata a adoptar igualmente por la Administración competente, así como de las posibles ayudas económicas y subvenciones de las que pueda ser beneficiaria la parte demandada.

En caso de que estas Administraciones Públicas confirmasen que el hogar afectado se encuentra en situación de vulnerabilidad económica y, en su caso, social, se notificará al órgano judicial a la mayor brevedad y en todo caso en el plazo máximo de diez días.

En los casos previstos por los apartados 6 y 7 del artículo 439, cuando la parte actora sea una gran tenedora de vivienda y hubiera presentado junto con la demanda documento acreditativo de la vulnerabilidad de la parte demandada, en el oficio a las Administraciones públicas competentes se hará constar esta circunstancia a efectos de que efectúen directamente, en el mismo plazo, la propuesta de medidas de atención inmediata a adoptar, así como de las posibles ayudas económicas y subvenciones de las que pueda ser beneficiaria la parte demandada y las causas, que, en su caso, han impedido su aplicación con anterioridad.

Recibida dicha comunicación o transcurrido el plazo, el letrado o letrada de la Administración de Justicia dará traslado a las partes para que en el plazo de cinco días puedan instar lo que a su derecho convenga, procediendo a suspender la fecha prevista para la celebración de la vista o para el lanzamiento, de ser necesaria tal suspensión por la inmediatez de las fechas.».

> **A TENER EN CUENTA.** El art. 441.5 de la LEC ha sido modificado por la Ley 12/2023, de 24 de mayo, por el derecho a la vivienda, con entrada en vigor el 26 de mayo de 2023.

En este sentido, resulta interesante la **sentencia de la Audiencia Provincial de Girona n.º 326/2021, de 22 de julio, ECLI:ES:APGI:2021:806**, que señala que: «*El Real-Decreto-ley 7/2019, de 1 de marzo, de medidas urgentes en materia de vivienda y alquiler introdujo un nuevo apartado 5 en el artículo 441 LEC en relación a los casos del número 1º del artículo 250.1LEC, imponiendo al juzgado el deber de informar a quien haya sido demandado por falta de pago de un contrato de alquiler, de la posibilidad de acudir a servicios sociales, y que incluye la suspensión del procedimiento por plazo de 1 a 3 meses mientras los servicios sociales adoptan las medidas que estimen oportunas, pero que se limita a quienes son poseedores de una vivienda por título legítimo de alquiler (art. 250.1º.1 LEC), y no se hace extensiva a supuestos como el de autos de ocupación de la vivienda sin título alguno (art. 250.1.2º LEC)*».

En los casos en los que se trate de un proceso de **desahucio por falta de pago de rentas o por expiración de plazo no será necesario esperar el plazo de veinte días que establece el artículo 548 de la LEC.** Además, no es necesario que se solicite posteriormente la ejecución una vez obtenida sentencia condenatoria si se ha solicitado previamente en el escrito de demanda.

El lanzamiento tendrá lugar el día y hora señalados en la propia sentencia en el caso de que haya existido oposición por la parte demandada. En el caso de que no existiera oposición, el lanzamiento tendrá **lugar en la fecha y hora señalado en el decreto de requerimiento de pago al inquilino del inmueble.**

De acuerdo con el **artículo 703.4 de la LEC** en el caso de que la finca se entregare con anterioridad a la fecha señalada en el requerimiento, tras ser acreditado por el arrendador en sede judicial, se dictará decreto declarando ejecutada la sentencia, salvo que, tal y como expusimos, el arrendatario interese su mantenimiento para que se levante acta de cómo se encuentra la finca:

> «4. Si con anterioridad a la fecha fijada para el lanzamiento, en caso de que el título consista en una sentencia dictada en un juicio de desahucio de finca urbana, se entregare la posesión efectiva al demandante, acreditándolo el arrendador ante el Letrado de la Administración de Justicia encargado de la ejecución, se dictará decreto declarando ejecutada la sentencia y cancelando la diligencia, a no ser que el demandante interese su mantenimiento para que se levante acta del estado en que se encuentre la finca».

En este sentido, es interesante el **auto de la Audiencia Provincial de Salamanca n.º 128/2017, de 26 de junio, ECLI:ES:APSA:2017:337A,** el cual dispone:

> «En el presente caso, **la finca que debe ser entregada se naturaleza rústica, pero el supuesto es análogo perfectamente al del citado artículo 703.4,** ya que, como ya se ha dicho, el aquí ejecutado al presentar su escrito de oposición a la ejecución manifestó que desde el allanamiento a la demanda de desahucio por precario había entregado la posesión efectiva de la finca al demandante. Ahora bien, lo cierto es que, como se alega por la parte ejecutante, en el escrito de allanamiento a la demanda de desahucio por precario el demandado en modo alguno dijo que hubiese dejado la finca a disposición del demandante, ni tampoco acreditó dicho abandono y entrega efectiva de la finca. Es más, de haberlo hecho así no tendría sentido que la sentencia donde se juzgó tal allanamiento y se le impusieron las costas al demandado allanado, no sólo se declarase estimada la acción de desahucio, sino que también se condenase al demandado a dejar la finca expedita y a disposición del demandante, con apercibimiento de lanzamiento. Es más, en tal caso, ante tal apercibimiento de lanzamiento el demandado debería haber solicitado una aclaración al juzgado a los efectos de que se hiciese constar que la finca ya había sido entregada por él al actor»

ANEXO I.
CASOS PRÁCTICOS

Caso práctico | Actualización de rentas de alquiler pasadas según IPC

PLANTEAMIENTO

Una persona es arrendataria de una vivienda desde el 1 de febrero de 2021. En el contrato de alquiler suscrito entre las partes se determina que la renta será actualizada cada año conforme al IPC correspondiente.

El contrato tiene una duración de 1 año, pero se entiende prorrogado (al ser el arrendador persona física) por plazos anuales hasta alcanzar los 5 años de duración, conforme a lo establecido en el artículo 9 de la LAU.

Tras transcurrir un año del arrendamiento, el arrendador no le notifica al arrendatario la actualización anual de la renta conforme al IPC. Sin embargo, a punto de cumplir el segundo año, el arrendador le notifica el 1 de enero de 2023 la actualización de la renta conforme al IPC, pero acumulando la subida del año anterior y que no fue notificada.

- ¿Podrá acumular la actualización de rentas el arrendador?
- ¿Podrá reclamar, el arrendador al arrendatario, retroactivamente las cantidades correspondientes a los meses anteriores a los que no le aplicó la subida del IPC?

RESPUESTA

A TENER EN CUENTA. Debemos precisar que por la publicación la Ley 12/2023, de 24 de mayo, por el derecho a la vivienda, con entrada en vigor el 26/05/2023, se modifica el artículo 46 del Real Decreto-ley 6/2022, de 29 de marzo, relativo a la limitación extraordinaria de la actualización anual de la renta de los contratos de arrendamiento de vivienda.

Para aquellos contratos de arrendamiento de vivienda que cumplan la correspondiente anualidad dentro del periodo comprendido entre el 31/03/2022 y el 31/12/2023, el arrendatario podrá negociar con el arrendador el incremento de la renta de la siguiente manera:

Arrendador es gran tenedor: Incremento según nuevo pacto entre partes sin que pueda exceder del resultado de aplicar la variación anual del Índice de Garantía de Competitividad a fecha de dicha actualización, tomando como mes de referencia para la actualización el que corresponda al último índice que estuviera publicado en la fecha de actualización del contrato. En ausencia de este nuevo pacto entre las partes, el incremento de la renta quedará sujeto a esta misma limitación.

¡Ojo! Máximo un 2 %.

Arrendador no es gran tenedor: Incremento de la renta será el que del nuevo pacto entre las partes. En ausencia de este nuevo pacto entre las partes, el incremento de la renta no podrá exceder del resultado de aplicar la variación anual del Índice de Garantía de Competitividad a fecha de dicha actualización, tomando como mes de referencia para la actualización que corresponda al último índice que estuviera publicado en la fecha de actualización del contrato.

¡Ojo! Si no hay acuerdo entre partes: máximo un 2 %.

El artículo 18 de la Ley de Arrendamientos Urbanos es el encargado de determinar cómo se debe proceder para la actualización de la renta en los arrendamientos de vivienda, disponiendo lo siguiente:

«1. Durante la vigencia del contrato, la renta solo podrá ser actualizada por el arrendador o el arrendatario en la fecha en que se cumpla cada año de vigencia del contrato, en los términos pactados por las partes. En defecto de pacto expreso, no se aplicará actualización de rentas a los contratos.

En caso de pacto expreso entre las partes sobre algún mecanismo de actualización de valores monetarios que no detalle el índice o metodología de referencia, la renta se actualizará para cada anualidad por referencia a la variación anual del Índice de Garantía de Competitividad a fecha de cada actualización, tomando como mes de referencia para la actualización el que corresponda al último índice que estuviera publicado en la fecha de actualización del contrato.

En todo caso, el incremento producido como consecuencia de la actualización anual de la renta no podrá exceder del resultado de aplicar la variación porcentual experimentada por el Índice de Precios al Consumo a fecha de cada actualización, tomando como mes de referencia para la actualización el que corresponda al último índice que estuviera publicado en la fecha de actualización del contrato.

2. La renta actualizada será exigible al arrendatario a partir del mes siguiente a aquel en que la parte interesada lo notifique a la otra parte por escrito, expresando el porcentaje de alteración aplicado y acompañando, si el arrendatario lo exigiera, la oportuna certificación del Instituto Nacional de Estadística.

Será válida la notificación efectuada por nota en el recibo de la mensualidad del pago precedente».

El arrendador **podrá acumular las actualizaciones correspondientes a los dos años de contrato,** aunque en la primera revisión tras cumplir un año de contrato no se lo hubiera notificado y repercutido al arrendatario. Sin embargo, **no podrá reclamar con efectos retroactivos la revisión de la renta,** es decir, no podrá solicitar el pago de los atrasos, ya que la **solicitud de actualización de la renta tiene efectos** *ex nunc,* **por lo que, no resulta admisible reclamar con carácter retroactivo la revisión de la renta.**

A tenor de lo dispuesto en la **sentencia de la AP de Badajoz, n.º 112/2011, de 31 de marzo, ECLI:ES:APBA:2011:321:**

«Por otra parte, **los efectos de la actualización no puede tener efecto retroactivo,** sino que la revisión **se realiza ex nunc;** así las SS.TS 28/03/1990 y 31/01/1998; declaran que (la cláusula de estabilización incorpora al contrato la facultad de que las partes emanen la declaración receptica dirigida a la contraria, originadora de una modificación (el precio, en el caso del arrendamiento) de la relación negocial básica, pero con efectos "ex nunc", o sea, sólo desde que se produce y se recibe la declaración modificativa y no "ex tunc" o sea desde el tiempo en que pudo efectuarse).

También la jurisprudencia menor entiende que **la renta puede revisarse con todos los índices de los años anteriores que no se pasaron, porque el arrendatario ya se ha beneficiado de la pasividad del arrendador; pero esa actualización será sin efectos retroactivos.** (S.A.P. Granada, 4ª, 23/5/2005; Valencia, 11ª, 8/3/2004; Barcelona, 13ª, 19/10/2004).

SEGUNDO.- Por tanto, **no puede,** en el supuesto hoy enjuiciado, el **arrendador reclama diferencias de rentas anteriores a la revisión, sin perjuicio de efectuarla a partir de la del mes siguiente a la notificación, como señala el Art. 18.3 citado;** es posible, pues, calcular los índices de modo acumulativo respecto a las anualidades anteriores en que no se hubiera efectuado la revisión (...)».

Por otro lado, según la **sentencia de la AP de Valencia, n.º 618/2018, ECLI:ES:APV:2018:6020:**

> «(...) Habrá que estar por tanto a lo pactado, conforme al precepto antes citado, lo cual es además coincidente con la **línea jurisprudencial existente en la materia**, la cual interpreta que la actualización de la renta **no tiene efecto retroactivo**, pues estimar lo contrario equivaldría a favorecer la inseguridad jurídica, colocando al deudor ante la realidad de una deuda excesiva, impensada y sumamente gravosa, por lo que, como expuso, por ejemplo, la sentencia del TS de 22-6-86, 'la cláusula de estabilización únicamente incorpora la facultad de que una de las partes emane una declaración recepticia dirigida a la contraria determinando una modificación de la relación básica, pero con efectos 'ex nunc', o sea, solo desde que se produce y recibe la declaración modificativa, y no 'ex tunc'. Lo cual también, casa con el contenido del artículo 18 LAU (contenido efectivamente en el Título II), pero que pauta dichos efectos, al disponer que la renta actualizada será exigible a partir del mes siguiente a aquél en que la parte interesada lo notifique a la otra parte por escrito, pero no establece ni la exigibilidad de las actualizaciones con efectos retroactivos».

Asimismo, la **sentencia de la AP de A Coruña, n.º 267/2006, de 5 de junio, ECLI:ES:APC:2006:1185,** apunta que:

> «(...) En este sentido no puede olvidarse que **constituye doctrina jurisprudencial de la Sala de lo Civil de Tribunal Supremo**, expresada en sus Sentencias de 21 de marzo de 1995 (con cita de la Sentencia de fecha 19 de junio de 1985) y de 31 de enero de 1998, que «**la prevista revisión de la renta en el contrato es una facultad del arrendador que puede o no ejercer, pero, cuyo ejercicio exige la oportuna declaración de voluntad recepticia en cada período de revisión previsto, so pena de que se entienda renunciada no sólo la elevación convenida para ese período**», resultando ser la referida declaración de voluntad recepticia de carácter insoslayable para que aquella elevación tenga lugar en cada uno de los periodos de tiempo de que se trate, teniendo la notificación eficacia "ex nunc" (...)».

Caso práctico | Extinción contrato de arrendamiento por incendio en el garaje del local

PLANTEAMIENTO

«A» tiene un local arrendado a «B». El local cuenta con una cochera donde «A» guarda una furgoneta. El 15 de abril de 2019 se produce un incendio en la referida cochera donde se encontraba estacionada la furgoneta de «A». ¿Procederá la extinción del contrato de acuerdo con el artículo 28 de la Ley de Arrendamientos Urbanos?

RESPUESTA

En este caso el incendio afecta únicamente a una parte del local, la cochera y la furgoneta de «A», si bien la cochera no quedó inutilizada para su destino de guardar coches u otros objetos, además el resto del local no se vio afectado por el incendio.

Por lo tanto, «A» no ha sido privado del uso del local conforme al destino pactado, no procediendo, entonces, la extinción del contrato por esta causa.

En este contexto es interesante la sentencia de la **sentencia de la Audiencia Provincial de Barcelona, n.º 555/2013, de 16 de octubre, ECLI:ES:APB:2013:14744**.

Caso práctico | Necesidad de ocupación de la vivienda y prórroga del contrato de arrendamiento

PLANTEAMIENTO

Celebrado un contrato de arrendamiento puede darse la circunstancia de que el arrendador vaya a necesitar ocupar la vivienda arrendada como vivienda permanente para sí, para sus familiares o para su cónyuge.

En este caso, aun cuando no se haya cumplido el plazo mínimo de duración del contrato, ¿es posible que el arrendatario deba entregar la vivienda al arrendador?

RESPUESTA

La respuesta ha de ser afirmativa si bien las condiciones para la aplicación de este supuesto han ido variando con las sucesivas modificaciones del artículo 9.3 de la Ley de Arrendamientos Urbanos. Esta evolución aparece esquematizada en la **sentencia de la Audiencia Provincial de Barcelona, n.º 197/2022, de 22 de abril, ECLI:ES:APB:2022:4363**, que resulta interesante en este caso, y de la que se infiere en cuanto a las redacciones anteriores:

«Para los **contratos suscritos entre 6-6-2013 y 5-3-2019**, la facultad de denegar de prórroga la tiene cualquier tipo de arrendador, persona física o jurídica y puede ejercitarla con independencia de que se hubiera reflejado o no en el contrato. Asimismo, no es preciso que, al denegarla, el arrendador especifique la causa concreta por la que lo hace. Sólo debe indicar al arrendatario que tiene necesidad de la vivienda arrendada para destinarla a vivienda permanente para sí o sus familiares en primer grado de consanguinidad o por adopción o para su cónyuge en los supuestos de sentencia firme de separación, divorcio o nulidad matrimonial.

Dentro de este periodo, para los **contratos firmados entre 19-12-2018 y 23-1-2019**, vigente la reforma de la LAU art.9.3 llevada a cabo por el RDL 21/2018, se introduce la novedad del concepto de fuerza mayor, que ahora reproduce la norma vigente y la adecuación de los plazos de reocupación y cálculo de indemnizaciones, en caso de no ocupar la vivienda el arrendador que denegó la prórroga, a los establecidos en ese momento como plazo mínimo legal del contrato (5 o 7 años)».

Pues bien, en la actualidad con la redacción del artículo 9.3 de la LAU, vigente desde el 6 de marzo de 2019, no se producirá la prórroga obligatoria del contrato de arrendamiento de vivienda prevista en tanto no se alcance la duración mínima legalmente prevista —5 o 7 años— siempre que concurran las siguientes condiciones:

- Haya transcurrido el primer año de duración del contrato.
- El arrendador sea persona física, en cuyo caso la duración mínima prevista es de 5 años.
- Al tiempo de la celebración del contrato se haga constar en él expresamente la necesidad del arrendador de ocupar la vivienda arrendada antes del trans-

curso de 5 años para destinarla a vivienda permanente para sí o sus familiares en primer grado de consanguinidad o por adopción o para su cónyuge en los supuestos de sentencia firme de separación, divorcio o nulidad matrimonial.

- El arrendador comunique dicha necesidad, especificando la causa, al arrendatario con 2 meses de antelación a la fecha en que vaya a necesitar la vivienda.

Cumplido lo anterior, el arrendatario estará obligado a entregar la vivienda arrendada en el citado plazo de 2 meses, salvo acuerdo distinto de las partes.

En caso de que el arrendador o sus familiares no ocupe la vivienda en el plazo de 3 meses desde la extinción del contrato o el desalojo de la vivienda, salvo por causa de fuerza mayor, el arrendatario podrá optar, en 30 días, entre:

- Ser repuesto en el uso y disfrute de la vivienda arrendada por nuevo plazo de hasta 5 años, con indemnización de los gastos ocasionados por el desalojo.

- Ser indemnizado por una cantidad equivalente a una mensualidad por cada año que quede por cumplir hasta los 5 años.

Caso práctico | Limitación del uso de una vivienda para uso turístico

PLANTEAMIENTO

El 4 de junio de 2019 la comunidad de propietarios de un determinado edificio en junta ordinaria de propietarios elevó a público los acuerdos adoptados por la mayoría presente en la misma entre los que se incluía el siguiente acuerdo que fue adoptado por la mayoría de los propietarios presentes:

> «Se prohíbe expresamente a los propietarios de las viviendas, destinar las mismas a alquiler turístico, vacacional, de corta duración o cualquier otra modalidad de alquiler que suponga un continuo y excesivo tránsito y estancia de personas ajenas a la Comunidad».

Dicho acuerdo se notificó a los propietarios que no estaban presentes en la junta, sin que ninguno se haya opuesto al mismo en el plazo de 30 días.

¿Será válido dicho acuerdo?

RESPUESTA

Sí, el acuerdo adoptado en la junta será válido.

El artículo 17.12 de la Ley de Propiedad Horizontal señala:

> «12. El acuerdo por el que se limite o condicione el ejercicio de la actividad a que se refiere la letra e) del artículo 5 de la Ley 29/1994, de 24 de noviembre, de Arrendamientos Urbanos, en los términos establecidos en la normativa sectorial turística, suponga o no modificación del título constitutivo o de los estatutos, requerirá el voto favorable de las tres quintas partes del total de los propietarios que, a su vez, representen las tres quintas partes de las cuotas de participación. Asimismo, esta misma mayoría se requerirá para el acuerdo por el que se establezcan cuotas especiales de gastos o un incremento en la participación de los gastos comunes de la vivienda donde se realice dicha actividad, siempre que estas modificaciones no supongan un incremento superior al 20 %. Estos acuerdos no tendrán efectos retroactivos».

Por lo que, el citado artículo reduce la mayoría necesaria para adoptar el acuerdo que limite o condicione el alquiler turístico en el marco de la normativa sectorial que regule el ejercicio de la actividad de uso turístico de viviendas y del régimen de usos establecido por los instrumentos de ordenación urbanística y territorial, pero **no permite que esa excepción a la norma general de la unanimidad alcance a otros acuerdos relativos a otros usos de la vivienda, como es el mero alquiler vacacional**.

Si bien, debe tenerse en cuenta que el acuerdo adoptado ha sido adoptado por unanimidad de acuerdo con el artículo 17.6 de la LPH, aunque sea presunta, como permite el artículo 17.8 de la LPH, ya que cuando la comunidad de propietarios notificó a los miembros ausentes los mismos no presentaron oposición en el plazo previsto, **30 días**.

Pese a todo lo expuesto anteriormente, hay que tener en cuenta que la expresión limitar o condicionar contenida en el referido artículo 17.12 de la LPH que se utiliza para modificar la exigencia de unanimidad ampara la prohibición total de realizar determinada actividad puesto que, cuando se habla de limitar o condicionar, puede serlo más o menos intensamente, incluso de una forma total.

Es de interés para este caso la **resolución de 22 de junio de 2022, de la Dirección General de Seguridad Jurídica y Fe Pública** y la **resolución de 7 de noviembre de 2022, de la Dirección General de Seguridad Jurídica y Fe Pública.**

Caso práctico | La transacción judicial como solución al desahucio por impago de rentas

PLANTEAMIENTO

Un propietario con un inmueble arrendado quiere desalojar al inquilino que arrienda el inmueble con motivo de la falta de pago de las últimas mensualidades. ¿Cómo funciona la transacción judicial como solución al desahucio por impago de rentas?

RESPUESTA

Los juicios por desahucio por falta de pago de las rentas pueden solucionarse por una transacción judicial en la que el demandante-arrendador se comprometa a condonar al arrendatario todo o parte de la deuda y de las costas, condicionándolo al desalojo voluntario de la finca dentro del plazo que indique el arrendador (art. 437.3 de la LEC).

Hay que tener en cuenta lo preceptuado por el **artículo 21.3 de la LEC**, que dice: «*Si el allanamiento resultase del compromiso con efectos de transacción previsto en el apartado 3 del artículo 437 para los juicios de desahucio por falta de pago de rentas o cantidades debidas, o por expiración legal o contractual del plazo, la resolución que homologue la transacción declarará que, de no cumplirse con el plazo del desalojo establecido en la transacción, esta quedará sin efecto, y que se llevará a cabo el lanzamiento sin más trámite y sin notificación alguna al condenado, en el día y hora fijadas en la citación si esta es de fecha posterior, o en el día y hora que se señale en dicha resolución*».

En la resolución que homologue la transacción o en la sentencia de condena por allanamiento, en previsión de que no se verifique el desalojo voluntario del arrendatario en el plazo señalado, se fijarán, con carácter subsidiario, el día y la hora en que tendrá lugar, en su caso, el lanzamiento directo del demandado, que se llevará a cabo, sin necesidad de ulteriores trámites, en un plazo no superior a 15 días desde la finalización del periodo voluntario (art. 447.1 de la LEC).

En cuanto a los **efectos que tiene la transacción judicial**, hay que decir que contiene una condición resolutoria legal que consiste en el desalojo en el plazo fijado, con lo que, de no producirse la condición, la transacción quedaría sin efecto únicamente con respecto a la reclamación de rentas y costas (si también se habían condonado), por lo que el actor podría posteriormente ejercitar la acción de reclamación de rentas y costas.

Por tanto, la aceptación de la condonación de las deudas supone automáticamente el allanamiento con respecto al desahucio, de modo que, **si no se produce el desalojo del inmueble** en la fecha fijada por el actor, el lanzamiento se producirá sin más trámites ni notificación al condenado, en el día y la hora fijadas en la citación, si esta es de fecha posterior, o en el día y la hora que señale la resolución que homologó la transacción.

Caso práctico | ¿Es posible oponerse al desahucio por falta de pago y subsidiariamente que se tenga por enervada la acción?

PLANTEAMIENTO

El arrendador ejercita una acción de desahucio por falta de pago de las cantidades debidas por la arrendataria, así como acumulada una pretensión de condena a abonar la demandada la totalidad de las cantidades adeudadas. La arrendataria se opone a la demanda ya que considera que no debe las cantidades que se le reclaman, no obstante, para el supuesto de que su pretensión no fuera atendida, consigna para pago, con carácter subsidiario, la cantidad postulada en la demanda, considerando la posibilidad de enervar la acción.

En caso de que no se estime la oposición de la parte demanda ¿es posible admitirse la enervación de la acción solicitada de manera subsidiaria?

RESPUESTA

En este caso la respuesta debe ser afirmativa. Sobre esta materia se ha pronunciado el Tribunal Supremo en su **sentencia n.º 811/2021, de 29 de noviembre, ECLI:ES:TS:2021:4344**. En cuanto a las posibilidades de actuación de la parte demandada debemos tener en cuenta que:

Señala el art. 22.4 de la LEC que: «*Los procesos de desahucio de finca urbana o rústica por falta de pago de las rentas o cantidades debidas por el arrendatario terminarán mediante decreto dictado al efecto por el letrado de la Administración de Justicia si, requerido aquél en los términos previstos en el apartado 5 del artículo 438* [apartado 3 del artículo 440 hasta el 20/03/2024]*, paga al actor o pone a su disposición en el Tribunal o notarialmente, dentro del plazo conferido en el requerimiento, el importe de las cantidades reclamadas en la demanda y el de las que adeude en el momento de dicho pago enervador del desahucio. Si el demandante se opusiera a la enervación por no cumplirse los anteriores requisitos, se citará a las partes a la vista prevenida en el artículo 443 de esta Ley, tras la cual el Juez dictará sentencia por la que declarará enervada la acción o, en otro caso, estimará la demanda habiendo lugar al desahucio (...)*».

A lo que añade el art. 438.5 de la LEC que «*En los casos de demandas en las que se ejercite la pretensión de desahucio por falta de pago de rentas o cantidades debidas, acumulando o no la pretensión de condena al pago de las mismas, el letrado o letrada de la Administración de Justicia, tras la admisión, y previamente a la vista que se señale, requerirá a la persona demandada para que, en el plazo de diez días, desaloje el inmueble, pague al actor o, en caso de pretender la enervación, pague la totalidad de lo que deba o ponga a disposición de aquel en el tribunal o notarialmente el importe de las cantidades reclamadas en la demanda y el de las que adeude en el momento de dicho pago enervador del desahucio; o en otro caso comparezca ante éste y alegue sucintamente, formulando oposición, las razones por las que, a su entender, no debe, en todo o en parte, la cantidad reclamada o las circunstancias relativas a la procedencia de la enervación. (....)*».

A TENER EN CUENTA. El Real Decreto-ley 6/2023, de 19 de diciembre, con entrada en vigor el 20 de marzo de 2024 modifica, entre otros, los artículos 438 y 440 de la LEC. Con esta reforma, se traslada el contenido de los apartados 3 y siguientes del artículo 440 al contenido del artículo 438.

Pues bien, en el caso que nos ocupa, la arrendataria consignó la cantidad reclamada en la demanda; no obstante, en el ejercicio de su derecho de defensa, se opuso a que debiera la suma reclamada. Entiende el tribunal que supondría una limitación del derecho de defensa de la parte arrendataria que se le obligue a elegir entre oponerse o consignar y, por lo tanto, vedándole la oportunidad de negar la deuda tal y como es pretendida por el demandante y que, al mismo tiempo, consignar para el supuesto de su oposición no fuera estimada y, de esta forma, mantener la vigencia del vínculo arrendaticio concertado.

Caso práctico | Retención de la fianza por desperfectos en la vivienda

PLANTEAMIENTO

Al término del alquiler de una vivienda, ¿puede el propietario negarse a devolver la fianza alegando la existencia de desperfectos causados por el inquilino?

RESPUESTA

Puede, pero el arrendador deberá acreditar la existencia de los desperfectos, y descontar de la fianza únicamente el importe necesario para su reparación. De lo que no tiene obligación es de acreditar, conforme al art. 1562 del CC, que los daños han sido causados por el arrendatario, dado que se presume, admitiendo, eso sí, prueba en contrario:

> «A falta de expresión del estado de la finca al tiempo de arrendarla, la ley presume que el arrendatario la recibió en buen estado, salvo prueba en contrario».

Conforme al artículo 36.4 de la Ley de Arrendamientos Urbanos, si transcurrido un mes desde la entrega de las llaves de la vivienda, el arrendador no ha restituido el importe de la fianza al arrendatario, dicha cantidad devengará el interés legal. Por lo tanto, **podemos entender que el arrendador tiene un mes para realizar las comprobaciones pertinentes y descontar la cantidad correspondiente a los desperfectos de la fianza**.

En caso de que no devuelva lo que reste, o de que **el arrendatario** no esté de acuerdo con la existencia o la valoración de los desperfectos, **puede instar el correspondiente procedimiento judicial previsto en la Ley de Enjuiciamiento Civil**.

A TENER EN CUENTA. La fianza en el arrendamiento de vivienda.

Caso práctico | ¿Qué derechos tiene el inquilino cuando el arrendador debe realizar obras de mejora durante la vigencia del contrato?

PLANTEAMIENTO

El arrendador de «B» le comunica que debe realizar una serie de obras de mejora de la vivienda que no pueden postergarse a la conclusión del arrendamiento, por venir impuestas por la normativa urbanística.

1. ¿Puede «B» negarse a que se lleven a cabo las obras?

2. ¿Tiene derecho a alguna clase de indemnización o compensación, por los inconvenientes que las obras le pudieran causar?

RESPUESTA

1. No. Según el art. 22 de la Ley de Arrendamiento Urbanos:

> «1. El arrendatario estará obligado a soportar la realización por el arrendador de obras de mejora cuya ejecución no pueda razonablemente diferirse hasta la conclusión del arrendamiento.
>
> 2. El arrendador que se proponga realizar una de tales obras deberá notificar por escrito al arrendatario, al menos con tres meses de antelación, su naturaleza, comienzo, duración y coste previsible. Durante el plazo de un mes desde dicha notificación, el arrendatario podrá desistir del contrato, salvo que las obras no afecten o afecten de modo irrelevante a la vivienda arrendada. El arrendamiento se extinguirá en el plazo de dos meses a contar desde el desistimiento, durante los cuales no podrán comenzar las obras».

2. Sí, conforme al **artículo 22.3 de la LAU**: *«El arrendatario que soporte las obras tendrá derecho a una reducción de la renta en proporción a la parte de la vivienda de la que se vea privado por causa de aquéllas, así como a la indemnización de los gastos que las obras le obliguen a efectuar».*

ANEXO II.
FORMULARIOS

Contrato de arrendamiento de vivienda. Adaptado a la ley de vivienda. Persona física

En [LOCALIDAD] a [DÍA] de [MES] de [AÑO].

REUNIDOS

De una parte,

Don/Doña [NOMBRE], con DNI [NÚMERO], mayor de edad, con domicilio en [CIU-DAD], C/ [CALLE], con teléfono [NÚMERO] en adelante la parte **ARRENDADORA**.

Y de otra,

Don/Doña [NOMBRE] con DNI [NÚMERO] mayor de edad, con domicilio en [CIU-DAD], C/ [CALLE], teléfonos [NÚMERO] y [NÚMERO], en adelante la parte **ARREN-DATARIA**.

INTERVIENEN

Ambas partes en nombre propio, acreditando su identidad por los documentos indicados; se reconocen mutuamente capacidad y legitimación para celebrar el presente,

CONTRATO DE ARRENDAMIENTO DE VIVIENDA

y, al efecto,

EXPONEN

PRIMERO.- La parte ARRENDADORA es dueña en pleno dominio del inmueble destinado a vivienda señalado como [SITUACIÓN] de la casa sita en el número [NÚ-MERO] de la C/ [CALLE] de [CIUDAD].

SEGUNDO.- Es intención de la parte ARRENDATARIA el arrendar el inmueble descrito anteriormente, siendo intención de la parte ARRENDADORA ofrecérselo en arriendo.

TERCERO.- Las partes, ARRENDADORA Y ARRENDATARIA, a los efectos de formalizar el arrendamiento del meritado inmueble, lo efectúan por medio del presente documento, llevándolo a efecto con sujeción al clausulado que precede.

CUARTO.- El presente contrato no es de adhesión y ha sido pactado por ambas partes de forma expresa y detallada, sin suscripción general del mismo, sino previa negociación particular de las diferentes cláusulas.

CLÁUSULAS

I.- OBJETO DEL CONTRATO

A tenor del artículo 2 de la vigente Ley de Arrendamientos Urbanos (desde ahora LAU) se trata del arrendamiento de una vivienda.

El inmueble dado en arriendo es la vivienda sita en [CALLE], n.º [NÚMERO] de [CIUDAD].

En dicho arrendamiento se comprende de forma conjunta e indivisible la vivienda reseñada y el uso y disfrute de los servicios comunes del edificio.

El arrendamiento es global y su extinción conjunta y total.

La vivienda se encuentra dotada del mobiliario que se detalla en el **Anexo** [NÚMERO] **(1)** de este contrato.

La parte arrendataria declara haber procedido al examen exhaustivo y pormenorizado del inmueble, así como sus accesorios, conocer las características de la vivienda y del mobiliario que la comprende, manifestando recibir todo aquello objeto del arriendo en perfecto estado de conservación, a su entera satisfacción, aceptando la obligación de cuidarla, siendo de su cuenta los gastos causados por los desperfectos que produzcan, como rotura de cristales, cerraduras y demás elementos e instalaciones, pintura, suelos y mobiliario, y siendo de aplicación lo dispuesto en el artículo 1561 del Código Civil.

La parte arrendataria dispone de [PLAZO DÍAS] días desde la fecha de entrada en vigor del presente contrato para comprobar el buen funcionamiento en general de los componentes de la vivienda.

Pasado este periodo, asumirán los gastos de mantenimiento y reparación que les correspondan, según lo especificado en la cláusula novena.

II.- CESIÓN DEL CONTRATO Y SUBARRIENDO

La vivienda arrendada ha de ser destinada única y exclusivamente a domicilio y hogar permanente de la parte ARRENDATARIA, sin que quepa destinarla a cualquier otro uso o destino.

El presente contrato no se podrá ceder por la parte ARRENDATARIA sin el consentimiento escrito de la parte ARRENDADORA.

En caso de cesión, el cesionario se subrogará en la posición del cedente frente a la parte ARRENDADORA.

La vivienda arrendada solo se podrá subarrendar de forma parcial y previo consentimiento escrito del arrendador.

La convivencia de cualquier persona en la vivienda, incluyendo el alojamiento de cualquier tipo de huéspedes, requerirá la autorización expresa del arrendador. Se exceptúa el cónyuge o pareja de hecho e hijos del arrendatario.

El incumplimiento de esta condición será motivo suficiente para resolver el contrato, por subarriendo no consentido, e instar el desahucio.

III.- DURACIÓN DEL CONTRATO

La duración del presente contrato se pacta por un período de [NÚMERO] años **(2)**, a contar a partir del [FECHA], día en que se entregará a la parte ARRENDATARIA la posesión de la vivienda y las llaves de acceso a la misma, y, quedará extinguido el [FECHA].

Podrá proceder prórroga obligatoria del contrato en los términos del artículo 10.1 de la LAU, ya que se trata de un contrato con una duración superior a cinco años **(3)**.

El mismo quedará extinguido llegada la fecha de su vencimiento o, en caso de prórroga, una vez manifestada la voluntad de no renovarlo **(4)**.

IV.- Necesidad de ocupación de la vivienda por uso permanente familiar

Se hace expresa constancia por la parte ARRENDADORA, que en el caso de darse alguna de las situaciones enumeradas en el apartado 3 del artículo 9 de la LAU, no procederá la prórroga obligatoria una vez transcurrido un año del arrendamiento.

A estos efectos, el ARRENDADOR está obligado a notificar al ARRENDATARIO que tiene necesidad de la vivienda arrendada, especificando la causa o causas para el mismo, de conformidad con el precepto meritado, al menos con dos meses de antelación a la fecha en la que la vivienda se vaya a necesitar.

El ARRENDATARIO se da por enterado de la existencia de la presente cláusula y se obliga a entregar la finca arrendada en el plazo en que se exponga la necesidad de ocupación, salvo acuerdo expreso distinto.

V.- DESISTIMIENTO

En el supuesto de que la parte ARRENDATARIA desistiera unilateralmente del contrato transcurridos [NÚMERO] meses desde el inicio **(5)**, deberá preavisar a la parte ARRENDADORA con una antelación mínima de [NÚMERO] días, y le indemnizará, según contempla la actual LAU, con una cantidad equivalente a una mensualidad de la renta en vigor por cada año del contrato que reste por cumplir.

Los períodos de tiempo inferiores al año darán lugar a la parte proporcional de la indemnización.

VI.- FALLECIMIENTO DEL ARRENDATARIO

Subrogación **(6)**

De conformidad con lo dispuesto en el art. 16 de la LAU en redacción dada por el Real Decreto-ley 7/2019, de 1 de marzo, de medidas urgentes en materia de vivienda y alquiler, se pacta que, toda vez que la duración inicial del presente arrendamiento es superior a cinco años, no existirá ni se producirá derecho a subrogarse en la persona del arrendatario para el caso de que este fallezca si han transcurrido los cinco primeros años del arrendamiento.

Extinción

Asimismo, el arrendamiento se extinguirá a los cinco años de su otorgamiento si el arrendatario fallece con anterioridad a los cinco primeros años del arrendamiento.

VII.- DE LA RENTA

Determinación de la renta **(7)**

El precio del arrendamiento es de importe anual en [CANTIDAD EN LETRA] euros ([CANTIDAD EN NÚMERO] €), pagaderos por mensualidades adelantadas.

Estas mensualidades serán por importe de [CANTIDAD EN LETRA] euros ([CANTIDAD EN NÚMERO] €), y deberán abonarse entre los días uno al siete de cada mes, mediante transferencia bancaria o abono en la cuenta n.º [NÚMERO CUENTA] de la parte ARRENDADORA **(8)**.

En el precio del alquiler o renta no va comprendido ningún servicio ni suministro (agua, calefacción, electricidad, teléfono, gas, etc.) debiendo en todo caso ser contratados por el inquilino y siendo de su cuenta y cargo el pago de cuantos gastos ocasionen.

La obligación de pago de la renta subsistirá, aun resuelto el contrato, hasta que se devuelva la vivienda y sus instalaciones al arrendador o sus causahabientes en buen estado de uso.

Actualización de la renta (9)

La renta se revisará para cada anualidad por referencia a la variación anual del Índice de Garantía de Competitividad a fecha de cada revisión, tomando como mes de referencia para la revisión el que corresponda al último índice que estuviera publicado en la fecha de revisión del contrato.

La renta actualizada será exigible al arrendatario a partir del mes siguiente a aquel en que la parte interesada lo notifique a la otra parte por escrito, expresando el porcentaje de alteración aplicado y acompañando, si el arrendatario lo exigiera, la oportuna certificación del Instituto Nacional de Estadística.

Demora

La demora por la parte ARRENDATARIA en el pago de las cantidades cuya exigibilidad se deduzca de este contrato producirá la obligación de pago de intereses a favor de la parte ARRENDADORA al tipo de [PORCENTAJE] % anual, por cada mes o fracción de mes que transcurra desde la fecha de su devengo hasta que se hiciere efectivo su pago, sin perjuicio de las acciones judiciales que correspondan a la parte ARRENDADORA y, cuyo ejercicio, caso de prosperar, llevará aparejada la obligación de pago por la parte ARRENDATARIA de los gastos, incluidos honorarios de abogado y procurador, aunque su intervención no fuere preceptiva.

El impago de una mensualidad dará derecho al arrendador a demandar la resolución del contrato.

Elevación por mejoras

La realización por el arrendador de obras de mejora, transcurridos cinco años de duración del contrato le dará derecho a elevar la renta anual en la cuantía que resulte de aplicar al capital invertido en la mejora, el tipo de interés legal del dinero en el momento de la terminación de las obras incrementado en tres puntos, con las demás consideraciones expuestas en el apartado 1 del art. 19 de la LAU en redacción dada por el Real Decreto-ley 7/2019, de 1 de marzo.

En cualquier momento desde el inicio de la vigencia del contrato de arrendamiento y previo acuerdo entre arrendador y arrendatario se podrán realizar obras de mejora en la vivienda arrendada e incrementarse la renta del contrato, sin que ello implique la interrupción del periodo de prórroga obligatoria establecido en el artículo 9 o de prórroga tácita a que se refiere el artículo 10 de la LAU, o un nuevo inicio del cómputo de tales plazos. En todo caso, el alcance de las obras de mejora deberá ir más allá del cumplimiento del deber de conservación por parte del ARRENDADOR al que se refiere el artículo 21 de la LAU.

VIII.- GASTOS GENERALES Y DE SERVICIOS INDIVIDUALES

Son de cuenta de la parte ARRENDATARIA:

Los gastos comunes de administración del edificio, que se incluyen en el recibo mensual de gastos de comunidad.

- Por lo que se refiere al último importe anual de gastos de la comunidad fue de [CANTIDAD] euros.

– El Impuesto sobre Bienes Inmuebles (IBI). Se hace constar que el último importe anual del IBI fue de [CANTIDAD] euros.

– Las tasas y arbitrios que graven o puedan gravar el uso de la vivienda arrendada, tales como la recogida de basuras, cuyo importe anual asciende actualmente a [CANTIDAD] euros.

Serán por cuenta de la ARRENDADORA los gastos de gestión inmobiliaria y de formalización del contrato **(10)**.

IX.- CONSERVACIÓN DE LA VIVIENDA

Son cuenta del ARRENDADOR los gastos comunes de mantenimiento, alumbrado y limpieza.

El arrendador está obligado a realizar sin derecho a elevar por ello la renta, todas las reparaciones que sean necesarias para conservar la vivienda en las condiciones de habitabilidad para servir al uso convenido, salvo cuando el deterioro de cuya reparación se trate sea imputable al arrendatario a tenor de lo dispuesto en los artículos 1563 y 1564 del Código Civil.

La parte ARRENDATARIA deberá poner en conocimiento de la parte ARRENDADORA, en el plazo más breve posible, la necesidad de las reparaciones que sean necesarias para conservar la vivienda en las condiciones de habitabilidad para servir al uso convenido, a cuyos solos efectos deberá facilitar a la parte ARRENDADORA la verificación directa, por sí misma o por los técnicos que designe, del estado de la vivienda. En todo momento, y previa comunicación a la parte ARRENDADORA, podrá realizar las que sean urgentes para evitar un daño inminente o una incomodidad grave.

Las averías o desperfectos debidos a mal uso, negligencia, accidentales, falta de mantenimiento o cuidado razonable serán a cargo de la parte ARRENDATARIA independientemente del coste de la reparación.

Las pequeñas reparaciones (inferiores a [CANTIDAD EN LETRA] euros ([CANTIDAD EN NÚMERO] €)) que exija el desgaste por el uso ordinario de la vivienda serán a cargo de la parte ARRENDATARIA, tales como:

– Pequeñas reparaciones de alumbrado, enchufes, interruptores, cerraduras, griferías, cisterna, desatranco de desagües, copias de llaves y otros similares.

– Mantenimiento y conservación de la caldera de la calefacción y de agua sanitaria y cocina, ambas a gas natural, así como del resto de los electrodomésticos y mobiliario que se entrega con la vivienda y se detallan en el Anexo a este contrato.

X.- OBRAS

Siendo la finalidad de este contrato la cesión del disfrute normal de la vivienda, la parte ARRENDATARIA no podrá realizar sin el consentimiento escrito de la parte ARRENDADORA, obras que modifiquen la configuración de la vivienda o de sus accesorios, o provoquen una disminución de la estabilidad o seguridad de la misma y, en todo caso, las obras así autorizadas quedarían en beneficio del inmueble, no pudiendo reclamar la parte ARRENDATARIA indemnización alguna. Asimismo, queda expresamente prohibida la instalación de antenas parabólicas y equipos de aire acondicionado en la fachada del inmueble o patio interior del mismo.

La parte ARRENDATARIA se obliga a permitir la entrada en la vivienda a la persona que señale la parte ARRENDADORA o el presidente de la Comunidad de Propietarios, para la realización de obras obligatorias con arreglo a lo establecido en la Ley de Propiedad Horizontal.

XI.- FIANZA (11)

La parte ARRENDATARIA entrega en el momento de la firma de este contrato:

- [CANTIDAD EN LETRA] euros ([CANTIDAD EN NÚMERO] €) en concepto de FIANZA.

- [CANTIDAD EN LETRA] euros ([CANTIDAD EN NÚMERO] €) como garantía adicional del cumplimiento de sus obligaciones contractuales.

El saldo final de estas cantidades, si resultare positivo una vez constatado que el piso se encuentra en las mismas condiciones en que fue cedido, será restituido a la parte ARRENDATARIA.

Si se apreciaren daños en aquel, su importe se detraerá de la fianza y/o garantía adicional, y, si su valoración excediese de la suma de ambas, la parte ARRENDATARIA vendrá obligada a abonar la diferencia.

Asimismo, la devolución de ambas cantidades queda subordinada al pago total de la renta o de cualquier cantidad adeudada, y a la liquidación de los servicios tales como agua, gas, luz, etc.

La existencia de estas fianzas no faculta en ningún caso a la parte ARRENDATARIA a retrasar, no pagar o compensar ninguna mensualidad.

XII.- ANIMALES

Se prohíbe expresa y terminantemente la presencia de animales en la vivienda, siendo la inobservancia de esta prohibición causa suficiente para instar la resolución del contrato de arrendamiento.

XIII.- FINALIZACIÓN DEL ARRENDAMIENTO

Si finalizado el arrendamiento la parte ARRENDATARIA no hiciese entrega de la vivienda arrendada en la fecha de vencimiento del contrato, o inmediatamente en cualquier otro momento en que legalmente proceda, se conviene que la parte ARRENDATARIA se obliga a satisfacer, de forma solidaria, en concepto de penalización, la cantidad de [CANTIDAD EN LETRA] euros ([CANTIDAD EN NÚMERO] €) diarios mientras subsista dicha ocupación en concepto de daños y perjuicios por tal causa. Si hubiere de seguirse procedimiento judicial para el desalojo por cualquier causa, incluida la falta de pago de la renta, la parte ARRENDATARIA pagará, de forma solidaria, las costas judiciales y los honorarios de abogado y procurador de la parte ARRENDADORA.

XIV.- DOMICILIO PARA NOTIFICACIONES

Las partes acuerdan que las notificaciones inherentes a este contrato serán enviadas a los siguientes correos electrónicos:

Parte ARRENDADORA: [CORREO ELECTRÓNICO].

Parte ARRENDATARIA: [CORREO ELECTRÓNICO].

Ante cualquier dificultad para comunicarse mediante estas cuentas de correo electrónico, la parte ARRENDATARIA designa el domicilio arrendado como domicilio de notificaciones, y la parte ARRENDADORA designa su domicilio habitual mencionado al inicio de este contrato.

XV.- NORMATIVA APLICABLE

De aplicación lo dispuesto en la Ley 29/1994, de 24 de noviembre, de Arrendamientos Urbanos (LAU), en redacción dada por el Real Decreto-ley 7/2019, de 1 de marzo; en el Real Decreto de 24 de julio de 1889 por el que se publica el Código Civil (CC), así como toda normativa aplicable en defecto de la referida.

XVI.- REGISTRO DE LA PROPIEDAD

Tanto la parte ARRENDADORA como la parte ARRENDATARIA podrán inscribir el presente contrato de arrendamiento en el Registro de la Propiedad, sin expresa autorización de la otra parte, corriendo los gastos de la inscripción por cuenta de quien la efectúe.

XVII.- CLÁUSULA DE SOMETIMIENTO A MEDIACIÓN/ARBITRAJE

Las posibles controversias derivadas de la formación, interpretación, o ejecución, validez, existencia y terminación del presente contrato serán sometidas a mediación administrada por [ESPECIFICAR] el cual realizará la labor encomendada, todo ello de conformidad con sus estatutos y normas internas, a los que las partes se acogen.

La información y documentación suministrada por las partes en el proceso de mediación será absolutamente confidencial, conforme a lo establecido en la Ley 5/2012, de 6 de julio, de mediación en asuntos civiles y mercantiles.

En caso de concluir la mediación sin acuerdo o en caso de que esta se prolongue más de [NÚMERO] días, salvo acuerdo expreso y por escrito de las partes de prolongar dicha mediación, se procederá a resolver el conflicto planteado mediante arbitraje administrado por [ESPECIFICAR] de conformidad con su Reglamento de Arbitraje vigente a la fecha de presentación de la solicitud de arbitraje.

XVIII.- CERTIFICADO DE EFICIENCIA ENERGÉTICA

Se pone a disposición de la parte ARRENDATARIA el certificado de eficiencia energética, cumpliéndose lo establecido en el art. 17 del Real Decreto 390/2021, de 1 de junio, por el que se aprueba el procedimiento básico para la certificación de la eficiencia energética de los edificios.

Y, en prueba de conformidad, las partes dejan redactado este documento, en cuyo contenido se afirman y ratifican, firmándolo por duplicado en la ciudad y fecha expresados en el encabezamiento.

[FIRMA DE LA ARRENDADORA]   [FIRMA DE LA ARRENDATARIA]

---

(1) En el caso de que se arriende un piso amueblado se especificará esta circunstancia y se recogerá en anexo al contrato la relación de mobiliario que contiene la vivienda.

(2) Téngase en consideración lo dispuesto en el art. 9 de la LAU en la redacción dada por Real Decreto-ley 7/2019, de 1 de marzo, de medidas urgentes en materia de vivienda y alquiler con respecto al plazo mínimo y, en su defecto, la prórroga forzosa.

(3) Duración mínima de 5 años por ser el arrendador persona física, transcurridos los cuales si ninguna de las partes ha notificado a la otra —4 meses de antelación, el arrendador, y 2 meses de antelación, el arrendatario— su voluntad de no renovarlo el contrato se prorrogará obligatoriamente por plazos anuales hasta un máximo de 3 años más, salvo manifestación de la voluntad de no renovarlo por el arrendatario con un mes de antelación a la terminación de cualquiera de las anualidades.

(4) Tener en cuenta aquí, en su caso, y además de las prórrogas obligatorias, las posibilidades de prórroga extraordinaria que la Ley 12/2023, de 24 de mayo, por el derecho a la vivienda, introduce en los apartados 2 y 3 del artículo 10 de la LAU relativas a casos de situación de

vulnerabilidad social y económica o en los que el inmueble se halle en zonas de mercado residencial tensionado conforme al artículo 18 de la Ley 12/2023, de 24 de mayo, por el derecho a la vivienda.

(5) Conforme al artículo 11 de la LAU habrán de haber transcurrido al menos 6 meses del contrato y el preaviso llevarse a cabo con una antelación mínima de 30 días.

(6) Téngase en consideración que no podrá pactarse la renuncia al derecho de subrogación en caso de que las personas que puedan ejercitar tal derecho se encuentren en situación de especial vulnerabilidad y afecte a menores de edad, personas con discapacidad o personas mayores de 65 años.

(7) A pesar de la libertad de las partes a la hora de fijar la renta, habrán de tenerse en cuenta, en su caso, los límites que al respecto se establecen en los apartados 6 y 7 del artículo 17 de la LAU introducidos por la Ley 12/2023, de 24 de mayo, por el derecho a la vivienda, en casos de zonas de mercado residencial tensionado o cuando se trate de grandes tenedores en los términos previstos.

(8) Tras la modificación operada por la Ley 12/2023, de 24 de mayo, por el derecho a la vivienda, solo se admitirá el pago en metálico y en la vivienda arrendada de forma excepcional en el caso de que una de las partes carezca de cuenta bancaria o acceso a medios electrónicos de pago y así lo solicite, en cualquier otro caso el pago se efectuará por medios electrónicos.

(9) Artículo 18 de la LAU. Asimismo, tener en cuenta la DA 11.ª de la LAU introducida por la Ley 12/2023, de 24 de mayo, por el derecho a la vivienda, en cuanto a la fijación del índice de referencia para la actualización anual de los contratos de arrendamiento de vivienda, así como, los límites porcentuales a la actualización de la renta que resultan del artículo 46 del Real Decreto-ley 6/2022, de 29 de marzo, tras la modificación por la citada ley: del 2 % en caso de contratos celebrados entre el 31/03/2022 al 31/12/2023 y del 3 % en caso de contratos entre el 01/01/2024 al 31/12/2024.

(10) Esto es así conforme al artículo 20.1, párrafo último, de la LAU tras la modificación operada por la Ley 12/2023, de 24 de mayo, por el derecho a la vivienda, independientemente de que el arrendador sea persona física o jurídica.

(11) Téngase en consideración el artículo 36.5 de la LAU en redacción dada por el Real Decreto-ley 7/2019, de 1 de marzo, en cuanto expone que, en el caso del arrendamiento de vivienda, en contratos de hasta cinco años de duración, el valor de la garantía adicional no podrá exceder de dos mensualidades de renta.

Escrito de prórroga obligatoria de contrato de arrendamiento de vivienda posterior al RD-ley 7/2019, de 1 de marzo

En [LOCALIDAD], a [DÍA] de [MES] de [AÑO].

REUNIDOS

DE UNA PARTE: Don/Doña [NOMBRE Y APELLIDOS ARRENDADOR], estado civil [ESTADO CIVIL], mayor de edad, profesión [PROFESIÓN], vecino/a de [LOCALIDAD], con domicilio en [DOMICILIO] y DNI n.º [DNI].

Y DE LA OTRA: Don/Doña [NOMBRE Y APELLIDOS ARRENDATARIO], estado civil [ESTADO CIVIL], mayor de edad, profesión [PROFESIÓN], vecino/a de [LOCALIDAD], con domicilio en [DOMICILIO] y DNI n.º [DNI].

Ambas partes intervienen en su propio nombre y derecho, reconociéndose la mutua capacidad legal necesaria para la formalización del presente documento de **PRÓRROGA DE CONTRATO DE ARRENDAMIENTO** y, expresamente,

EXPONEN

PRIMERO.- En fecha [FECHA CONTRATO] ambas partes suscribieron un contrato de arrendamiento de la vivienda sita en [LOCALIDAD], [DOMICILIO], por un plazo inicial de [PLAZO INICIAL] años, acordando una renta mensual de [CUANTÍA RENTA INICIAL] euros actualizable anualmente conforme el Índice de Precios al Consumo. A día de hoy, la renta está actualizada en la cantidad de [CUANTÍA RENTA ACTUAL] euros. Se acompaña copia del citado contrato como **anexo** [ESPECIFICAR] al presente documento.

SEGUNDO.- Conforme a lo establecido en la cláusula [NÚMERO] del referido contrato de arrendamiento, el plazo de duración del mismo finaliza el próximo día [FECHA FINALIZACIÓN].

TERCERO.- Ambas partes tienen interés en continuar el contrato de arrendamiento en su día celebrado, por lo que de común acuerdo han decidido otorgar el presente acuerdo de **PRÓRROGA**, conforme a las siguientes,

CLÁUSULAS

I.- De conformidad con lo establecido en el artículo 10.1 de la Ley 29/1994, de 24 de noviembre, de Arrendamientos Urbanos, las partes acuerdan que, al vencimiento del contrato de arrendamiento, que tendrá lugar el día [FECHA FINALIZACIÓN], el contrato quedará prorrogado durante un período de [PLAZO DE PRÓRROGA, TENIENDO EN CUENTA QUE, AL MENOS, SE PRORROGARÁ ANUALMENTE POR LEY, HASTA UN MÁXIMO DE 3 AÑOS] años. Por tanto, la duración del contrato se pacta hasta el día [NUEVA FECHA FINALIZACIÓN].

II.- El resto del clausulado del contrato de fecha [FECHA CONTRATO], se mantiene de manera íntegra.

III.- Una vez llegue cada año la fecha de vencimiento del contrato fijada en la cláusula primera sin que la parte arrendataria notifique a la parte arrendadora su voluntad de no renovar el contrato con un mes de antelación, se prorrogará automáticamente el arriendo, con el límite de tres años.

Y en prueba de conformidad firman el presente documento por duplicado ejemplar y a un solo efecto en el lugar y fecha al inicio consignados.

[FIRMA DE LA ARRENDADORA]   [FIRMA DE LA ARRENDATARIA]

Escrito de novación del contrato de arrendamiento de vivienda

En [LOCALIDAD], a [DÍA] de [MES] de [AÑO].

REUNIDOS

DE UNA PARTE: Don/Doña [NOMBRE Y APELLIDOS ARRENDADORA], estado civil [ESTADO CIVIL], mayor de edad, profesión [PROFESIÓN], vecino/a de [LOCALIDAD], con domicilio en [DOMICILIO] y DNI n.º [DNI].

Y DE LA OTRA: Don/Doña [NOMBRE Y APELLIDOS ARRENDATARIA], estado civil [ESTADO CIVIL], mayor de edad, profesión [PROFESIÓN], vecino/a de [LOCALIDAD], con domicilio en [DOMICILIO] y DNI n.º [DNI].

Ambas partes intervienen en su propio nombre y derecho, reconociéndose la mutua capacidad legal necesaria para la formalización del presente documento de **NOVACIÓN DE CONTRATO DE ARRENDAMIENTO** y, expresamente,

EXPONEN

PRIMERO.- En fecha [FECHA CONTRATO], ambas partes concertaron un contrato de arrendamiento de la vivienda sita en [LOCALIDAD], [DOMICILIO], propiedad del primero, por un plazo de cinco años hasta el [FECHA FINALIZACIÓN], acordando una renta mensual de [CUANTÍA RENTA MENSUAL INICIAL] euros, actualizable anualmente conforme el Índice de Precios al Consumo.

A día de hoy, la renta está actualizada en la cantidad de [CUANTÍA RENTA MENSUAL ACTUAL] euros.

Se acompaña copia del citado contrato como anexo al presente documento.

SEGUNDO.- Actualmente, el arrendatario no tiene la misma capacidad económica que tenía en el momento de la firma del contrato, y no puede continuar en el arrendamiento durante los [AÑOS PENDIENTES] años de plazo que quedan a fecha de hoy, en los términos pactados, por lo que,

ACUERDAN

Llevar a efecto la **NOVACIÓN DEL CONTRATO DE ARRENDAMIENTO** firmado, conforme a las siguientes,

CLÁUSULAS

I.- A partir de la firma del presente contrato y desde el mes en curso, se reduce la renta mensual a la cantidad de [CUANTÍA DE LA NUEVA RENTA], también actualizables conforme a las variaciones que experimente el Índice de Precios al Consumo. Lo que afecta a la cláusula [NÚMERO DE CLÁUSULA] del contrato.

II- Se mantiene íntegro el resto de las cláusulas del contrato de fecha [FECHA CONTRATO], incluyendo lo relativo a la duración del mismo, hasta el [FECHA FINALIZACIÓN].

III.- Las partes acuerdan la presente novación parcial de manera libre y consciente, asumiendo todos sus efectos, de conformidad con lo dispuesto en los artículos 1203 y 1204 del Código Civil.

Y en prueba de conformidad con todo ello firman el presente documento por duplicado y a un solo efecto en el lugar y fecha expresados en el encabezamiento.

[FIRMA DE LA PARTE
ARRENDADORA]

[FIRMA DE LA PARTE
ARRENDATARIA]

Contrato de arrendamiento de local de negocio

En [LOCALIDAD], a [DÍA] de [MES] de [AÑO].

REUNIDOS

DE UNA PARTE: Don/Doña [NOMBRE Y APELLIDOS PARTE ARRENDADORA], estado civil [ESTADO CIVIL], mayor de edad, provisto de DNI n.º [DNI], [GERENTE/CONSEJERO/DELEGADO] de la entidad mercantil [NOMBRE O RAZÓN SOCIAL], con domicilio social en [LOCALIDAD], [DOMICILIO SOCIAL] y CIF n.º [CIF].

Y DE LA OTRA: Don/Doña [NOMBRE Y APELLIDOS PARTE ARRENDATARIA], estado civil [ESTADO CIVIL], mayor de edad, profesión [PROFESIÓN], vecino de [LOCALIDAD], con domicilio en [DOMICILIO] y DNI n.º [DNI].

Ambas partes intervienen, la primera en la representación que ostenta, en virtud del poder otorgado en escritura pública ante el/la notario/a de [LOCALIDAD], Don/Doña [NOMBRE Y APELLIDOS NOTARIO], con el número [NÚM. ESCRITURA] de su protocolo, como **PARTE ARRENDADORA** y la segunda en su propio nombre y derecho, como **PARTE ARRENDATARIA**, reconociéndose la mutua capacidad legal necesaria para la formalización del presente documento de **CONTRATO ARRENDAMIENTO DE LOCAL DE NEGOCIO** y, expresamente,

EXPONEN

PRIMERO.- La entidad [NOMBRE O RAZÓN SOCIAL], en adelante **PARTE ARRENDADORA** es dueña, en pleno dominio y sin limitación alguna, del local comercial (en adelante, EL LOCAL) inscrito en el Registro de la Propiedad de [LOCALIDAD], al tomo [TOMO], folio [FOLIO], finca [FINCA], sito en [LOCALIDAD], [DOMICILIO], que tiene una superficie de [SUPERFICIE] metros cuadrados y linda a la izquierda con la finca propiedad de don/doña [NOMBRE Y APELLIDOS LINDE IZDA.] y a la derecha con la finca propiedad de don/doña [NOMBRE Y APELLIDOS LINDE DCHA.], referencia catastral [REF. CATASTRAL], libre de cargas y gravámenes y al corriente en el pago de impuestos, el cual está interesado en arrendar.

SEGUNDO.- Don/Doña [NOMBRE Y APELLIDOS PARTE ARRENDATARIA], en adelante **PARTE ARRENDATARIA**, está interesada asimismo en arrendar EL LOCAL.

En base a lo cual, ambas convienen en otorgar el presente **CONTRATO DE ARRENDAMIENTO DE LOCAL DE NEGOCIO**, con arreglo a las siguientes,

CLÁUSULAS (1)

I.- En virtud del presente contrato, la **PARTE ARRENDADORA** otorga en arriendo el LOCAL a favor de la **PARTE ARRENDATARIA**, quien lo acepta, recibiéndolo en perfecto estado de conservación y con plena idoneidad para servir al destino establecido, así como por el tiempo pactado en el presente contrato.

El LOCAL será explotado por la **PARTE ARRENDATARIA** como [ESPECIFICAR LA ACTIVIDAD A LA QUE SE DESTINARÁ EL LOCAL], quedando expresamente prohibido a la **PARTE ARRENDATARIA** cambiar el destino mercantil del LOCAL sin permiso expreso y escrito de la **PARTE ARRENDADORA**, ni podrá destinarlo a otra actividad distinta de la pactada, ni convertirlo en almacén o depósito, ni dedicarla a actividades secundarias o residuales; en caso contrario, la PARTE ARRENDADORA podrá proceder a la resolución del contrato.

Asimismo, no podrán mantenerse en el LOCAL máquinas que produzcan vibraciones o ruidos molestos para los demás ocupantes del inmueble o de los colindantes, ni tener, guardar o almacenar en el LOCAL objetos o sustancias prohibidas, inflamables, peligrosas o molestas.

I.- El LOCAL está dotado de [DESCRIBIR LOS ELEMENTOS DEL LOCAL NECESARIOS PARA EJERCER LA ACTIVIDAD].

El objeto del arrendamiento es solamente la superficie dentro de las paredes del LOCAL, quedando especialmente excluida la fachada, partes laterales de la entrada, azotea y vestíbulo de la escalera. Consecuentemente, se prohíbe a la PARTE ARRENDATARIA colocar rótulos o anuncios en dichos lugares, balcones y ventanas sin permiso de la PARTE ARRENDADORA y, previamente, de la comunidad de propietarios del inmueble en el que está sito.

La PARTE ARRENDATARIA manifiesta conocer la actual calificación urbanística del inmueble arrendado, así como la normativa u ordenanzas que le son de aplicación respecto de los usos admisibles, exonerando expresamente a la PARTE ARRENDADORA de cualquier reclamación o indemnización para el supuesto de que, por las autoridades administrativas competentes se denegasen o revocasen los permisos, licencias o autorizaciones necesarias para la actividad a que va a destinar el LOCAL.

El LOCAL se alquila en el estado actual de las acometidas generales y ramales o líneas de tensión existentes, que afectan a los suministros de que está dotado el mismo, sin que la PARTE ARRENDATARIA pueda exigir otras distintas ni modificarlas, si la propietaria PARTE ARRENDADORA no da su consentimiento expreso y por escrito.

Si hubiere de efectuarse alguna modificación, tanto en las instalaciones generales de la finca como en las particulares del LOCAL arrendado y hubieren sido autorizadas por la propiedad, su costo será a cargo íntegramente de la PARTE ARRENDATARIA, caso que le interese y desee continuar con el suministro de que se trate, pero previamente deberá someter a la PARTE ARRENDADORA para su aprobación el informe y proyecto de las variaciones que en cada caso deba realizar exigidas por la respectiva compañía suministradora.

En caso de modificar la PARTE ARRENDATARIA sin la preceptiva autorización de la PARTE ARRENDADORA las instalaciones de los suministros, del LOCAL o del inmueble, esa última podrá resolver el contrato, sin perjuicio de exigir los daños y perjuicios que le hayan sido ocasionados.

La adquisición, conservación, reparación o sustitución, en su caso, de los contadores de suministros y siempre el importe del consumo, son por cuenta y cargo exclusivos de la PARTE ARRENDATARIA.

La PARTE ARRENDATARIA se obliga a contratar con las respectivas compañías suministradoras directamente, pudiendo la PARTE ARRENDADORA causar baja de los suministros a su nombre concertados desde el día de hoy.

La PARTE ARRENDADORA queda exenta de toda responsabilidad si en cualquier momento se produce la falta o la reducción de los suministros de que disfrute el LOCAL arrendado.

Se adjunta a este contrato plano/croquis acotado del LOCAL objeto de arriendo, que refleja su estado actual.

III.- Se establece un plazo de duración del presente contrato de [AÑOS] años a contar desde el comienzo de la actividad de la PARTE ARRENDATARIA en el LOCAL y, en todo caso, desde el [FECHA INICIO DEL CONTRATO EN TODO CASO] (2).

El indicado plazo del contrato podrá prorrogarse por otros [AÑOS PRORROGA] años, a contar desde la fecha de finalización inicial.

A la terminación del contrato, la **PARTE ARRENDATARIA** deberá desocupar el LOCAL en su integridad y dejarlo libre de muebles y enseres, entregando las llaves a la **PARTE ARRENDADORA**. momento en que ambas partes se obligan a firmar un documento de entrega en el que deberán manifestar, en su caso, la conformidad con la entrega del LOCAL, procediendo a la devolución por la **PARTE ARRENDADORA** a la **PARTE ARRENDATARIA** de la fianza depositada o, si no existiera conformidad con el estado del LOCAL, atribuyendo el depósito de la fianza, en su totalidad o parcialmente, como justo pago de las deficiencias observables.

En caso de retraso en la devolución del local, la **PARTE ARRENDATARIA** se verá obligada a abonar a la propiedad por cada día de demora en el desalojo y entrega de llaves, una indemnización equivalente al 10 % de la cantidad mensual del último alquiler devengado.

En cuanto a las obras, mejoras o instalaciones que no puedan ser retiradas sin menoscabo, la **PARTE ARRENDADORA** podrá optar entre suprimirlas a costa de la **PARTE ARRENDATARIA** o dejarlas en beneficio del LOCAL arrendado sin derecho de este a indemnización alguna.

IV.- Transcurridos los [NÚMERO] primeros años de duración de este contrato, de obligado cumplimiento para ambas partes, la **PARTE ARRENDATARIA** podrá rescindir el mismo mediante notificación fehaciente a la **PARTE ARRENDADORA** en tal sentido, con un preaviso mínimo de [NÚMERO MESES PREAVISO] meses a la fecha de desalojo del LOCAL, viniendo obligado en todo caso a satisfacer a la **PARTE ARRENDADORA** la renta correspondiente a los meses que transcurran desde la fecha de dicha notificación hasta la del desalojo y entrega de llaves.

En caso de desistimiento, la **PARTE ARRENDATARIA** deberá abonar a la **PARTE ARRENDADORA** una cantidad equivalente a una mensualidad de la renta en vigor por cada año del contrato que reste por cumplir. Los períodos de tiempo inferiores al año darán lugar a la parte proporcional de la indemnización **(2)**.

V.- La renta inicial se establece en la cantidad de [CUANTÍA RENTA] mensuales más el IVA correspondiente, que deberá satisfacer la **PARTE ARRENDATARIA** dentro de los siete primeros días de cada mes, en la cuenta bancaria número [NÚM. CUENTA BANCARIA] que figura a nombre de la **PARTE ARRENDADORA** en [ENTIDAD BANCARIA], sucursal sita en [DOMICILIO ENTIDAD] de esta localidad.

En esa cantidad no está incluido el IBI y cualquier tasa, tributo o similar, de índole estatal, LOCAL o autonómica por recogida o eliminación de residuos urbanos, que se gire a la propiedad por razón del inmueble objeto de arrendamiento, que serán a cargo de la **PARTE ARRENDATARIA**, lo mismo que los gastos de comunidad ordinarios mensuales que devenga el LOCAL, necesarios para el adecuado sostenimiento del edificio, en proporción a su participación.

La renta se revisará anualmente, con referencia a la variación anual del Índice de Garantía de Competitividad a fecha de cada revisión, tomando como mes de referencia para la revisión el que corresponda al último índice que estuviera publicado en la fecha de revisión del contrato.

La renta actualizada será exigible a la **PARTE ARRENDATARIA** a partir del mes siguiente a aquel en que la parte interesada lo notifique a la otra parte por escrito, expresando el porcentaje de alteración aplicado y acompañando, si la **PARTE ARRENDATARIA** lo exigiera, la oportuna certificación del Instituto Nacional de Estadística **(3)**.

VI.- Se hace entrega en este acto, en concepto de fianza, de la cantidad de [CUANTÍA FIANZA] euros, equivalente a la renta de dos meses, que la **PARTE ARRENDA-**

DORA registrará y depositará en el organismo público correspondiente. Fianza que se actualizará cada [NÚMERO AÑOS ACTUALIZACIÓN FIANZA] años conforme al mismo Índice fijado para la renta.

La **PARTE ARRENDADORA** podrá retener la fianza a la expiración o resolución de este contrato, para resarcirse, hasta donde alcance, de las cantidades que le adeude la **PARTE ARRENDATARIA**, así como de los daños y perjuicios causados en el LOCAL.

De conformidad con lo previsto en el artículo 36.5 de la vigente Ley de Arrendamientos Urbanos, las partes convienen, como garantía adicional del cumplimiento por la **PARTE ARRENDATARIA** de sus obligaciones, y adicionalmente a la fianza establecida en este contrato, la entrega en este acto a la **PARTE ARRENDADORA** de la cantidad de [CANTIDAD] EUROS ([CANTIDAD] euros), que será devuelta, en su caso, una vez transcurrido un mes desde la terminación de este contrato, en la cantidad restante una vez deducidos los daños comprobados en el LOCAL arrendado y cualquier deuda o responsabilidad económica en que hubiera incurrido la **PARTE ARRENDATARIA**.

VII.- Serán por cuenta de la **PARTE ARRENDATARIA** todos los gastos por consumos generados (agua, electricidad, gas, etc.).

VIII.- La **PARTE ARRENDATARIA** mantendrá contratado un seguro de responsabilidad civil y de daños en relación con el contenido del LOCAL.

IX.- La **PARTE ARRENDADORA** realizará todas las reparaciones que sean necesarias para conservar el LOCAL en las condiciones para servir al uso convenido, salvo cuando el deterioro de cuya reparación se trate sea imputable al **PARTE ARRENDATARIA** a tenor de lo dispuesto en los artículos 1563 y 1564 del Código Civil.

Si la ejecución de una obra de conservación no pueda razonablemente diferirse hasta la conclusión del arrendamiento, la **PARTE ARRENDATARIA** estará obligado a soportarla, aunque le sea muy molesta o durante ella se vea privado de una parte del LOCAL.

La **PARTE ARRENDATARIA** deberá poner en conocimiento de la **PARTE ARRENDADORA**, en el plazo más breve posible, la necesidad de reparaciones, debiendo facilitar a la **PARTE ARRENDADORA** la verificación directa, por sí mismo o por los técnicos que designe, del estado del LOCAL.

En todo momento, y previa comunicación a la **PARTE ARRENDADORA**, podrá realizar las que sean urgentes para evitar un daño inminente o una incomodidad grave, y exigir de inmediato su importe a la **PARTE ARRENDADORA**.

Las pequeñas reparaciones que exija el desgaste por el uso ordinario del LOCAL serán de cargo de la **PARTE ARRENDATARIA**.

La **PARTE ARRENDATARIA** está obligada a soportar la realización por la **PARTE ARRENDADORA** de obras de mejora cuya ejecución no pueda razonablemente diferirse hasta la conclusión del arrendamiento. En el resto, tendrá derecho a una reducción de la renta en proporción a la parte del LOCAL de la que se vea privada por causa de aquellas, así como a la indemnización de los gastos que las obras le obliguen a efectuar.

La **PARTE ARRENDATARIA** no podrá realizar sin el consentimiento por escrito de la **PARTE ARRENDADORA**, obras que modifiquen la configuración del LOCAL arrendado y, en ningún caso aquellas que provoquen una disminución en la estabilidad o seguridad del LOCAL.

Sin perjuicio de la facultad de resolver el contrato, la **PARTE ARRENDADORA** que no haya autorizado la realización de las obras podrá exigir, al concluir el contrato, que la **PARTE ARRENDATARIA** reponga las cosas al estado anterior o conservar la modificación efectuada, sin que este pueda reclamar indemnización alguna.

X.- La **PARTE ARRENDATARIA** podrá subarrendar la finca o ceder el contrato de arrendamiento, en tanto se ejerce en el LOCAL una actividad empresarial o profesional, si bien no necesita contar para ello con el consentimiento de la **PARTE ARRENDADORA**.

En tal caso la **PARTE ARRENDADORA** tiene derecho a una elevación de renta del 10 % en el caso de producirse un subarriendo parcial, y del 20 % en el caso de producirse la cesión del contrato o el subarriendo total del local arrendado.

El cambio de la **PARTE ARRENDATARIA** por consecuencia de la fusión, transformación o escisión de la sociedad arrendataria no se considerará cesión, si bien la **PARTE ARRENDADORA** tendrá derecho a la indicada elevación de la renta.

Tanto la cesión como el subarriendo deben notificarse de forma fehaciente a la **PARTE ARRENDADORA** en el plazo de UN MES desde que se hubieran concertado.

El incumplimiento de alguna de estas reglas respecto de la cesión o el subarriendo dará derecho a la **PARTE ARRENDADORA** a resolver de pleno derecho el contrato.

XI.- La **PARTE ARRENDATARIA** se hace directa y exclusivamente responsable, y exime de toda responsabilidad a la **PARTE ARRENDADORA**, por los daños que puedan ocasionarse a personas o cosas y sean derivados del mantenimiento y uso del LOCAL arrendado.

La **PARTE ARRENDATARIA** se obliga a contratar y mantener en vigencia, a su costa, durante el plazo de duración de este contrato, una póliza de seguro de responsabilidad civil que cubra el riesgo de daños y perjuicios que puedan ocasionarse a personas y cosas, e incluso al propio inmueble, como consecuencia de actos u omisiones de la **PARTE ARRENDATARIA** o personas que de él traigan causa en el uso del LOCAL.

Caso de incumplimiento de esta obligación, la **PARTE ARRENDADORA** podrá contratar él mismo la póliza de seguro, cuyas primas serán cargadas en el recibo de alquiler.

A estos efectos, procederá la **PARTE ARRENDADORA** a la suscripción del correspondiente seguro, a cargo de la **PARTE ARRENDATARIA**, para el caso de que este último no aporte la póliza interesada en el plazo de [NÚMERO] días desde la firma del presente contrato.

XII.- Tendrán la consideración de causas de resolución todas las previstas en el artículo 27.2, apartados a), b), d) y e) de la LAU, así como cualquier incumplimiento de las obligaciones esenciales de las partes en el presente contrato.

XIII.- Los firmantes acuerdan como medio de comunicación preferente el correo electrónico, sin perjuicio de la posibilidad de utilizar otros medios como es el correo ordinario.

A esos efectos, señalan los siguientes datos:

- **PARTE ARRENDADORA:** [ESPECIFICAR DOMICILIO Y DIRECCIÓN DE CORREO ELECTRÓNICO].
- **PARTE ARRENDATARIA:** [ESPECIFICAR DOMICILIO Y DIRECCIÓN DE CORREO ELECTRÓNICO].

XIV.- En lo no pactado, el presente contrato se encuentra sometido a la Ley 29/1994, de 24 de noviembre, de Arrendamientos Urbanos (LAU) y, supletoriamente al Código Civil.

Y, en prueba de conformidad, firman el presente documento por duplicado y a un solo efecto, en el lugar y fecha al inicio consignados.

[FIRMA DE LA PARTE ARRENDADORA]

[FIRMA DE LA PARTE ARRENDATARIA]

---

(1) Los contratos de arrendamiento para usos distintos del de vivienda, conforme al artículo 4.3 de la LAU, se regirán, en primer lugar, por lo pactado por las partes, de ahí que puedan prever las mismas en las cláusulas del contrato todo lo que consideren oportuno y en los términos que las mismas estipulen. Ello no es óbice para que incluso se prevean en este contrato aspectos como la duración, la renta u otros en términos análogos a los previstos legalmente para los contratos de arrendamiento de vivienda. Quedará, por tanto, a voluntad de las partes el contenido de las distintas cláusulas.

(2) No prevista norma alguna sobre la duración de los arrendamientos para uso distinto del de vivienda en la LAU, y siendo la voluntad de las partes la que ha de regir respecto de estos contratos, podrán las mismas pactar lo que consideren oportuno respecto de la duración.

(3) La LAU no contempla estipulación específica respecto de la renta y su actualización en los contratos de arrendamiento para uso distinto del de vivienda, si bien, esto no obsta, en tanto se rigen en primer lugar por lo pactado por las partes, que las mismas acuerden una cláusula de este tipo o cualquier otra de diferente contenido relativa a la renta, importe, forma de pago, actualización o lo que consideren oportuno.

Escrito de notificación al arrendador de continuidad en el uso de la vivienda tras separación, divorcio o nulidad

Don/Doña [NOMBRE ARRENDATARIO].
DIRECCIÓN [DESCRIPCIÓN].
TELÉFONO [NÚMERO].

A la atención de Don/Doña [NOMBRE ARRENDADOR]
DIRECCIÓN [DESCRIPCIÓN].
TELÉFONO [NÚMERO].
En [LOCALIDAD] a [DÍA] de [MES] de [AÑO].

ASUNTO: COMUNICACIÓN DE CONTINUIDAD EN EL USO DE LA VIVIENDA

Muy Sr./a mío/a:

Tengo el agrado de dirigirme a usted, por medio de la presente, en mi condición, como bien es usted conocedor, de cónyuge de Don/Doña [NOMBRE DEL ARRENDATARIO], arrendatario/a de la vivienda sita en el piso [DOMICILIO] **(1)** de la localidad de [LOCALIDAD], en virtud del contrato de arrendamiento suscrito por ustedes en fecha [FECHA].

Así, por lo expuesto, le vengo a comunicar que mediante **sentencia de fecha** [FECHA], **dictada por el Juzgado de** [ESPECIFICAR], se me ha otorgado el uso y disfrute de la vivienda objeto del arrendamiento descrito con anterioridad.

A tenor del artículo 15 de la Ley de Arrendamientos Urbanos, se me faculta para la continuación del uso de la vivienda arrendada, pasando a ser la titular del contrato de arrendamiento, tal y como se especifica en la resolución judicial **(2)** que adjuntamos, en la que se prueba tal circunstancia **(3)**.

Y es por ello por lo que le vengo a notificar mi intención de PASAR A SER EL TITULAR DEL CONTRATO DE ARRENDAMIENTO suscrito con usted en fecha [FECHA], por el que se efectúa el arrendamiento del inmueble meritado, por el tiempo que resta del mismo.

Cumpliendo así con lo establecido en el **art. 15 de la Ley de Arrendamientos Urbanos**, según el cual *«La voluntad del cónyuge de continuar en el uso de la vivienda deberá ser comunicada al arrendador en el plazo de dos meses desde que fue notificada la resolución judicial correspondiente, acompañando copia de dicha resolución judicial o de la parte de la misma que afecte al uso de la vivienda»*, efectúo la presente notificación dentro del plazo establecido a tal efecto.

Esperando haber cumplido con esta las exigencias legales que me incumben y, sin otro particular, aprovecho la ocasión para saludarle atentamente, quedando a su disposición para lo que necesite.

Fdo.

[NOMBRE Y FIRMA]

---

(1) Reflejar localidad y datos identificativos del inmueble arrendado.

(2) Se adjunta la resolución judicial de medidas provisionales o definitivas, en su caso, o únicamente el fallo de la misma donde mente la atribución del uso y disfrute de la vivienda.

(3) El cónyuge a quien se haya atribuido el uso de la vivienda arrendada de forma permanente o en un plazo superior al plazo que reste por cumplir del contrato de arrendamiento, pasará a ser el titular del contrato.

Escrito notificando la subrogación en el arrendamiento de vivienda por fallecimiento del arrendatario *(mortis causa)*

En [CIUDAD], a [DÍA] de [MES] de [AÑO].

[NOMBRE SUBROGADO]

[DOMICILIO SUBROGADO]

[DATOS CONTACTO SUBROGADO]

A la atención de Don/Doña [NOMBRE ARRENDADOR]

[DOMICILIO].

ASUNTO: SUBROGACIÓN EN EL ARRENDAMIENTO DE VIVIENDA POR FALLECIMIENTO DEL TITULAR ARRENDATARIO

Muy Sr./Sra. mío/a:

Me dirijo a usted en su calidad de arrendador/a de la vivienda sita en [ESPECIFI-CAR] de la que era arrendatario/a mi cónyuge Don/Doña [NOMBRE ARRENDATARIO].

Ello en atención a su reciente fallecimiento, en fecha [FECHA].

Así, y de conformidad con lo dispuesto en el apartado 3 del artículo 16 de la Ley de arrendamientos urbanos (LAU) **(1)**, le notifico mediante la presente mi intención de **SUBROGARME en la posición de arrendatario/a que venía disfrutando mi finado/a cónyuge.**

Así, y de conformidad con lo establecido en el meritado precepto, le adjunto a la presente:

- Como **documento n.º** [NÚMERO] certificado registral de defunción de mi cónyuge.
- Como **documento n.º** [NÚMERO] certificado matrimonial.
- Como **documento n.º** [NÚMERO] copia de mi DNI.
- Como **documento n.º** [NÚMERO] certificado de empadronamiento, en donde figuro en el referido domicilio junto con mi cónyuge.
- Como **documento n.º** [NÚMERO] y. para el caso de no obtener suficiencia la anterior documental, copia de los recibos de [ESPECIFICAR] girados a mi nombre a la dirección del domicilio cuya subrogación se interesa.

Con ello, le pongo de manifiesto mi voluntad de continuar en el uso de la vivienda como tal subrogada **(2)**.

Rogándole que en lo sucesivo los recibos se expidan a mi nombre y se giren a la misma cuenta bancaria.

Sin otro particular, quedando a su disposición para aquello que estime pertinente, aprovecho para enviarle un cordial saludo.

Atentamente,

Fdo.

_____

(1) El arrendamiento se extinguirá si en el plazo de 3 meses desde la muerte del arrendatario el arrendador no recibe notificación por escrito del hecho del fallecimiento, con certificado registral de defunción, y de la identidad del subrogado, indicando su parentesco con el fallecido y ofreciendo, en su caso, un principio de prueba de que cumple los requisitos legales para subrogarse. Si la extinción se produce, todos los que pudieran suceder al arrendatario, salvo los que renuncien a su opción notificándolo por escrito al arrendador en el plazo del mes siguiente al fallecimiento, quedarán solidariamente obligados al pago de la renta de dichos tres meses.

(2) Podrán subrogarse:

a) El cónyuge del arrendatario que al tiempo del fallecimiento conviviera con él.

b) La persona que hubiera venido conviviendo con el arrendatario de forma permanente en análoga relación de afectividad a la de cónyuge, con independencia de su orientación sexual, durante, al menos, los dos años anteriores al tiempo del fallecimiento, salvo que hubieran tenido descendencia en común, en cuyo caso bastará la mera convivencia.

c) Los descendientes del arrendatario que en el momento de su fallecimiento estuvieran sujetos a su patria potestad o tutela, o hubiesen convivido habitualmente con él durante los dos años precedentes.

d) Los ascendientes del arrendatario que hubieran convivido habitualmente con él durante los dos años precedentes a su fallecimiento.

e) Los hermanos del arrendatario en quienes concurra la circunstancia prevista en la letra anterior.

f) Las personas distintas de las mencionadas en las letras anteriores que sufran una minusvalía igual o superior al 65 por 100, siempre que tengan una relación de parentesco hasta el tercer grado colateral con el arrendatario y hayan convivido con éste durante los dos años anteriores al fallecimiento.

Si existen varias de las personas enumeradas, regirá el orden de prelación anterior.

Escrito de notificación de aplicación de cláusula de actualización a la renta (adaptado a la ley de vivienda)

Don/Doña [NOMBRE ARRENDATARIO]
Domicilio [DIRECCIÓN].
[PROVINCIA].
En [LUGAR], [FECHA].

Estimado/a Don/Doña [NOMBRE ARRENDATARIO].

Por medio de la presente, yo, Don/Doña [NOMBRE ARRENDADOR], en calidad de propietario/a de la vivienda sita en [DIRECCIÓN] que usted tiene arrendada, le comunico que, de acuerdo con el artículo 18 de la Ley de Arrendamientos Urbanos **(1)**, por cumplirse un año más de vigencia del contrato, a partir de la siguiente mensualidad se actualizará la renta en un [INDICAR PORCENTAJE], de conformidad con el índice [ESPECIFICAR] **(2)**, como se acredita con la certificación del Instituto Nacional de Estadística, que acompañamos como documento n.º 1 **(3)**.

Por lo que, en la siguiente mensualidad deberá abonarse la cantidad de [CANTIDAD].

Sin otro particular, quedando a su disposición para aquello que estime pertinente, aprovecho para enviarle un cordial saludo.

Atentamente,

Fdo.

---

(1) En caso de pacto expreso entre las partes sobre algún mecanismo de revisión de valores monetarios que no detalle el índice o metodología de referencia, la renta se revisará para cada anualidad por referencia a la variación anual del Índice de Garantía de Competitividad a fecha de cada revisión, tomando como mes de referencia para la revisión el que corresponda al último índice que estuviera publicado en la fecha de revisión del contrato.

(2) Artículo 18 de la LAU. Asimismo, tener en cuenta la DA 11.ª de la LAU introducida por la Ley 12/2023, de 24 de mayo, por el derecho a la vivienda, en cuanto a la fijación del índice de referencia para la actualización anual de los contratos de arrendamiento de vivienda, así como, los límites porcentuales a la actualización de la renta que resultan del artículo 46 del Real Decreto-ley 6/2022, de 29 de marzo, tras la modificación por la citada ley: del 2 % en caso de contratos celebrados entre el 31/03/2022 al 31/12/2023 y del 3 % en caso de contratos entre el 01/01/2024 al 31/12/2024.

(3) La certificación se acompañará si así lo exige el arrendatario.

Escrito de preaviso al arrendatario de la voluntad de no renovar el contrato de arrendamiento de vivienda (adaptado a

Don/Doña [NOMBRE ARRENDADOR].

DIRECCIÓN [DESCRIPCIÓN].

TELÉFONO [NÚMERO].

A la atención de Don/Doña [NOMBRE ARRENDATARIO]

DIRECCIÓN [DESCRIPCIÓN].

TELÉFONO [NÚMERO].

En [LOCALIDAD], a [DÍA] de [MES] de [AÑO]

ASUNTO: COMUNICACIÓN DE VOLUNTAD
DE NO RENOVACIÓN [ESPECIFICAR]

Muy Sr./a. mío/a:

Por la presente, en calidad de arrendador/a de la vivienda [DESCRIPCIÓN] situada en la calle [NOMBRE] de esta ciudad, de la que es usted arrendatario/a, en virtud de contrato de [FECHA], vengo a indicarle mi intención de **NO PRORROGAR** el contrato de arrendamiento meritado.

Y ello, de conformidad con los artículos 9 y 10 de la Ley de Arrendamientos Urbanos **(1)**. Siendo la duración mínima, establecida legalmente para este contrato de 5 años **(2)** y, habiéndose cumplido esta, pongo en su conocimiento mi voluntad de no continuar con el mismo por medio de la presente y dentro del plazo señalado en el citado artículo 10 de la LAU, esto es, con [NÚMERO] **(3)** de meses de antelación al vencimiento del contrato de arrendamiento suscrito **(4)**.

Por tanto, el [FECHA], deberá dejar libre la vivienda, y tras inspeccionarla conjuntamente, procederemos a firmar el documento de fin de contrato, en el que detallaremos la existencia o no de desperfectos, a fin de proceder a liquidar el importe de la fianza que usted depositó en su día, para lo cual el artículo 36 de la LAU concede el plazo de un mes desde la entrega de las llaves.

Sin otro particular, quedando a su disposición para cualquier duda o aclaración, reciba un cordial saludo.

En [CIUDAD], a [DÍA] de [MES] de [AÑO].

Fdo. [NOMBRE Y FIRMA ARRENDADOR].

---

(1) Estos preceptos relativos a la duración del contrato de arrendamiento de vivienda prevén varias posibles prórrogas del mismo, con posibilidad de evitarlas mediante el preaviso, así, destaca la obligatoria (art. 9 de la LAU) prevista para el caso de que no se haya cumplido la

duración mínima o las tácitas del artículo 10 de la LAU una vez cumplido el tiempo mínimo del contrato. Asimismo, tras la reforma operada por la Ley 12/2023, de 24 de mayo, por el derecho a la vivienda, el artículo 10 de la LAU contempla en los apartados 2 y 3 dos supuestos de prórroga extraordinaria para casos particulares de vulnerabilidad social y económica o zonas de mercado residencial tensionado.

(2) Conforme al artículo 9.1 de la LAU la duración mínima del contrato de arrendamiento de vivienda será de 5 años o de 7 años si se trata de arrendador persona jurídica.

(3) El preaviso será de 4 meses de antelación en el caso del arrendador una vez cumplido el plazo mínimo del contrato.

(4) O de sus prórrogas.

Contrato de fin de arrendamiento, de mutuo acuerdo, con entrega de llaves y fianza en el acto

En [CIUDAD] a [DÍA] de [MES] de [AÑO].

REUNIDOS

De una parte, Don/Doña [NOMBRE ARRENDADOR], con domicilio en [DOMICILIO] y con DNI [NÚMERO], actuando como propietario/a y arrendador/a.

Y de otra, Don/Doña [NOMBRE DEL ARRENDATARIO], mayor de edad, con domicilio en [DOMICILIO] y con DNI [NÚMERO], actuando como arrendatario/a.

EXPONEN

PRIMERO.- En fecha [DÍA] de [MES] de [AÑO], ARRENDADOR y ARRENDATARIO, suscribieron contrato de arrendamiento de la vivienda sita en [DESCRIPCIÓN].

SEGUNDO.- Con fecha [DÍA] de [MES] de [AÑO], el ARRENDATARIO comunicó al ARRENDADOR su voluntad de NO prorrogar el contrato.

TERCERO.- Es voluntad de las partes el finalizar el meritado arriendo, por lo que firman el presente documento.

Por tal motivo,

CONVIENEN

I.- Don/Doña [NOMBRE ARRENDADOR] y don/doña [NOMBRE DEL ARRENDATARIO], resuelven de mutuo acuerdo el CONTRATO DE ARRENDAMIENTO suscrito entre ambas partes con fecha [DÍA] de [MES] de [AÑO], sobre la vivienda sita en [CALLE], n.º [NÚMERO] de [LOCALIDAD], propiedad de la parte ARRENDADORA.

II.- La parte ARRENDATARIA hace entrega en este acto, de la posesión y de las llaves de la finca arrendada a la ARRENDADORA quien afirma no tener que formular reclamación de indemnización por incumplimiento del plazo del contrato.

III.- La ARRENDADORA manifiesta recibir las llaves y la vivienda, en buen estado de conservación, por lo que no procede solicitar una indemnización por los daños y perjuicios.

IV.- Asimismo, la ARRENDADORA pone de manifiesto que el ARRENDATARIO ha cumplido con sus obligaciones de pago, sin que se deba a fecha de hoy ninguna cantidad.

V.- Al constar que no hay ningún desperfecto en la vivienda, la parte ARRENDADORA devuelve en este acto, la fianza de [CANTIDAD] € entregada en el momento de formalización del contrato, sirviendo la presente como más eficaz carta de pago.

VI.- Manifiestan ambas partes que nada se adeudan en relación con el contrato de arrendamiento meritado.

Leído el presente documento por ambas partes, y estando conformes con su contenido, lo firman por duplicado en todas las páginas en el lugar y fecha reseñadas al inicio de este documento.

[FIRMA DE LA ARRENDADORA]   [FIRMA DE LA ARRENDATARIA]

Demanda de desahucio por falta de pago en contrato de arrendamiento (adaptado a la ley de vivienda)

AL JUZGADO DE PRIMERA INSTANCIA DE [LOCALIDAD]

Don/Doña [NOMBRE_PROCURADOR/A], procurador/a de los tribunales, colegiado/a n.º [NÚMERO_COLEGIADO/A] en nombre y representación de **Don/Doña** [NOMBRE], mayor de edad, con DNI/NIE/NIF n.º [NÚMERO_DNI/NIE/NIF] y domicilio en C/ [CALLE], n.º [NÚMERO], CP [CÓDIGO_POSTAL], [LOCALIDAD], [PROVINCIA] según consta acreditado por medio de [ESCRITURA DE PODER QUE SE ACOMPAÑA COMO DOCUMENTO NÚMERO 1/PODER APUD ACTA], bajo la dirección letrada de **Don/Doña** [NOMBRE], colegiado/a número [NÚMERO] ICA [LOCALIDAD], ante el juzgado comparezco y, como mejor proceda en Derecho, **DIGO:**

Por medio del presente escrito y siguiendo concretas instrucciones de mi mandante, formulo **DEMANDA DE JUICIO VERBAL DE DESAHUCIO POR FALTA DE PAGO DE RENTA** frente a Don/Doña [NOMBRE_PARTE_CONTRARIA], vecino/a de [LOCALIDAD], con domicilio en [DOMICILIO], interesando la resolución de contrato de arrendamiento de finca urbana que más adelante se dirá.

Todo ello de conformidad con los siguientes

HECHOS

PRIMERO.- Mi representado/a Don/Doña [NOMBRE_CLIENTE], en quien [CONCURRE/NO CONCURRE] **(1)** la condición de gran tenedor/a, es propietario/a de la finca urbana sita en la ciudad de [LOCALIDAD], C/ [CALLE], n.º [NÚMERO], en virtud de escritura de compraventa otorgada ante el notario de esta ciudad Don/Doña [NOMBRE_NOTARIO], en fecha [FECHA], escritura que otorgó bajo el n.º [NÚMERO] del protocolo del citado notario.

Acompaño como **documento n.º** [NÚMERO] la referida escritura que acredita la propiedad de mi mandante, designando a efectos probatorios el protocolo del notario de esta ciudad Don/Doña [NOMBRE_NOTARIO] y como documento n.º [NÚMERO] nota simple del Registro de la Propiedad de [LOCALIDAD].

SEGUNDO.- En fecha [FECHA], mi representado/a, en calidad de arrendador y propietario de la vivienda antedicha, suscribió con el demandado Don/Doña [NOMBRE_PARTE_CONTRARIA], este en calidad de arrendatario, contrato de arrendamiento de la finca anteriormente reseñada con la finalidad de destinarla a vivienda habitual del arrendatario y su familia. En el contrato de arrendamiento se estipuló una renta anual de [CANTIDAD] €, pagaderos de doce mensualidades de [CANTIDAD] € cada una de ellas, a realizarse en [PLAZO_INGRESOS].

Es de observar que en la estipulación [NÚMERO] del contrato se determinó que la mencionada renta se actualizaría anualmente conforme a las variaciones experimentadas por el IPC durante los doce meses anteriores a la práctica de dicha revisión, de conformidad con la certificación que a tal efecto expidiera el Instituto Nacional de Estadística.

Como consecuencia de las correspondientes actualizaciones de rentas, la que actualmente el/la arrendatario/a viene satisfaciendo con carácter mensual es de [CANTIDAD] €, lo cual supone una renta anual de [CANTIDAD] €.

Acompaño como **documento n.º** [NÚMERO] el referido contrato de arrendamiento.

Acompaño como **documentos n.º** [NÚMERO] **y n.º** [NÚMERO] las notificaciones efectuadas vía burofax por mi patrocinado/a al/a la inquilino/a, comunicándole la variación de renta y el incremento correspondiente.

TERCERO.- Aun a pesar de la obligación de pago de la renta por parte del/de la arrendatario/a, lo cierto es que la parte demandada ha dejado de abonar las rentas correspondientes a las mensualidades de [MES] de [AÑO] a [MES] de [AÑO] a [MES] de [AÑO], inclusive, que a razón de [CANTIDAD_EN_LETRA] euros ([CANTIDAD] €) mensuales supone una suma de [CANTIDAD_EN_LETRA] euros ([CANTIDAD] €) que adeuda.

CUARTO.- A pesar de los numerosos requerimientos verbales y gestiones de carácter amistoso efectuadas por mi poderdante, es lo cierto que la adversa no ha procedido al pago de las referidas rentas, por lo que mi cliente se ha visto en la necesidad de acudir a los tribunales en el ejercicio de la presente acción de desahucio, siendo de aplicación a los hechos anteriores los siguientes

FUNDAMENTOS DE DERECHO

I.- COMPETENCIA

Es competente el juzgado al que me dirijo, a tenor de lo dispuesto en el art. 52.1.7.º de la Ley de Enjuiciamiento Civil.

II.- REPRESENTACIÓN Y DIRECCIÓN TÉCNICA

De conformidad con lo que dispone la vigente Ley de Enjuiciamiento Civil y, en concreto, sus artículos 23.1 y 31.1, esta parte litiga representada por procurador de los tribunales y bajo la dirección técnica de letrado, ambos debidamente habilitados para ello.

III.- LEGITIMACIÓN

Actor y demandado se encuentran legitimados activa y pasivamente para interponer y soportar el presente procedimiento, habida cuenta de la existencia entre ellos de un vínculo contractual de arrendamiento de finca urbana que faculta, en su caso, al arrendador para ejercer la acción resolutoria de contrato de arrendamiento por falta de pago.

IV.- CUANTÍA

La cuantía del presente procedimiento es de [CANTIDAD] €, equivalente a una anualidad de renta, de conformidad todo ello con la regla 9.ª del artículo 251 de la Ley de Enjuiciamiento Civil.

V.- PROCEDIMIENTO

El procedimiento a seguir es el de los denominados juicios verbales, que regulan los artículos 437 y ss. de la LEC, clase de procedimiento al que expresamente remite el artículo 250.1.1.º LEC.

VI.- FONDO DEL ASUNTO

1. La Ley de Arrendamientos Urbanos, Ley 29/1994, de 24 de noviembre (LAU), en sus artículos **35** y 27.2.a) recoge la posibilidad de promover la resolución del contrato de pleno derecho en los casos de falta de pago.

2. Igualmente resulta de aplicación lo dispuesto en el Código Civil, concretamente en los artículos 1124 y 1555.1, por el que el arrendatario está obligado a pagar el precio del arrendamiento en los términos convenidos, y relacionado el art. 1569.2 del meritado texto legal, que indica la posibilidad de desahuciar judicialmente al arrendatario por no pagar el precio convenido.

3. Artículo 220.2 de la Ley de Enjuiciamiento Civil (LEC) que permite reclamar prestaciones periódicas que se devenguen con posterioridad al momento de dictar sentencia y en el caso presente de acumulación de acción de desahucio y de pago de rentas, la sentencia incluirá la condena al pago de las rentas que se devenguen desde la presentación de la demanda hasta la entrega de la finca.

4. **(2)** El art. 437 de la LEC, permite anunciar que en las demandas de desahucio el arrendador asume el compromiso de condonar todo o parte de la deuda y las costas si el arrendatario abandona la finca en el plazo que indique aquél, que no podrá ser inferior a quince días desde que se notifique la demanda; en este caso el arrendador asume el siguiente compromiso: [ESPECIFICAR].

SÉPTIMO.- COSTAS

Respecto a las costas, resulta de aplicación lo dispuesto en el art. 394 de la LEC, costas que le corresponderán al demandado incluso en el supuesto de que enervare la presente acción de desahucio, de conformidad esto último con la redacción del art. 22.5 de la LEC.

En su virtud,

SUPLICO AL JUZGADO:

Que teniendo por presentado este escrito, junto con los documentos y copias que acompañan, se sirva en admitirlos, me tenga por parte en la representación que ostento de Don/Doña [NOMBRE_CLIENTE] y por interpuesta **DEMANDA DE JUICIO VERBAL DE DESAHUCIO** por impago de rentas frente a Don/Doña [NOMBRE_PARTE_CONTRARIA], y se acuerde por el letrado de la Administración de justicia, una vez admitida la demanda a trámite:

– **Se requiera al/a la demandado/a** para que en el plazo de diez días, desaloje la finca objeto del desahucio, pague a mi patrocinado/a o, en caso de pretender la enervación, pague la totalidad de lo que debe o ponga a disposición de mi mandante, en el tribunal o notarialmente, el importe de las cantidades reclamadas en la demanda y de las que adeude en el momento de dicho pago enervador del desahucio, o en su caso, comparezca ante el letrado de la Administración de Justicia y alegue sucintamente, formulando oposición, las razones por las que a su entender, no debe en todo o en parte la cantidad reclamada o las circunstancias relativas a la procedencia de enervación.

– Y en caso de **oposición**, proceda a emplazarse para que el día y hora que a su efecto se señale, comparezca a fin de celebrar el oportuno juicio verbal, y una vez celebrado,

– **Se dicte sentencia**, por la que, estimando íntegramente la demanda se declare resuelto el contrato de arrendamiento suscrito entre las partes litigantes, en relación con la finca urbana descrita en el cuerpo de este escrito.

– **Se condene al/a la demandado/a:**

1. A estar y pasar por tal declaración.

2. A la restitución de la posesión objeto de la finca de arriendo en el plazo legal y con apercibimiento de que se procederá a su lanzamiento a su costa si no lleva a cabo el desalojo en plazo legal.

3. Al pago de la cantidad de [CANTIDAD_LETRA] ([NÚMERO] €), en concepto de rentas y demás conceptos asimilados adeudados, incluidos los devengados desde la tramitación del presente procedimiento hasta la entrega efectiva del inmueble, más los intereses legales devengados desde la interposición de la demanda, y todo ello con expresa imposición de las costas al demandado/a.

Por ser de justicia, en [LOCALIDAD], a [DIA] de [MES] de [AÑO].

Letrado/a D./D.ª [NOMBRE]   Procurador/a D./D.ª [NOMBRE]

[FIRMA DE LETRADO]   [FIRMA DE PROCURADOR]

PRIMER OTROSÍ DIGO: de conformidad con lo dispuesto en los artículos 22.4 y 439.3 de la Ley de Enjuiciamiento Civil **(3)**, el arrendatario podrá enervar la presente acción pagando al actor o en su caso poniendo a disposición del juzgado o notarialmente, el importe de las cantidades reclamadas en la demanda, y, en su caso, las que adeude en el momento de dicho pago enervador del desahucio.

SUPLICO AL JUZGADO: Que tenga por hecha la anterior manifestación a los efectos legales oportunos.

Por ser de justicia, fecha y lugar *ut supra*.

Letrado/a D./D.ª [NOMBRE]   Procurador/a D./D.ª [NOMBRE]

[FIRMA DE LETRADO]   [FIRMA DE PROCURADOR]

SEGUNDO OTROSÍ DIGO: en caso de oposición, proceda a emplazar al demandado para que el día y hora que a su efecto se señale, comparezca a fin de celebrar el oportuno juicio verbal, y una vez celebrado, **SE DICTE SENTENCIA**, por la que, estimando íntegramente la demandada **declare resuelto el contrato de arrendamiento** suscrito entre los litigantes, en relación a la finca urbana descrita en el cuerpo de este escrito y **CONDENE AL DEMANDADO** a la restitución de la posesión de la finca arrendada en plazo legal y con apercibimiento de que se procederá a su lanzamiento a su costa si no lleva a cabo el desalojo en plazo legal, al pago de la cantidad de [CANTIDAD_LETRA] ([NÚMERO €]), en concepto de rentas y demás conceptos asimilados adeudados, incluidos los devengados desde la tramitación del presente procedimiento hasta la entrega efectiva del inmueble, más los intereses legales devengados desde la interposición de la demanda, y todo ello con expresa imposición de las costas al demandado.

SUPLICO AL JUZGADO: Que tenga por hecha la anterior manifestación a los efectos legales oportunos.

Por ser de justicia, fecha y lugar *ut supra*.

Letrado/a D./D.ª [NOMBRE]   Procurador/a D./D.ª [NOMBRE]

[FIRMA DE LETRADO]   [FIRMA DE PROCURADOR]

TERCER OTROSÍ DIGO: al amparo del art. 231 de la LEC esta parte manifiesta su voluntad de corregir cualquier defecto de carácter procesal en que pudiera haber incurrido.

SUPLICO AL JUZGADO: Que tenga por hecha la anterior manifestación.

Por ser de justicia, fecha y lugar *ut supra*.

Letrado/a D./D.ª [NOMBRE]   Procurador/a D./D.ª [NOMBRE]

[FIRMA DE LETRADO]   [FIRMA DE PROCURADOR]

---

(1) Debe tenerse en cuenta que el art. 439 de la LEC ha sido modificado por la Ley 12/2023, de 24 de mayo, por el derecho a la vivienda, que introduce dos nuevos apartados 6 y 7 que recogen nuevas especificaciones que debe contener la demanda para que se admita. Así la demanda debe determinar:

Si el inmueble constituye vivienda habitual de la persona ocupante.

Si concurre en el demandante la condición de gran tenedor. En este caso debe señalar si la parte demandada se encuentra en situación de vulnerabilidad económica.

Si concurren las condiciones de gran tenedor, vivienda habitual y persona en situación de vulnerabilidad económica deberá acreditar el demandante que se ha sometido al procedimiento de conciliación o intermediación

(2) En su caso, especificar la parte de la deuda que se condonaría en caso de desalojo voluntario.

(3) Según el 439.3 de la LEC: *«No se admitirán las demandas de desahucio de finca urbana por falta de pago de las rentas o cantidades debidas por el arrendatario si el arrendador no indicare las circunstancias concurrentes que puedan permitir o no, en el caso concreto, la enervación del desahucio».*

Escrito solicitando prórroga extraordinaria del arrendamiento de vivienda. Zonas tensionadas (reforma ley vivienda)

Don/Doña [NOMBRE ARRENDATARIO].
DIRECCIÓN [DESCRIPCIÓN].
TELÉFONO [NÚMERO].

A la atención de **Don/Doña** [NOMBRE ARRENDADOR]
DIRECCIÓN [DESCRIPCIÓN].
TELÉFONO [NÚMERO].
En [LOCALIDAD] a [DÍA] de [MES] de [AÑO].

ASUNTO: SOLICITUD DE PRÓRROGA EXTRAORDINARIA DEL CONTRATO DE ARRENDAMIENTO

Muy Sr./a mío/a:

Yo, **Don/Doña** [NOMBRE_ARRENDATARIO] con DNI n.º [NÚMERO], en calidad de arrendatario/a de la vivienda sita en [DIRECCIÓN], me dirijo a usted **Don/Doña** [NOMBRE_ARRENDADOR], con DNI n.º [NÚMERO], en calidad de arrendador/a, con el objeto de comunicarle mi **voluntad de que el contrato de arrendamiento vigente desde** [FECHA] **sea prorrogado de forma extraordinaria en base al artículo 10.3 de la Ley 29/1994, de 24 de noviembre, de Arrendamientos Urbanos (1).**

A estos efectos pongo en su conocimiento las siguientes circunstancias:

- El contrato suscrito es un contrato de arrendamiento de vivienda habitual.

- Ha finalizado el período de prórroga obligatoria que, en este sentido, me reconoce el **artículo 9.1 de la LAU**, por haber transcurrido el plazo mínimo de [NÚMERO] años (2).

- Asimismo, se ha agotado la prórroga tácita prevista en el **artículo 10.1 de la LAU (3).**

Como consecuencia de lo anterior, ante la finalización de los plazos legales previstos para este contrato, y dado que la vivienda objeto del contrato se encuentra en una zona de mercado residencial tensionado como así se ha declarado por [ESPECIFICAR] en [FECHA] (documento n.º [NÚMERO]), pongo en su conocimiento mi intención de que el contrato sea prorrogado por un plazo de un año más **(4).**

Es por todo ello que,

SOLICITO:

1.º Que tome conocimiento de la situación indicada y acepte **(5)** la solicitud de prórroga del contrato por el plazo de un año.

2.º Que se sigan aplicando los términos y condiciones del contrato inicial al contrato prorrogado.

Esperando haber cumplido con las exigencias legales que me incumben y, sin otro particular, aprovecho la ocasión para saludarle atentamente, quedando a su disposición para lo que necesite.

Fdo.

[NOMBRE Y FIRMA]

---

(1) Prórroga extraordinaria incorporada a la Ley de Arrendamientos Urbanos por la Ley 12/2023, de 24 de mayo, por el derecho a la vivienda, para los casos en que el inmueble se ubique en una zona de mercado residencial tensionado en los términos del artículo 18 de la citada ley.

(2) 5 años o 7 años si el arrendador es persona jurídica.

(3) Prórroga por plazos anuales con un máximo de 3 años.

(4) El art. 10.3 de la LAU hace referencia a prórrogas anuales con un plazo máximo de tres años.

(5) Estará obligado a aceptar esta prórroga el arrendador salvo que se hayan fijado otros términos o condiciones por acuerdo entre las partes, se haya suscrito un nuevo contrato de arrendamiento con las limitaciones en la renta que en su caso procedan por aplicación del artículo 17, apartados 6 y 7 de la LAU, o en el caso de que el arrendador haya comunicado en los plazos y condiciones establecidos en el artículo 9.3 de la LAU, la necesidad de ocupar la vivienda arrendada para destinarla a vivienda permanente para sí o sus familiares en primer grado de consanguinidad o por adopción o para su cónyuge en los supuestos de sentencia firme de separación, divorcio o nulidad matrimonial.

Demanda de juicio ordinario solicitando al propietario obras de mejora de la vivienda arrendada

AL JUZGADO DE PRIMERA INSTANCIA DE
[LOCALIDAD] QUE POR TURNO CORRESPONDA

Don/Doña [NOMBRE_PROCURADOR_CLIENTE] procurador/a de los tribunales, colegiado/a núm. [NÚMERO_COLEGIADO/A] en nombre y representación de Don/Doña [NOMBRE_CLIENTE], mayor de edad, con DNI/NIE núm. [NÚM._DOCUMENTO], con domicilio a efectos de notificación [DOMICILIO_CLIENTE], según se acredita mediante la copia de la escritura de poder especial para pleitos que, debidamente bastanteada acompaño y cuya devolución intereso para otros usos, bajo la dirección letrada de Don/Doña [NOMBRE_ABOGADO_CLIENTE] ante el juzgado comparezco y, como mejor proceda en derecho,

DIGO

Que en la expresada representación interpongo demanda de juicio ordinario sobre arrendamientos urbanos, contra Don/Doña [NOMBRE_PARTE_CONTRARIA], con domicilio en [DOMICILIO_PARTE_CONTRARIA] de esta ciudad, demanda que paso a formular basándola en los hechos y fundamentos de Derecho que se detallan a continuación.

HECHOS

PRIMERO.- El/La demandado/a Don/Doña [NOMBRE_PARTE_CONTRARIA], es propietario/a de la vivienda sita en [CALLE], n.° [NÚMERO], de la que mi mandante es arrendatario/a según contrato de fecha [DÍA] de [MES] de [AÑO], concertado con Don/Doña [NOMBRE_PARTE_CONTRARIA], y que acompaño como **Documento Número UNO.** El referido arrendamiento, tanto por su objeto como por su destino y fecha, es un arrendamiento urbano de vivienda sometido por ello a la LAU de 1994.

Según la cláusula [NÚMERO], la renta anula pactada asciende a [CANTIDAD] euros.

SEGUNDO.- El pasado día [DÍA] de [MES] de [AÑO] se produjeron grandes goteras en la vivienda de la parte actora, procedentes del tejado de la finca, debidas a su mala conservación, por lo que requirió al/ a la propietario/a a fin de que procediese a reparar el tejado y a subsanar las manchas aparecidas en la vivienda de la que es arrendatario/a mi mandante, según se acredita por el burofax y su acuse de recibo que se acompañan como **Documentos Número DOS y TRES.**

A pesar de dichos requerimientos, el/la propietario/a no ha realizado reparación alguna, por lo que cada vez que llueve, aumentan las goteras en el domicilio de la parte actora, habiéndose desprendido parte del yeso de varias habitaciones, tal como resulta de las fotografías obrantes al acta notarial que se acompaña como Documento Número CUATRO, todo lo cual convierte en inhabitable parte de la vivienda, ya que existe riesgo de que se hunda una parte del tejado, tal como resulta del informe de arquitecto que se acompaña como Documento Número CINCO.

Del mismo informe se desprende que las obras a realizar durarán más de veinte días, por lo que es procedente la reducción de la renta arrendaticia de acuerdo con lo establecido en el número 2 del artículo 21 de la LAU de 1994.

A los anteriores hechos les son de aplicación los siguientes,

FUNDAMENTOS DE DERECHO

I.- JURISDICCIÓN Y COMPETENCIA

Corresponderá a los juzgados de primera instancia, que por turno correspondan, atendiendo al artículo 45.1 de la LEC, conocer del fondo del asunto.

Competente es el juzgado a que me dirijo, a tenor de los establecido en el art. 52 de la LEC.

II.- CAPACIDAD Y LEGITIMACIÓN

Ambas partes se encuentran capacitadas y legitimadas en virtud de los artículos 6 y 10 de la LEC.

III.- POSTULACIÓN Y DEFENSA

Esta parte interviene con procurador/a (Art. 23.1 de la LEC) y letrado/a (Art. 31.1 de la LEC), debidamente habilitados por sus respectivos colegios profesionales.

IV.- PROCEDIMIENTO

El presente procedimiento se tramitará conforme a las normas atinentes al juicio ordinario de los artículos 399 a 436 Ley de Enjuiciamiento Civil, así como el artículo 249.1.6 de la Ley de Enjuiciamiento Civil, en cuanto a la tramitación por las normas del juicio ordinario. **(1)**

V.- CUANTÍA

La cuantía del presente procedimiento asciende a la cantidad de [CANTIDAD] euros, cumpliendo con lo previsto en los artículos 251 y 253 de la LEC.

VI.- FONDO DEL ASUNTO

I.- Artículos 1 y 2 de la LAU de 1994, en cuanto a la calificación del contrato de arrendamiento como de vivienda y su sometimiento a dicha ley.

II.- Artículo 21 apartados 1 y 2 de la LAU de 1994. Dicho artículo establece la obligación del arrendador de realizar, sin derecho a elevar la renta, todas las obras que sean necesarias para la conservación de la vivienda en condiciones de habitabilidad.

En el presente caso las obras a realizar son imprescindibles para poder mantener las condiciones de habitabilidad de la vivienda arrendada, siendo responsable de las mismas el arrendador.

Por otra parte, atendido el volumen de las obras, y el tiempo de duración de las mismas, es evidente que deberá reducirse la renta arrendaticia ya que su plazo de realización es superior a los 20 días.

En este punto es interesante hacer mención de la **sentencia de la Audiencia Provincial de Baleares n.º 204/2013, de 13 de mayo, ECLI:ES:APIB:2013:1042,** que señala que:

> «El arrendador debe, a cambio, procurarle el goce de la cosa arrendada durante todo el tiempo del contrato, obligación que se desenvuelve en tres

distintas facetas, la primera consistente en la entrega del arrendatario de la cosa objeto del contrato (art. 1554.1 C.Civil) como condición indispensable para proporcionarle el uso y disfrute de la misma; la segunda, de conservar la cosa en estado de servir para el uso a que se destina y en consecuencia hacer en ella durante el arrendamiento las reparaciones necesarias a tal fin (art. 1554.2) y la tercera, dirigida a mantener al arrendatario en el goce pacífico del arrendamiento por todo el tiempo del contrato (art. 1554.3) por lo que el arrendador tiene prohibida toda desatención en perjuicio del arrendatario del estado posesorio útil del objeto arrendado, así como la realización de cualquier acto, incluido el ejercicio de un derecho independiente de la relación arrendaticia, y ha de responder de los hechos propios o ajenos que impidan o desmerezcan el pacífico disfrute de la cosa arrendada y de los vicios de la misma que impidan o dificulten ese goce, en contrapartida el arrendatario viene obligado, respondiendo por ello en caso de incumplimiento, a usar de la cosa arrendada como un diligente padre de familia. Por ello, el contenido de la obligación del arrendador se inicia mediante la entrega al arrendatario del objeto del arriendo, para de esa forma propiciar el goce, y perpetuarse a través de su deber permanente de conservar el inmueble en condiciones para servir al uso convenido, o lo que es lo mismo, que no se agote aquella con la simple puesta a disposición de la cosa; sino que subsiste durante toda la existencia de la relación arrendaticia, merced a una serie de prestaciones sucesivas, de donde se configura, en suma, la obligación con un contenido positivo de hacer (art. 1088) cual es la de mantener, mediante las obras y reparaciones necesarias, el inmueble en estado de aptitud objetiva plena para su destino, sin derecho alguno a elevar la renta o en obtener compensación alguna por ello (con las únicas salvedades, respecto de arrendamientos regidos por el TRLAU 1964 de aquello que disponen el art. 108 y la D.T. 2ª y 3ª LAU 29/1994, disposiciones transitorias que han de ser interpretadas de acuerdo con la STS de 21-5-2009).

(...) el artículo 21 de la LAU de 1994 pone a cargo del arrendador las reparaciones necesarias para conservar la vivienda en las condiciones de habitabilidad para servir al uso convenido, salvo cuando el deterioro de cuya reparación se trate sea imputable al arrendatario a tenor de lo dispuesto en los arts. 1.563 y 1.564 C.Civil (art. 111 LAU de 1964 y 21.1 último párrafo de la vigente LAU). Aunque ninguno de los dos preceptos especifica lo que debe entenderse por «reparaciones necesarias» y tampoco se concreta en el art. 1554 C.Civil, que impone la misma obligación al arrendador, la doctrina ha venido considerando (SAP Barcelona de 13 de septiembre de 2001) que, según señalaba la Exposición de Motivos de la LAU de 1964, son reparaciones necesarias la que por su naturaleza son indispensables para mantener la vivienda en uso, y las impuestas por la autoridad competente, entendiendo (SAP Cantabria de 12 de junio de 1996) que dicha obligación alcanza a cuantas sean precisas para lograr tal finalidad con sujeción al destino pactado en el contrato de arrendamiento, ya proceda su necesidad del mero transcurso del tiempo, del desgaste natural de la cosa, de su utilización correcta conforme a lo estipulado o, en definitiva provengan de sucesos con las notas del caso fortuito o de la fuerza mayor, o, como dice la SAP Salamanca de 9 de marzo de 1999, se incluyen tanto las obras encaminadas a la restauración de los deterioros o menoscabos sufridos en la vivienda como a la conservación de los mismos, es decir, aquellas que deben realizarse ineludiblemente y no aumentan el valor ni la productividad de la cosa arrendada. En definitiva, el concepto de reparación hace referencia a aquel gasto u obra sin la cual quedaría la cosa arrendada inservible para su uso, e incluso llegaría a destruirse».

Así, la **sentencia de la Audiencia Provincial de Barcelona n.º 655/2017, de 11 de octubre, ECLI:ES:APB:2017:9846**, señala que:

> «esas obras de "conservación" son todas aquellas que sean indispensables para el uso y se configuran como necesarias para que la finca pueda servir a su uso; no hay trascendencia jurídica en la distinción entre obras de conservación y las de reparación, es una cuestión de matiz...La obligación de reparar/conservar alcanza a todos los elementos, servicios e instalaciones inherentes a la finca o que se entregaron a la conclusión del contrato, incluidos los elementos comunes del inmueble que le puedan afectar».

En cuanto a la urgencia de la adopción de la medida de conservación, la **sentencia de la Audiencia Provincial de Cádiz n.º 298/2017, de 31 de octubre, ECLI:ES:APCA:2017:1198**, dice que:

> «a tenor de lo dispuesto del párrafo 3º del mencionado art. 21, las facultades del arrendatario en tales supuestos quedan reguladas como sigue: de una parte, "el arrendatario deberá poner en conocimiento del arrendador, en el plazo más breve posible, la necesidad de las reparaciones que contempla el apartado 1 de este artículo, a cuyos solos efectos deberá facilitar al arrendador la verificación directa, por sí mismo o por los técnicos que designe, del estado de la vivienda"; pero además, y en todo momento, "previa comunicación al arrendador, podrá realizar las que sean urgentes para evitar un daño inminente o una incomodidad grave, y exigir de inmediato su importe al arrendador". Y ello es lo sucedido en el supuesto litigioso».

Por su parte, la **SAP de A Coruña n.º 502/2013, de 29 de noviembre, ECLI:ES:APC:2013:2976**, apunta que:

> «Por su parte, el artículo siguiente, el 1.563 del Código Civil, preceptúa que «el arrendatario es responsable del deterioro o pérdida que tuviese la cosa arrendada, a no ser que pruebe haberse ocasionado sin culpa suya». Es doctrina jurisprudencial reiterada [TS de 12 de febrero de 2001, 25 de septiembre de 2000, 29 de enero de 1996, 9 de noviembre de 1993, 28 de noviembre de 1991, y las que en ellas se citan abundantemente], que el arrendatario responde del deterioro o pérdida frente al arrendador y frente a los terceros. El precepto establece una presunción de responsabilidad del deterioro o pérdida de la cosa arrendada «a no ser que se pruebe haberse ocasionado sin culpa suya», constituyéndose, por tanto, en una presunción «iuris tantum» que puede ser desvirtuada a través de la prueba en contrario. Opera de forma contundente, incluso si se quiere con excesivo rigor, tratándose de siniestros por causas desconocidas e incluso fortui-

tas. Esta responsabilidad, que tiene carácter contractual, viene impuesta porque con la pérdida o deterioro se incumple la obligación de guarda y custodia de la cosa, y la obligación del arrendatario de devolverla en buen estado a la finalización del contrato (artículo 1561 del Código Civil). El legislador hace recaer esa responsabilidad en el arrendatario. Se fundamenta en que, al hallarse en la posesión, puede probar con mayor facilidad que el incendio se produjo por causas que no le son achacables. Es el arrendatario quien tiene el control de la situación y de las circunstancias del inmueble arrendado, porque es su poseedor».

Asimismo, manifiesta la **sentencia de la Audiencia Provincial de Badajoz n.º 27/2014, de 6 de febrero, ELCI:ES:APBA:2014:118,** que:

«Conforme al Art. 21-1 de la LAU el arrendador está obligado a realizar, sin derecho a elevar por ello la renta, todas las reparaciones que sean necesarias para conservar la vivienda en las condiciones de habitabilidad para el uso convenido...". Por su parte, el Art. 1101 del Código Civil (LA LEY 1/1889), que ha de relacionarse con el anterior, dispone que "quedan sujetos a la indemnización de los daños y perjuicios causados los que en el cumplimiento de sus obligaciones incurrieren en dolo, negligencia o morosidad y los que de cualquier modo contravinieren el tenor de aquellas". Cuarto.- Se ha llegado a la conclusión de que el contrato ha sido incumplido porque la vivienda no estaba en condiciones de ser habitada en la medida que tal cosa es propia en situaciones de normalidad. La prueba pericial aportada junto con la demanda ha acreditado que la misma, a la fecha de emisión del informe pocos días antes de abandonar el arrendatario la vivienda, presentaba importantes deficiencias que hacían la vida muy difícil a las personas en su normal uso por parte de quienes la habitaban, y que, además, existían determinados riesgos. Estas deficiencias y problemas afectaban a la estanqueidad e impermeabilidad de la carpintería metálica, con entrada de aire y formación de humedades. La instalación de gas carecía de rejillas de ventilación y medidas de CO_2, contaminándose así la normativa administrativa. Véase al respecto el folio 38 de los autos. Las fotografías incluidas en el informe sea altamente reveladoras de la situación del inmueble. Quinto.- Es cierto que la arrendadora ha realizado a lo largo de la vigencia del contrato determinados trabajos de mantenimiento. Pero los mismos no fueron los necesarios si se tiene en cuenta la importancia de los defectos que la vivienda presentaba. La arrendadora no adoptó una actitud de total pasividad, pero los medios puestos por la misma para paliar los problemas eran notoriamente insuficientes. Sexto.- El tribunal ha sopesado la dimensión aritmética y normal del perjuicio padecido por el actor debiendo a la repercusión que en su vida ordinaria ha tenido un estado por deplorable en la vivienda y, dentro de la dificultad de la materia relativa a la calificación de los daños morales, fija el importe de los mismos en la suma total de 1.000 €, y ello con independencia de las cantidades que a su vez adeuda el actor a la demandada».

VII.- COSTAS

El artículo 394 de la Ley de Enjuiciamiento Civil que regula las costas que deberán ser impuestas a la demandada.

En su virtud,

SUPLICO AL JUZGADO:

Que teniendo por presentado este escrito y sus copias, se sirva admitirlos y en su mérito tenerme por comparecido en la representación que ostento y por interpuesta demanda de juicio ordinario de arrendamiento urbano de vivienda contra Don/Doña [NOMBRE_PARTE_CONTRARIA] con domicilio en [DOMICILIO_PARTE_CONTRARIA], admitirla a trámite acordando el emplazamiento del demandado para que comparezca y la conteste si a su derecho conviniere, y en su día y previos los trámites legales correspondientes, dictar Sentencia por la que dando lugar a la demanda se condene al demandado a realizar las obras necesarias de conservación de la vivienda, que constan en el informe de arquitecto acompañado, sin derecho por ello a la elevación de la renta, y se reduzca la renta arrendaticia, durante el tiempo que dure la realización de dichas obras, en proporción a la parte de la vivienda de la que se vea privado el demandante, todo ello con la expresa condena al pago de las costas a la parte demandada.

Por ser justicia que se pide en [LOCALIDAD] a [DIA] de [MES] de [AÑO]

Abogado/a D./D.ª [NOMBRE]   Procurador/a D./D.ª [NOMBRE]

[FIRMA]   [FIRMA]

---

(1) El RD-ley 6/2023, de 19 de diciembre, modifica el artículo 399 de la LEC con entrada en vigor el 20/03/2024.

Recurso de apelación de condena a reducción de renta e indemnización por privación de uso de vivienda en obras

Procedimiento: [NÚMERO/AÑO]

A LA AUDIENCIA PROVINCIAL DE [PROVINCIA] (1)

Don/Doña [NOMBRE_PROCURADOR/_CLIENTE], procurador/a de los Tribunales, en nombre y representación de don/doña [NOMBRE_CLIENTE], representación que consta debidamente acreditada en autos del procedimiento [NÚMERO/AÑO], ante la audiencia comparezco bajo la dirección letrada de don/doña [NOMBRE], colegiado/a n.º [NÚMERO] del Ilustre Colegio de Abogados de [LOCALIDAD], y como mejor proceda en derecho,

DIGO

En fecha de [FECHA] fue notificada a esta parte la sentencia n.º [NÚMERO] dictada el [FECHA] por el Juzgado de Primera Instancia de [LOCALIDAD]. Toda vez que la resolución contraviene los intereses de mi representado/a, mediante el presente escrito vengo a interponer, en el plazo de veinte días que me ha sido conferido al efecto ex **art. 458 de la LEC, RECURSO DE APELACIÓN** de conformidad con las siguientes,

ALEGACIONES

PRIMERA.- El juzgador *a quo* consideró como **HECHOS PROBADOS** que:

- Mi mandante, don/doña [NOMBRE_CLIENTE], es arrendador/a de la vivienda sita en [CALLE], n.º [NÚMERO] de [LOCALIDAD], según contrato de arrendamiento concertado con la parte ahora recurrida, de fecha [DÍA] de [MES] de [AÑO] y que consta en autos del presente procedimiento.

- La renta pactada por contrato entre las partes es de [CANTIDAD] euros.

- En las fechas comprendidas entre el [FECHA] y el [FECHA], mi mandante se hizo cargo de obras necesarias en la vivienda, consistentes en [ESPECIFICAR]. Durante la ejecución de las obras mi mandante no redujo la renta arrendaticia a la parte recurrida entendiendo que no inutilizaban la vivienda en proporción alguna.

- El/la demandante se aplicó unilateralmente la reducción reclamada, abonando la cantidad de [CANTIDAD] euros durante las fechas en que tuvieron lugar las obras.

- (...)

Respetuosamente sostenemos que la sentencia n.º [NÚMERO], de [FECHA] que puso fin al procedimiento [NÚMERO/AÑO] estimando la pretensión del/de la demandante, perjudica los intereses de mi representada, que ha resultado injustamente condenada al pago de [CANTIDAD] euros a don/doña [NOMBRE_PARTE_CONTRARIA] en concepto de rentas indebidas e indemnización de daños y perjuicios.

La sentencia ahora recurrida infringe los siguientes preceptos:

[EJEMPLO]:

- Infracción del **art. 217 de la LEC**. Errónea aplicación de la carga de la prueba e inadmisión de prueba decisiva.
- Infracción del **art. 218 de la LEC**. Incongruencia omisiva de la sentencia.

SEGUNDA.- MOTIVOS DE APELACIÓN (2)

- [EJEMPLO]: INFRACCIÓN DE LAS NORMAS SOBRE PRUEBA: ART. 217 DE LA LEC EN RELACIÓN CON EL ART. 24 de la CE Y JURISPRUDENCIA CONSTITUCIO-NAL. INADMISIÓN DE PRUEBAS DECISIVAS

En el procedimiento que resolvió la sentencia recurrida se inadmitieron las siguientes pruebas:

- [ESPECIFICAR]
- [ESPECIFICAR]

Esta parte ya justificó la improcedencia de tal inadmisión en recurso de reposición que interpuso en el acto de juicio, el cual fue también inadmitido, por lo que se formuló la oportuna protesta. Las pruebas denegadas demuestran que la vivienda no quedó inutilizada en proporción alguna durante las obras realizadas y que por tanto no ha lugar a la devolución de rentas indebidas ni al abono de la indemnización a que fue condenado/a mi representado/a en la sentencia apelada.

En este sentido, dispone la **sentencia del Tribunal Constitucional n.º 128/2017, de 13 de noviembre, ECLI:ES:TC:2017:128**:

> «La garantía constitucional del artículo 24.2 CE no cubre cualquier irregularidad u omisión procesal, sino únicamente aquellos casos en los cuales la **prueba** fuera decisiva en términos de defensa. En concreto, para que este derecho pueda entenderse vulnerado, la denegación de la prueba debe ser imputable al órgano judicial y, además, la prueba denegada debe ser decisiva en términos de defensa, siendo carga del recurrente la de justificar la indefensión sufrida. Esta exigencia implica, por una parte, que el recurrente debe demostrar la relación entre los hechos que se quisieron y no se pudieron probar y las pruebas inadmitidas o no practicadas; y, por otra parte, que debe argumentar el modo en que la admisión y la práctica de la prueba objeto de la controversia habrían podido tener una incidencia favorable a la estimación de sus pretensiones. Sólo en tal caso —comprobado que el fallo del proceso a quo pudo, tal vez, haber sido otro si la prueba se hubiera practicado—, podrá apreciarse también el menoscabo efectivo del derecho de quien por este motivo solicita el amparo constitucional».

La prueba inadmitida demostraba no haber lugar a la condena de mi representado/a la luz del **art. 22.3 de la LAU**: *«El arrendatario que soporte las obras tendrá derecho a una reducción de la renta en proporción a la parte de la vivienda de la que se vea privado por causa de aquéllas, así como a la indemnización de los gastos que las obras le obliguen a efectuar.»*

En relación con ello se pronuncia la **sentencia de la Audiencia Provincial de Madrid n.º 93/2009, de 10 de marzo, ECLI:ES:APM:2009:3553**:

> «Este precepto establece que: "1. El arrendatario estará obligado a soportar la realización por el arrendador de obras de mejora cuya ejecución no pueda **razonablemente diferirse** hasta la conclusión del arrendamiento.(...)

(...) 3. El arrendatario que soporte las obras tendrá **derecho** a una **reducción** de la renta en proporción a la parte de la vivienda de la que se vea privado por causa de aquéllas, así como a la indemnización de los gastos que las obras le obliguen a efectuar".

(...) la norma, que es de aplicación preferente de acuerdo con el sistema de fuentes establecido, solo otorga derecho al arrendatario a la reducción de la renta cuando se vea privado de una parte de la vivienda a causa de las obras de mejora, no cuando éstas le ocasionan simplemente molestias, por serias que fueran.

Naturalmente, si las molestias que causan las obras de mejora provocan que el arrendatario se vea privado de la utilización de una parte de la vivienda, también procederá la reducción de la renta, (...) pero nada de esto se ha probado en este caso, en el que, ciertamente, como expresa la sentencia apelada, las obras de albañilería realizadas en los elementos comunes del edificio tuvieron que suponer molestias o perturbaciones en el uso de la vivienda arrendada, pero no se ha justificado que a causa de las obras de mejora el actor se viera privado de parte de la vivienda arrendada, que es el requisito a que el precepto anuda la posibilidad de reducir la renta.

A todo ello se debe añadir, como correctamente plantea la parte recurrente, que a la vez que se acometían las obras de rehabilitación en las partes comunes del inmueble, los propietarios de los diversos apartamentos que los iban comprando a la parte actora también acometían obras de reforma en su interior, lo que asimismo contribuiría a las **molestias** ocasionadas al demandante, siendo **difícil de distinguir unas de otras**, más aún cuando se llegaron a ejecutar obras de reforma en el interior del apartamento colindante.

QUINTO.- Procede por cuanto se ha expuesto, estimar el recurso de apelación formulado y revocar la sentencia recurrida, para, en su lugar, desestimar la demanda».

Por su parte, la **sentencia de la Audiencia Provincial de Madrid n.º 216/2010, de 21 de abril, ECLI:ES:APM:2010:6282**:

«Lo que no es válido y lícito es que el arrendatario decida **unilateralmente** reducir el importe de la renta en la cantidad que repute conveniente y por el tiempo que decida asimismo oportuno, pues ello comporta el ejercicio arbitrario del propio derecho que no puede encontrar el amparo del ordenamiento».

- (...)

TERCERA.- MEDIOS DE PRUEBA

De conformidad con lo dispuesto en el **art. 460 de la LEC** interesamos la práctica de:

- INTERROGATORIO DE PARTE: [ESPECIFICAR]

- DOCUMENTAL: [ESPECIFICAR]

- TESTIFICAL: [ESPECIFICAR]

- PERICIAL: [ESPECIFICAR]

- (...)

Por lo expuesto,

A LA AUDIENCIA SUPLICO:

Que dicte resolución por la que, estimando este recurso de apelación, revoque íntegramente la sentencia de [FECHA], recaída en los autos [DESCRIPCIÓN] seguidos ante el Juzgado de Primera Instancia de [LOCALIDAD], declarando ajustadas a derecho las pretensiones de este recurso, con condena en costas a la parte contraria.

Por ser justicia que pido en [LOCALIDAD], a [DÍA] de [MES] de [AÑO].

[FIRMA ABOGADO/A] | [FIRMA PROCURADOR/A]

PRIMER OTROSÍ DIGO: de conformidad con el apartado tercero de la disposición adicional 15.ª de la LOPJ esta parte ha consignado la cantidad de 50 euros en la cuenta de depósitos del Juzgado, como se acredita mediante la copia del justificante de ingreso que aportamos como **documento n.º** [NÚMERO].

En su virtud,

SUPLICO:

Que tenga por efectuada la anterior manifestación a los efectos oportunos.

Es justicia que pido en el lugar y fecha *ut supra*.

[FIRMA ABOGADO/A] | [FIRMA PROCURADOR/A]

SEGUNDO OTROSÍ DIGO: siendo intención de esta parte cumplir con todos los requisitos legales, a tenor de lo previsto en el **artículo 231 de la Ley de Enjuiciamiento Civil**, se solicita se le diere traslado de cualquier defecto que adoleciere el presente recurso, para la inmediata subsanación del mismo.

Por ello,

SUPLICO:

Que tenga por efectuada la anterior manifestación a los efectos oportunos.

Es justicia que pido en el lugar y fecha *ut supra*.

Abogado/a D./D.ª [NOMBRE]   Procurador/a D./D.ª [NOMBRE]

[FIRMA]   [FIRMA]

---

(1) Tras la reforma operada en el **art. 458 de la LEC** por el RD-ley 6/2023, de 19 de diciembre, con entrada en vigor el 20/03/2024, el recurso de apelación se interpone ante el tribunal competente para conocer del mismo dentro del plazo de 20 días desde la notificación de la resolución impugnada, de la cual debe acompañarse copia.

(2) Alegar las infracciones que procedan en el caso concreto (por ejemplo: infracción en las normas reguladoras de la sentencia (arts. 216 a 222 de la LEC); error en la valoración de la prueba; incongruencia omisiva de la sentencia; inadmisión de pruebas decisivas; falta de práctica de pruebas admitidas, etc.).

Oposición a recurso apelación de condena de reducción de renta e indemnización por privación de uso de vivienda en obras

NIG [NÚMERO]

PROCEDIMIENTO [NÚMERO]

A LA AUDIENCIA PROVINCIAL DE [PROVINCIA]

Don/Doña [NOMBRE PROCURADOR/A CLIENTE], procurador/a de los tribunales y de don/doña [NOMBRE CLIENTE], según tengo acreditado en los autos de juicio [ESPECIFICAR] señalados con el número [NÚMERO] bajo la dirección letrada de don/doña [NOMBRE ABOGADO/A CLIENTE], ante esta audiencia comparezco y como mejor proceda en derecho, **DIGO:**

El día [FECHA] fue notificada resolución del letrado de la Administración de Justicia dando traslado a esta parte para formular oposición al recurso de apelación interpuesto por la parte adversa frente a la sentencia dictada el [FECHA] por el [JUZGADO] en el proceso [ESPECIFICAR], cuyo fallo es el siguiente:

[INSERTAR FALLO]

Que, mediante el presente escrito vengo a formular **OPOSICIÓN AL RECURSO DE APELACIÓN** de conformidad con lo prevenido en el **art. 461 de la LEC** y con base en las siguientes,

ALEGACIONES

PRIMERO.- OPOSICIÓN AL MOTIVO CORRELATIVO

Esta parte entiende que la resolución que se recurre es ajustada a derecho en este pronunciamiento por las siguientes razones [DESCRIPCION]

SEGUNDO.- DE LA CORRECTA VALORACIÓN DE LA PRUEBA Y LA APLICACIÓN DEL ART. 22.3 de la LAU

El **art. 22.3 de la LAU** es claro al establecer que: «*El arrendatario que soporte las obras tendrá derecho a una reducción de la renta en proporción a la parte de la vivienda de la que se vea privado por causa de aquéllas, así como a la indemnización de los gastos que las obras le obliguen a efectuar*».

Dicho precepto fue aplicado en un supuesto idéntico al que nos ocupa en la **SAP de Baleares n.º 80/2014, de 21 de marzo, ECLI:ES:APIB:2014:572**, de cuya literalidad se desprende lo siguiente: «*Si se aplica el artículo 22.3 de la LAU el arrendatario tendría derecho a una reducción de la renta en proporción a la parte de la vivienda de la que se vea privado por causa de las obras. Si se calcula sobre la superficie, y según el inquilino, la cocina ocupa unos 7 u 8 m² de un total de 110 m². No obstante, es evidente que la imposibilidad de utilizar la cocina, supone mayor perjuicio que la afectación de otras partes de la vivienda como las habitaciones, si son varias. Con tales datos, y vistas las fotos aportadas, debemos concluir que la cocina con tal apuntalamiento no* *es susceptible de una normal utilización, y la cantidad es correcta, en atención a los importantes perjuicios que supone para el arrendatario y su familia el no disponer de cocina, durante una obra que se ha dilatado en el tiempo mucho tiempo más que el normal, principalmente por no hacerse cargo la comunidad de tal reparación, además del tiempo necesario para averiguar las causas del derrumbe y soluciones constructivas a aplicar».*

Por lo expuesto,

SUPLICO A LA AUDIENCIA:

Que tenga por presentado este escrito, lo admita y tenga por formulado **ESCRITO DE OPOSICIÓN** al recurso de apelación interpuesto por don/doña [NOMBRE PARTE CONTRARIA] y, tras ello, dicte resolución por la que desestime el recurso de apelación presentado de adverso y confirme en su integridad la sentencia n.º [NÚMERO] dictada en el seno de este procedimiento, con expresa imposición de costas a la parte apelante.

Es justicia que pido en [LOCALIDAD], a [DÍA] de [MES] de [AÑO].

Abogado/a D./D.ª [NOMBRE]   Procurador/a D./D.ª [NOMBRE]

[FIRMA]   [FIRMA]